SV

Hans Blumenberg

Beiträge zum Problem der Ursprünglichkeit der mittelalterlich-scholastischen Ontologie

Herausgegeben von
Benjamin Dahlke und
Matthias Laarmann

Suhrkamp

Bibliografische Information der Deutschen Nationalbibliothek
Die Deutsche Nationalbibliothek verzeichnet diese Publikation in der Deutschen Nationalbibliografie; detaillierte bibliografische Daten sind im Internet über http://dnb.d-nb.de abrufbar.

Erste Auflage 2020

Satz: Satz-Offizin Hümmer GmbH, Waldbüttelbrunn
Druck: Pustet, Regensburg
Printed in Germany
ISBN 978-3-518-58745-4

Inhalt

Beiträge zum Problem der Ursprünglichkeit der mittelalterlich-scholastischen Ontologie

Inaugural-Dissertation
zur Erlangung des Doktorgrades
der Hohen Philosophischen Fakultät
der Christian-Albrechts-Universität zu Kiel

vorgelegt von

Hans Blumenberg
aus Bargteheide in Holstein

Kiel 1947

I. Einleitung

§ 1. Das Problem der Ursprünglichkeit des ontologischen Ansatzes bei Martin Heidegger

(a) Geschichtlichkeit und Tradition

Darf Philosophie ihrem Wesen nach Tradition haben? Oder bedeutet Tradition für das philosophische Denken als Bindung an Vergangenheit und deren im Vollzug des Lebens überholte Möglichkeiten eine unangemessene, ständig sich vergrößernde Last? Diese Fragen lassen sich nur angehen von der Einsicht in das Wesen der Wirklichkeit her, mit der das philosophische Verhalten es zu tun hat. Ist diese Wirklichkeit das sich unverwandt Durchhaltende und in sich Beruhende, das den Fluß des Lebens und Erlebens gleichsam an sich vorbei- und durch sich hindurchziehen läßt? Dann muß philosophische Tradition der legitime Beleg des diese Wirklichkeit mehr und mehr und immer im Aufnehmen des schon Gewonnenen sich aneignenden und erschließenden Denkens sein. Ist aber die Wirklichkeit, mit welcher Philosophie es zu tun hat, selbst geschichtlich, das heißt: überholt sie sich ständig selbst, indem ihre Gegenwart je wesentlich in sich selbst beruht, das Vergangene von ihrem Gestaltprinzip her metakinetisch einschmelzend, dann wird im jeweiligen philosophischen Verstehen – sofern Angemessenheit an die Wirklichkeit dessen leitende Idee ist – die Tradition nicht mächtiger sein dürfen als eben die Mächtigkeit des Vergangenen in der gegenwärtigen Wirklichkeit selbst.

Wie nun steht es mit dieser Wirklichkeit, um die es im philosophischen Verhalten geht? Wo man gebannt auf den Kosmos und sein nach exakten Gesetzen faßbares Geschehen blickt, wo die ganze dem Menschen zugängliche Wirklichkeit am Umlauf der Sphären und an der Mechanik der Körper zu hängen scheint, da muß sich der Begriff der Wirklichkeit an dieser kosmischen Unverwandtheit und übergeschichtlichen Gesetzmäßigkeit ausrichten. Einem solchen Wirklichkeitsverständnis kann die Geschichte des philosophischen Denkens nur im Schema des ›Fortschrittes‹ erscheinen; und diesem, durch den Fortschrittsgedanken bestimmten philosophischen Bewußtsein wird Tradition das in jedem Stadium zu Recht mit verwahrte, weil ein für allemal gewonnene ›Ergebnis‹ sein, das als Besitz je und je vorauszusetzen ist. Aber ist dies denn die dem Menschen nächsterfahrbare Wirklichkeit, durch die hindurch erst er anderer Bereiche gewahr würde, so daß diese Durchsicht sein Wirklichkeitserlebnis ganz und gar bestimmen muß? Oder drängt sich ihm nicht vielmehr zuerst und vor allem die eigene Existenz in ihrer völlig andersartigen Struktur auf? Diese Fragen dürfen nicht voreilig und von einem heutigen Blickpunkt aus beantwortet werden; bedurfte es doch offenbar in der Geistesgeschichte immer erst außerordentlicher Anstöße, ja Erschütterungen, um den ›nach außen‹ gewandten, immer schon außen verweilenden und sogar das eigene Selbst von außen gewahrenden Blick des Menschen ›nach innen‹ zu wenden. So war es, als der Mensch aus der antiken Seinssicherheit und kosmischen Offenheit herausgerissen und ihm die Sorge um sein Heil als das einzig Gewichtige und Entscheidende aufgegeben wurde. Nicht unähnlich, als der aufgeklärte Bürger aus dem Traum des Fortschrittsglaubens und der Existenzsicherheit jäh erwachte und inmitten der kraft seines Vertrauens freigesetzten technischen Welt von der Erfahrung seiner Nichtigkeit überfallen wurde. In diesen Wendungen verliert sich | S. 4 | das unverwandte gesetzliche Gleichmaß des Kosmos aus dem Blick, der nun gebannt wird durch die Erfahrungen der Geschichtlichkeit, der Faktizität, der Verfangenheit in die nächste Um- und Mitwelt und des in radikalen Umbrüchen sich immer selbst überholenden inneren Lebens. Die Bedeutung von Tradition verflüchtigt sich in solcher Blickwendung; die ›Ergebnisse‹ der Vergangenheit werden einer permanenten Revision unterworfen und erweisen sich schließlich als tote Last für die Existenz und den Wirklichkeitsbezug des Menschen.

Es kann hier nicht darum gehen, zu bestimmen, wo unsere eigene und heutige Wirklichkeitserfahrung einzuordnen ist. Was die Bedeutung der Tradition in ihr betrifft, so läßt sich sagen: Wie vielleicht niemals zuvor sind alle ›Einschlüsse‹ der Vergangenheit, alle formalen und gehaltlichen Bindungen an das Überholte infrage gestellt. Immer unmittelbarer wird unsere Weise des Wirklichkeitserlebnisses Ausdruck einer ›Lage‹, die selbst im Ablauf der Geschichte nur eine faktische Stelle hat. Es ist die radikale Projektion der uns nächstvertrauten Strukturen eigener Existenzweise auf die Wirklichkeit als Ganze, was unseren Weltbegriff bestimmt. Mit diesen kurzen Andeutungen sei auf die Selbstanalysen unserer Zeit, wie sie uns heute nicht selten geboten werden, verwiesen, um die Situation, von der jede philosophische Problemstellung ausgeht und an die ihre Erörterung gebunden bleibt, nicht außer acht zu lassen.

Sogleich drängt sich die Frage auf, zu welchen Sichtweisen der Anspruch der Wirklichkeitsangemessenheit die Philosophie unserer Tage geführt hat und wie tiefgehend ihre Aussagen von der faktisch-geschichtlichen Struktur unserer Wirklichkeitserfahrung bestimmt sind. Oder setzt die Philosophie in aller Heimlichkeit vor sich selbst noch einen Wirklichkeitsbegriff voraus, der nur das nach unverwandten Gesetzen faßbare kosmische Außen als wirklich nimmt und das Aufspüren allgemeinster fester Strukturen als die in kontinuierlichem Fortschreiten zu verfolgende Aufgabe der denkerischen Welterfassung in sich schließt? Das würde in einer kurzen Formel heißen: eine ihrem Wesen nach an Tradition gebundene und Tradition notwendig immer wieder aufnehmende Philosophie als Auslegung einer sich in ihrer Faktizität aufdrängenden Wirklichkeit! In der Tat scheint keine Äußerung des menschlichen Geistes so belastet mit Tradition zu sein wie die Philosophie. Ihre Grundfragen und ihre Grundbegriffe gehen durch ihre mit der des Abendlandes zusammenfallende Geschichte in einzigartiger Kontinuität hindurch. Erst der durch die Oberfläche der Begrifflichkeit und des zäh sich durchhaltenden philosophischen Idioms tiefer dringende Blick gewahrt die unaufhebbare Spannung, in der lebendig-gegenwärtiges Wirklichkeitsbewußtsein und dessen gedanklich-begriffliche Erfassung und Auslegung stehen. Immer ist Philosophie durch den Anspruch bestimmt, so geschichtlich zu sein wie die Wirklichkeit, deren Erfahrung sie auszulegen hat. Das gilt selbst dort und dann, wenn sie sich als *philosophia perennis* schon als der Geschichtlichkeit enthoben vermeint – ja, es zeigt sich gerade in dieser äußersten Spannung von innerer Möglichkeit und selbstbestimmtem Anspruch in bedeutsamer Zuspitzung.

(b) Destruktion als Freigabe der Geschichtlichkeit

Es beginnt sich der Ort abzuzeichnen, an den Förderung und Leistung eines Neuansatzes der Ontologie als der Fundamentallehre der Wirklichkeitserfahrung zu stellen sind, wie sie in Heideggers Hauptwerk erhoben und vorentworfen sind. Ihre kritische Zuspitzung richtet sich mit der Forderung der ›Destruktion‹ gegen die ›traditionelle Ontologie‹. Wie ist das zu verstehen? Der Vollzug der ontologischen Grundfragen und die Ausbildung der ontologischen Verstehensweisen haben gleichsam nicht Schritt gehalten mit dem lebendig-geschichtlichen Vollzug des Wirklichkeitserlebens. Eine in sich verhärtete und sich selbst genügende Ontologie verstellt die Möglichkeiten, | S. 5 | je aus dem gegenwärtigen Wirklichkeitshorizont heraus die Seinsfrage zu stellen; immer findet dann solches Fragen schon vorgeprägte Begriffe und vorentworfene Verständnisweisen. Die Ontologie hat sich derart der Geschichtlichkeit ihrer Geschichte entäußert. Ihre Geschichte wird nicht mehr begriffen als der auslegende Mitvollzug des lebendig-geschichtlichen Seinsverständnisses des Menschen hinsichtlich seiner fundamentalen Strukturen und in seinem Totalhorizont, sondern als freischwebende Selbstentfaltung eines absoluten Problems, dessen Fragbarkeit – eben weil es traditionelles Problem ist – als selbstverständlich hingenommen wird. Diese Verfestigung ontologischer Sichtweisen im Gange der Tradition bleibt nicht auf die Ontologie beschränkt, sondern wirkt zurück auf das Seinsverständnis in den Einzelbereichen des Wirklichkeitsbezuges, vor allem in den Wissenschaften.

Damit verdeutlicht sich, was die geforderte Destruktion der traditionellen Ontologie zu leisten hat: nämlich die Wiedergewinnung der Geschichtlichkeit der Geschichte der Seinsfrage und darin die Freigabe einer angemessenen Auslegung des lebendig-gegenwärtigen Seinsverständnisses. Das soll nicht negativ eine *Abschüttelung der ontologischen Tradition*[1] bedeuten, sondern ihre Zurückführung auf die ihr jeweils zu-

1 | S. 93 | Martin Heidegger, Sein und Zeit. Erste Hälfte. Sonderdruck aus: »Jahrbuch für Philosophie und phänomenologische Forschung«, Bd. VIII. Unveränd. 5. Aufl. Halle 1941, 22 (weiterhin zit. mit ›SuZ‹).

grundeliegenden ›ursprünglichen Erfahrungen‹.[2] Damit zeigt sich bereits, daß mit der Destruktion die ontologische Tradition nicht kurzerhand als nichtig erklärt wird; die Wiedergewinnung der Geschichtlichkeit der Seinsfrage weist der Tradition eine sehr bestimmte Funktion zu und gibt der Aufgabe ihres Verständnisses wirkliches Gewicht. Diese Funktion sei vorwegnehmend bezeichnet als Klärung der Möglichkeiten der Ontologie, das heißt ihrer ›Grenzen‹.[3] Also nicht insofern sich eine bestimmte geschichtliche Wirklichkeitserfahrung in einer zugehörigen Gestalt der Ontologie ausgelegt hat und diese Auslegung die Geschichte der Ontologie mit ausmacht, verfällt sie der Destruktion; sondern insofern sie sich als Tradition verdeckend über die je gegenwärtigen Möglichkeiten, radikal und ursprünglich zu fragen, legt, sofern sie zur Autorität wird. Dies ist gemeint, wenn Heidegger sagt: *Negierend verhält sich die Destruktion nicht zur Vergangenheit, ihre Kritik trifft das ›Heute‹ …*[4]

Der für die vorliegenden Untersuchungen leitende Begriff von ›Ursprünglichkeit‹ beginnt sich nun abzuzeichnen. Er ist bezogen auf das Heute der lebendigen geschichtlichen Erfahrung und die diesem zugehörige ontologische Interpretation; er ist zugespitzt gegen den verdeckenden Vorrang der Vergangenheit als auf ihr sachliches Recht unbefragter und unfragwürdiger Autorität in diesem Heute, nicht gegen die geschichtliche und als solche ihrem Recht nach ausgewiesene Gegenwärtigkeit des Vergangenen in der heutigen Wirklichkeit. So gewinnt das ›Heute‹ keineswegs einen absoluten normativen Rang. Es ist nicht unser Heute, das den Rechtstitel abgeben könnte, die geschichtlichen Leistungen der Ontologie zu entwerten, weil sie unser Wirklichkeitsbewußtsein nicht angemessen auszulegen vermögen. Die Destruktionsforderung stellt nicht den geschichtlichen Rang ontologischer Konzeptionen infrage, sondern sie will das Ansetzen des ontologischen Fragens aus der Lebendigkeit des Wirklichkeitsbewußtseins freigeben und gewährleisten gegen den Überhang der Tradition. Insofern ist Destruktion ein immanenter Anspruch jeder philosophi-

2 SuZ, 22.
3 A.a.O.
4 A.a.O.

schen Situation; findet sich doch diese immer inmitten von verfestigtem Überkommen, gegen das sie ihre genuinen Erfahrungen durchzusetzen hat. Mag also Destruktion als *ausdrückliche* These ein so scharfes und betontes Erlebnis geschichtlicher Faktizität voraussetzen, wie es unserer Gegenwart zuteil wird, die wie kaum je zuvor die Erfahrung der kurzatmigen Mutabilität ihrer Wirklichkeit mit so viel beharrlicheren und zur Dauer gewillten Kategorien des geistigen Verstehens zu bewältigen hat und die Spannung von Erfahrung und Verstehen in | S. 6 | einzigartiger Weise – man darf schon sagen: – erleidet; als innerer Anspruch ist sie die Wesensspannung des Philosophierens selbst und in jeder Situation gültig. Gerade das wird die vorliegende Untersuchung zu erweisen haben, daß diese innere Spannung auch die in einmaligem Maße von der Autorität der Tradition in Anspruch genommene Philosophie des christlichen Mittelalters zu einer Art *Selbstdestruktion* aus der Kraft ihrer genuinen Erfahrungen heraus treibt. Sowenig also Ursprünglichkeit ein beliebiger noch ein spezifisch ›moderner‹ Anspruch des Philosophierens an sich selbst ist, sowenig ist Destruktion ein *Zuwachs* für das philosophische Verhalten – es sei denn als explizites Postulat.

Mit dieser ersten Verzeichnung des Begriffes von Ursprünglichkeit als der in der Geschichtlichkeit der menschlichen Existenz und ihrer Welt beschlossenen Forderung an das philosophische Verhalten ist bereits eine gewisse kritische Wendung gegen Heideggers Destruktionsbegriff grundgelegt. Weniger in der entwerfenden Vorgabe des die Destruktion fundierenden Ursprünglichkeitsbegriffes als in der Orientierung und dem Vollzug dieser selbst – soweit uns davon aus dem allein vorliegenden ersten Teil von »Sein und Zeit« ein Begriff möglich ist – wird sichtbar, daß für Heidegger Ursprünglichkeit als adäquate Bezogenheit geschichtlich-genuinen Wirklichkeitsbewußtseins und dessen autochthoner Auslegung nicht eindeutig die leitende Idee bleibt, während die Destruktion zunächst das gegenwärtige Wirklichkeitsbewußtsein und seine ontologische Auslegung vom verdeckenden Überhang traditioneller Elemente zu befreien hätte und ferner rückgreifend dasselbe für ein ursprüngliches Verständnis vergangener Epochen der Ontologiegeschichte leisten könnte, drängt sich bei Heidegger das Abzielen auf die Möglichkeit einer absoluten *Normgebung* des Seinsverständnisses auf. Ob freilich die Existenzialanalyse dies zu leisten bestimmt ist – was auf den normativen Rang unserer gegenwärtigen Selbsterfahrung, die in Heideggers Existenzbegriff ihren Ausdruck findet, hinauslaufen würde – oder ob die Ursprünge selbst der Philosophiegeschichte die Norm von Ursprünglichkeit abzugeben hätten, das bleibt ungeklärt. Vieles – zumal wenn man den Umkreis der Zeugnisse über »Sein und Zeit« hinaus erweitert und den Fortgang des Heideggerschen Denkens einbezieht – deutet auf die Neigung hin, das frühgriechische Denken, eben die uns erreichbaren Ursprünge des Philosophierens, als normativen Hinblick des Ursprünglichkeitsproblems zu nehmen; *le sens authentique et les conquêtes profondes des premières spéculations sur l'être*, denen gegenüber die ganze weitere Entwicklung der Ontologie angesehen werden muß *comme une monstrueuse excroissance étouffant les vérités entrevues dans les débuts.*[5] Destruktion wäre dann nichts anderes als der Rückgang auf eine geschichtlich unwiederholbare Situation und der Hinblick auf die in ihr gesetzte Norm.

(c) Auszeichnung der Scholastik im Zusammenhang des Ursprünglichkeitsproblems

Wenn die hier vorgelegten Untersuchungen die mittelalterlich-scholastische Ontologie zum Gegenstand nehmen und an ihr das Problem der Ursprünglichkeit entfalten wollen, dann wird damit nicht ein willkürlich herausgegriffener Abschnitt der Geschichte der Seinsfrage zum Ursprünglichkeitsproblem in Beziehung gebracht, sondern diese Wahl trifft auf eine zur Klärung des ganzen Problembereiches paradigmatische Epoche. Worin ist die Auszeichnung der scholastischen Ontologie im Gesamtbegriff der ›traditionellen Ontologie‹ zu sehen? Die Scholastik ist von jener ›Ursprünglichkeit‹ der frühen Anfänge der Philosophie, wie sie bei Heidegger normativ hervortreten, ebensoweit entfernt wie von einer Auslegung des in unserem modernen Wirklichkeitshorizont entstandenen Seinsverständnisses. Gerade indem sich diese beiden, zu normativer Geltung vordrängenden Horizonte für die

5 Alphonse de Waelhens, La Philosophie de Martin Heidegger. Louvain 1942, 4.

Scholastik nicht anwenden lassen, ergibt sich die Notwendigkeit, das Problem der Ursprünglichkeit genauer und eindeutiger zu stellen. | S. 7 |

Die mittelalterliche Scholastik kann in ihrer Belastung durch Rezeption und traditionelle Autorität als einzigartig angesehen werden; der Anspruch philosophischer Ursprünglichkeit tritt dadurch hier in eine Krise, indem Rezeption und Tradition mit einem Wirklichkeitsbewußtsein ebenso einzigartiger Neuheit – nämlich dem christlichen – zusammentreffen. Diese kritische Zuspitzung des Ursprünglichkeitsproblems lenkt die Aufmerksamkeit auf all die Momente, an denen sich die Auseinandersetzung mit der Last der Tradition bevorzugt zeigen muß, sei dies in den Phänomenen des Aufstandes, des Durchscheinens oder des Durchbruches. Diesen Phänomenen hat sich also die vorliegende Untersuchung zuzuwenden. Als Ertrag strebt sie nicht nur die Darstellung ontologischer Einzelzüge der Scholastik unter einem neuen Gesichtspunkt, sondern auch eine Weiterführung und Klärung des Problems der Ursprünglichkeit an.

Heidegger hat in seiner Habilitationsschrift über die – inzwischen dem Magister Thomas von Erfurt zugewiesene[6] – »Grammatica speculativa« programmatisch die Durchführung einer wirklich philosophisch-problemgeschichtlichen Bearbeitung der Scholastik gegenüber einer nur historisch-quellenkritischen Bestandsaufnahme gefordert[7] und damit zugleich den Rang der Eigenleistung des mittelalterlichen Denkens anerkannt. Freilich scheint es für ihn dort noch *zeitlose* Probleme der Philosophie zu geben, denn die *theoretisch-systematische Auswertung der Scholastik*[8] kann den historischen Zeitbezug – d.h. aber auch das Moment der Ursprünglichkeit – ausschalten und die einzelne Leistung mit anderen, *zentripetal auf das Problem an sich gerichtet,*[9] zusammentreten lassen. Worauf Heidegger in dieser Arbeit hinzielt und worin er einen *ersten Versuch einer prinzipiell neuen Bearbeitungsart der mittel-*

---

6 Vgl. Martin Grabmann, Die Entwicklung der mittelalterlichen Sprachlogik. In: Mittelalterliches Geistesleben, Bd. I. München 1926, 115ff.

7 Martin Heidegger, Die Kategorien- und Bedeutungslehre des Duns Scotus. Tübingen 1916 [GA 1, 189-412].

8 A.a.O., 3 [GA 1, 195].

9 A.a.O., 5 [GA 1, 196].

alterlichen Scholastik unternehmen will, das ist eine *Ausdeutung und Wertung mit Hilfe des philosophischen Problemgehaltes als solchen.*[10] Auch in seinem Hauptwerk bleibt Heidegger bei der ausdrücklichen Anerkennung der *weiterführenden Arbeit* und Eigenleistung der scholastischen Ontologie, indem er in ihr *alles andere denn eine Zusammenfügung überkommener Stücke zu einem Bau*[11] sieht. Aber das hebt nicht die klar erkennbare Tatsache auf, daß seine Forderung der Destruktion in besonderer Zuspitzung die scholastische Metaphysik betrifft, so daß de Waelhens im Hinblick auf die von Heidegger angenommene, nach den ursprünglichen Anfängen bei den Griechen einsetzende ›déformation‹ der ontologischen Entwicklung die Meinung Heideggers so kennzeichnen kann; *c'est la scolastique qui porte à ce sujet la responsabilité la plus lourde.*[12]

Die Gegenstellung des Heideggerschen Ansatzes der Ontologie zur mittelalterlichen Scholastik läßt sich vielleicht objektiv noch schärfer fassen, als es Heidegger bewußt geworden ist. Es ist gar nicht so sehr eine Gegenstellung nur im Ansatz oder in wesentlichen Einzelkonzeptionen, sondern vielmehr der Umfang und die Radikalität, mit der hier wie dort letzte Problemstellungen aufgenommen und in ganz horizontverschiedener Orientierung durchgearbeitet werden, also letztlich die Totalität und das Pathos des Philosophierens selbst, was die Schärfe der Antithese ausmacht, die zugleich den hervorragenden Rang der ›Auseinandersetzung‹ bestimmt. Überall, wo nur engere Ausschnitte der philosophischen Problematik behandelt wurden, konnten denn auch mit Fleiß ›Vorläufer‹ für diesen oder jenen Zug der Existenzialanalyse gefunden werden. Aber wenn etwa auf die augustinische Anthropologie hingewiesen wird, wie Heidegger selbst es tut bzw. nahelegt, dann gibt es im Grunde doch nur einen Bezug zur Existenzialanalyse: die Totalität des Fragens selbst hier wie dort; dagegen ist es von geringerer Bedeutung, daß die Existenzialanalyse *u. a. aus einer Interpretation der augustinischen Anthropologie erwachsen ist*[13] – denn

10 A. a. O., 13 [GA 1, 204].

11 SuZ, 22.

12 de Waelhens, a. a. O., 4.

13 Rudolf Schneider, Das wandelbare Sein. Die Hauptthemen der Ontologie Augustins. Frankfurt [a. M.] 1938, 15, Anm. 3.

was kann hier ›Interpretation‹ anderes besagen als die Aufnahme derselben Grundfragen in einem ganz anderen Wirklichkeitshorizont? | S. 8 |

(d) Descartes als Fazit der Scholastik?

Ist es richtig, daß die Seinsfrage, die das Forschen von Plato und Aristoteles in Atem gehalten hat, von da an als thematische Frage wirklicher Untersuchung verstummt ist?[14] Ist es seitdem nicht wieder zu jener höchsten Anstrengung des Denkens gekommen, ist die Unruhe des ontologischen Fragens nach den Griechen endgültig der sonnenklaren Selbstverständlichkeit gewichen?[15] Dies ist der weitere Problemzusammenhang, in den sich die vorliegende Arbeit hineinstellt und von dem aus das Ursprünglichkeitsproblem als geschichtliches einige Klärung erwarten darf. Die ›traditionelle Ontologie‹ ist ja nicht eine Ablauffolge, in der die späteren Phasen immer die ›Ergebnisse‹ der früheren sind, in der ein ›Endergebnis‹ möglich wäre, das alles Vorhergehende enthält und es voraussetzt. Muß aber nicht eine derartige Vorstellung in den Begriff der traditionellen Ontologie bei Heidegger hineinspielen, wenn Descartes in so ausgezeichnetem Maße zum ›Blickfang‹ destruktiver Kritik werden kann? Soll in ihm nicht gleichsam das Fazit der scholastischen Ontologie getroffen werden? Dann allerdings muß er den unmittelbaren Hinblick auf die mittelalterliche Scholastik in ihrer Eigenleistung abfangen, deren begriffliche Apparatur er zwar verwendet, aber ohne auch nur entfernt ihre autochthonen Fragen aufzunehmen oder an ihrem Wirklichkeitsbewußtsein noch Anteil zu haben. Vielmehr steht Descartes schon in einem anderen Horizont und repräsentiert nicht mehr den Gehalt der scholastischen Begriffe, die er verwendet. So ist der cartesische Substanzbegriff in seiner Starrheit der des ein für allemal Meßbaren und quantitativ Bestimmbaren. Der Einbruch mathematischer Strukturmomente in die Ontologie, der schon beim späten Plato bedeutsam wurde, wiederholt sich hier mit der Mächtigkeit der Anzeige des naturwissenschaftlich-technischen Zeitalters,

14 SuZ, 2.
15 A.a.O.

welches erst in seinem Endergebnis in einer radikalen Entsubstanzialisierung und Funktionalisierung diesen Ansatz selbst ad absurdum geführt haben wird.

Was also an Descartes sichtbar wird, das könnte man eher als eine *Überholung* der scholastischen Ontologie durch die kosmologische Orientierung der Antike denn als Ergebnis der mittelalterlichen Seinsphilosophie selbst charakterisieren. Freilich kann man den Ansatz dieser Überholung schon in der Hochscholastik, und zwar mit der Vollrezeption des Aristoteles, erkennen; aber eben dieses Faktum muß gerade als *Einbruch* in die Ursprünglichkeit des christlichen Seinsverständnisses gewertet werden. Von der Höhe der aristotelistischen Ausformung der Scholastik mag man die Entwicklung schon auf Descartes zulaufen sehen; aber – und darin hat sich die Fruchtbarkeit des die Untersuchung leitenden Gesichtspunktes der Ursprünglichkeit zu erweisen – wird der Blick auf das autochthone Eigengut einer dem christlichen Wirklichkeitshorizont entspringenden Metaphysik gerichtet, dann muß es gerade auf das ankommen, was sich außer und *trotz* der direkten, ausdrücklichen und autoritativen Rezeption der Antike ausgebildet hat und in ihr oder *gegen* sie sich behaupten konnte oder gar die Kraft zur Umschmelzung antiker Kategorien besaß. Der *Zugang* zur Scholastik führt damit aber nicht über Descartes und rückwärtsgehend auf die Hochscholastik; einem solchen Vorgehen liegt – wenn auch methodisch nicht bewußt – das Schema einer evolutionären Kontinuität zugrunde, die im Endergebnis das voll ausgeprägt zeigt, was schon von den keimhaften Ansätzen her im Werden war. Das leitende Prinzip der Ursprünglichkeit legt einen anderen, *prospektiven* Zugang zur mittelalterlichen Scholastik nahe, der mit dem Namen Augustinus bezeichnet ist. Zwar spielen auch für die Patristik Rezeption und Autorität der Antike eine – noch näher zu würdigende[16] Rolle; aber hier hat das christliche Bewußtsein noch die volle ursprüngliche Kraft, aus der heraus Rezeption Einschmelzung und *Aneignung* bedeutet. | S. 9 |

Mit diesen kritischen Bemerkungen zur repräsentativen Stellung Descartes' für die Destruktionskritik Heideggers war herauszustellen, daß

16 Vgl. § 2 dieser Arbeit.

es in der Geschichte der Philosophie das Phänomen der ›Überholung‹ gibt und daß ein Begriff dieser Geschichte, der sie als das Ganze einer kontinuierlichen Entwicklung faßt, in der man von bestimmten Ausprägungen her die diesen vorausgehenden Phasen interpretieren kann, das Problem der Ursprünglichkeit verfehlen lassen muß. Die Scholastik ist nicht nur Vermittlung und Durchgang für das antike Erbe. Sie hat eine ausgeprägte ursprüngliche Eigenleistung, in der keineswegs nur die *entwurzelte griechische Ontologie ... zum festen Lehrbestand* systematisiert wird, in der die *griechischen Grundauffassungen des Seins* nicht nur *dogmatisch* übernommen,[17] sondern ganz im Gegenteil geradezu ihres Bodens beraubt sind. Aber – und daran mögen sich kritischer Vorwurf oder Bedauern mit ihrem zweifelhaften Recht allem Geschichtlichen gegenüber entzünden – diese Eigenleistung der christlichen Metaphysik des Mittelalters kommt im ›Endergebnis‹ der traditionellen Ontologie gerade nicht zu Wort, sie ist darin schon überholt und entkräftet von einer ihr unangemessenen Orientierung. Das gilt auch dann, wenn gewisse Entdeckungen der christlichen Reflexion sich durchzuhalten vermögen, ja gerade in ihrer entwurzelten Gestalt nun erst voll wirksam werden können; denn gerade dann zeigt sich eine neue Ursprünglichkeitsproblematik an, die nun die Philosophie der Neuzeit betrifft.

(e) Integration der Ursprünglichkeitsidee

Ist nun mit der durch die Destruktion gewährleisteten Freigabe der Geschichtlichkeit der ontologischen Konzeptionen das ganze Problem der Ursprünglichkeit nicht einem rein historistischen Interesse überliefert und für das lebendig-gegenwärtige Philosophieren unter den Spiegel des Bedeutsamen und denkerische Spannung Beanspruchenden gesunken? Und ist nicht Heideggers Ausblick nach einem normativen Anhalt als Sicherung vor diesen historistischen Konsequenzen des Destruktionsgedankens zu verstehen? Diese Fragen können nicht ernst genug genommen werden; an der aus ihrer Klärung entspringenden Grund-

---

17 SuZ, 22.

konzeption hängt die Möglichkeit, von einem Neuansatz der Ontologie überhaupt sinnvoll reden zu können. Die Philosophie selbst darf sich nicht in der Faktizität der menschlichen Wirklichkeitserfahrung auflösen; sie muß sich bezogen wissen auf einen metaphysischen Halt, der verständlich und sinnhaft macht, daß vor dem Hintergrund des faktisch-geschichtlichen Wirklichkeitsbewußtseins eine so einzigartige Einheit und Kontinuität der fundamentalen Fragen sich bilden konnte, wie sie die Geschichte der Philosophie von ihren Anfängen bis auf den heutigen Tag durch alle Metakinesen ihrer Horizonte durchgehalten hat. Diese Einheit des fragenden Anspruches der Philosophie ist das der Geschichtlichkeit des Erlebens und Erfahrens gleichberechtigte Phänomen, das im Ansatz des Ursprünglichkeitsgedankens ebenso zu Wort kommen muß. Weshalb etwa läßt sich überhaupt sinnvoll von einer ›Seinsfrage‹, von ›Ontologie‹ in den verschiedenen Epochen der Philosophiegeschichte reden? Weshalb ist trotz der radikalen Geschichtlichkeit des jeweiligen Seinsverständnisses der einende Begriff einer ›Geschichte‹ der Ontologie von sachlichem Recht, so daß die Forderung der Destruktion ihn unangetastet belassen muß?

Diese Fragestellung ist selbst eine ontologische; es ist die Zirkelhaftigkeit alles menschlichen Verstehens, die es uns nicht erlaubt, von vornherein den Boden endgültig zu befestigen, auf dem unsere Untersuchungen aufbauen könnten. Es wird sich zeigen, daß die mittelalterliche Scholastik selbst sehr bestimmte Vorstellungen von jenem metaphysischen Boden besitzt, der dem inmitten seiner faktischen Welt stehenden Menschen die Gewähr des Verstehens des Sinnes von Sein gibt und ihn daraus zum | S. 10 | Mut der letzten Fragen befähigt. Die Reflexion des Mittelalters, zumal in seiner augustinischen Linie, ist geradezu angetrieben von dem Grunderlebnis dieses Kontrastes zwischen Faktizität und Kontingenz der Wirklichkeit, in der sich der Mensch vorfindet, und der Gewißheit und Sicherheit, mit der er sich den Seinssinn erschlossen weiß. Im Hinblick auf die Möglichkeit eines metaphysischen Bodens der Seinsfrage und des Seinsverständnisses rücken die geschichtlichen Gestaltungen der Ontologie, deren vermeintliche Einheit im Sinne einer außergeschichtlichen Entwicklungskontinuität durch die Destruktion zerschlagen war, zu einer neuen legitimen Einheit zusammen. Die sich andeutende metaphysische Fundierung des Seinsverständnisses erfordert nun auch eine Integration der leitenden Idee von Ursprünglichkeit, an der sich die vorliegende und jede derartige Untersuchung zu orientieren hat.

Die menschliche Existenz ist in ihrem Existieren seinsbezogen; Seinsbezogenheit ist geradezu konstitutiv für menschliche Existenz. Die konstitutive *Offenheit* für Seiendes in seinem Sein nun ist der *Spielraum*, in dem sich die geschichtliche Ausprägung des Seinsverständnisses vollzieht, und zwar in immer neu zentrierten *Ver*deckungen und *Ent*deckungen innerhalb dieses Spielraumes. Hier wird die Idee eines integralen Seinsbezuges und seiner möglichen ontologischen Auslegung sichtbar. Gerade im Hinblick auf diese Idee gewinnt der Begriff der philosophischen Tradition nochmals Bedeutung; unter diesem Namen verbergen sich Einengungen und Verstellungen eben dieses Spielraumes der Seinserschlossenheit. Gegen sie wendet sich etwa Heideggers Grundforderung des Destruktionsvollzuges, die durch die philosophische Tradition so zäh festgehaltene Auszeichnung der reinen *Anschauung* und des auf sie gegründeten *Erkennens* als der primären Zugangsweisen zum Seinsverständnis zu revidieren. Bleibt doch gerade im Erkennen und Anschauen das Sein als *Ganzes* und in seiner *Welt*haftigkeit verschlossen und begegnet lediglich in der sekundären Weise des Gegenständlichen.[18] Der Idee des integralen Seinsbezuges entspricht also die Idee einer integralen Verständnisweise des Seins, in der nicht einfach ein schon Bekanntes einen weiteren Zuwachs an neu Bekanntwerdendem gewinnt, sondern sich das Sein als Ganzes in einer entscheidend das Erkannte transzendierenden Weise darbietet: als Welt in ihrer Welthaftigkeit. Die auf solche Erschlossenheit des Seins im Ganzen gerichtete unverstellte Offenheit des Seinsbezuges bietet nun die Möglichkeit, die Vorzeichnung des Ursprünglichkeitsbegriffes abzuschließen.

Wie Ursprünglichkeit hier zu verstehen ist, zeigt vielleicht am besten ein Hinweis auf die Funktion der Analyse der nächsten Umwelt bei Heidegger, die im Gesamtaufbau die Bedeutung des das Weltproblem als solches vorbereitenden Aufweises übergegenständlicher Seinsstrukturen hat. Diese Umwelt in ihrer Charakteristik als Zeugwelt hat ihre

---

18 Vgl. hierzu eingehender unten § 6 a.

ursprüngliche Zugangsweise: … *je weniger das Hammerding nur begafft wird, je zugreifender es gebraucht wird, um so ursprünglicher wird das Verhältnis zu ihm.*[19] Der ursprüngliche Seinsbezug ist hier die fundierende Ermöglichung alles weiteren betrachtenden und beredenden Sich-Zuwendens an den Gegenstand. Ursprünglichkeit meint die fundamentale Offenheit für das Sein in seinen Totalstrukturen; wie diese näher zu charakterisieren ist, kann hier noch nicht erörtert werden. Nur ist gewiß, daß der ursprüngliche Seinsbezug keineswegs durch ›Einfachheit‹ gekennzeichnet sein muß; vielmehr ist in ihm eine sehr komplexe Einheit zu sehen, wie denn auch *die Idee von Sein überhaupt ebensowenig ›einfach‹ ist wie das Sein des Daseins.*[20] Dies gegen die Verwechslung von Ursprünglichkeit und Primitivität. | S. 11 | Damit folgt der Begriff der Ursprünglichkeit genausowenig der in ihrem Recht fragwürdigen, aber meist unbefragten Forderung höchster Simplizität fundamentaler Sachverhalte, wie die letzten ontischen Strukturen selbst. Einerseits zielt dieser Leitbegriff auf die Freigabe der Geschichtlichkeit des Seinsverständnisses; indem er mit dieser Ernst macht, muß er den ›romantischen‹ Gedanken von Ursprünglichkeit, der in den fernen urtümlichen Anfängen einen normativen Anhalt sucht – gleichsam eine absolute Situation des seinsnahen Philosophierens[21] –, ausschließen. Das Seinsverständnis des Menschen ist bestimmt durch den Horizont, innerhalb dessen ihm Wirklichkeit als seine Welt erschlossen ist; dieser Horizont aber ist unablösbar auf die Geschichtlichkeit des Menschen bezogen, ja er macht seine Geschichtlichkeit wesentlich selbst aus. Die Leitidee der Ursprünglichkeit verweist auf diese geschichtliche Horizontgebundenheit des Seinsverständ-

19 SuZ, 69.

20 A. a. O., 196.

21 Dieser ›romantische‹ Ursprünglichkeitsgedanke hat auf Heideggers Destruktionsthese einen bedeutenden Einfluß, der sich in der Hinwendung zu einer mythischen Seinsdeutung der späteren Schriften immer mehr durchsetzt. Seine Auffassung von der ausgezeichneten Ursprünglichkeit des früh- oder gar vorgeschichtlichen Seinsverständnisses kommt auch in der Vorliebe für die etymologische Urtümlichkeit der sprachlichen Sinngebung zum Ausdruck; gerade am Ursprung scheint ihm auch die *Kraft der elementarsten Worte* (SuZ, 220) antreffbar zu sein. Dieser Zusammenhang ist bezeichnend für den hier kritisch behandelten Begriff von ›Ursprünglichkeit‹.

nisses. Das bedeutet keine Relativierung der Ontologie, wenn man eine solche nicht schon darin zu sehen glaubt, daß Wirklichkeit nur in faktisch-geschichtlichen Horizonten und nicht in einem absoluten An-sich dem Menschen gegeben ist; diese ›Relativität‹ allerdings ausschalten zu wollen, würde heißen, ein anderes Subjekt der Philosophie zu unterschieben als den Menschen. Dieser Leitidee gegenüber erweisen sich als nicht ursprünglich die Elemente des Seinsverständnisses, die einfachhin übernommen werden, sei es aus der Tradition oder aus dem trägen und mutlosen Seinsbezug des ›Man‹. Was die Analyse der Alltäglichkeit des Daseins ergibt, ist ganz wesentlich der Verlust oder die Verleugnung der Geschichtlichkeit des Menschen; demgegenüber ist Eigentlichkeit die Annahme des geschichtlichen Daseins und des ihm gemäßen Selbst- und Seinsverständnisses.[22] Andererseits nun zielt die Leitidee der Ursprünglichkeit auf die Freilegung des metaphysischen Bodens, der die geschichtlichen Möglichkeiten von Ontologie fundiert. Ursprünglichkeit ist hier das Zutagetreten der tragenden Strukturen, auf denen erst die Artikulation eines Seinsverständnisses ansetzt. Sie ist der Anspruch, nicht an den Derivaten und Sekundärmomenten des Seinsbezuges zu haften, sondern im Befragen dieser nach ihren Ermöglichungen der ersten und fundamentalen Weisen gewahr zu werden, in denen Sein erschlossen ist und sich der Auslegung darbietet. Auch hier kann Tradition die vorgegebene Verfestigung einer exemplarischen Erschließungsweise und die Abweisung anderer bedeuten; demgegenüber hat sich ein ursprüngliches Ansetzen der ganzen Breite der Möglichkeiten von Seinserschlossenheit zu versichern und von dieser Breite her das Zurückgehen auf die fundierenden Strukturen anzusetzen. In der Gewinnung dieser Breite der Problemansätze liegt die Funktion der Durcharbeitung und Interpretation der geschichtlichen Gestaltungen der Ontologie.

Die derart umrissene Leitidee von Ursprünglichkeit läßt sich nicht hier oder dort in der Geschichte der Ontologie als erfüllt lokalisieren, um

22 SuZ, 129: *Zunächst ist das Dasein Man und zumeist bleibt es so. Wenn das Dasein die Welt eigens entdeckt und sich nahebringt, wenn es ihm selbst sein eigentliches Sein erschließt, dann vollzieht sich dieses Entdecken von ›Welt‹ und Erschließen von Dasein immer als Wegräumen der Verdeckungen und Verdunkelungen, als Zerbrechen der Verstellungen, mit denen sich das Dasein gegen es selbst abriegelt.*

alle übrigen geschichtlichen Ausprägungen unter den Titel des Abgleitens und Verfallens zu stellen. Anspruch und Abgleiten, Ursprünglichkeit und Traditionshörigkeit, Autorität der *dicta authentica* [›originäre Aussagen‹ (der Bibel und der Kirchenväter)] oder *dicta magistralia* [›Lehraussagen‹ (neuerer scholastischer Autoren)],[23] Vorherrschaft des konventionellen Schonverstandenhabens lassen sich nicht einem zeitlichen Nacheinander in der Geschichte der Ontologie zuweisen, sondern machen die innere Spannung des philosophischen Verhaltens selbst aus. Eben das wird sich in ausgezeichnetem Maße auch für die mittelalterliche Scholastik zeigen lassen. | S. 12 |

23 Vgl. Martin Grabmann, Forschungsziele und Forschungswege zur mittelalterlichen Scholastik und Mystik. In: Mittelalterliches Geistesleben, Bd. I. München 1926, 20.

§ 2. Voraussetzungen und Möglichkeiten eines ursprünglichen Seinsverständnisses in der mittelalterlichen Scholastik

(a) Kontinuität des Wirklichkeitsbewußtseins als Boden der ›Rezeption‹

Der Einbruch des Christentums in die antike Welt bedeutete eine Versetzung und Neuzentrierung des Wirklichkeitshorizontes von geschichtlich einzigartiger Radikalität. Dennoch ist der Übergang zu einem nur geringfügig vorbereiteten neuen Welterlebnis nicht in einem dem objektiven Vorgang auch nur annähernd adäquaten Maße als Bruch des Erfahrungszusammenhanges bewußt geworden. Der Mangel von Zeugnissen einer solchen Umbruchserfahrung hat ja gerade dazu verleitet, die christlichen Eigengehalte aus der antiken Geistesgeschichte herauswachsen zu lassen. Daß dies objektiv unhaltbar ist, bedarf keiner Erörterung mehr. Dennoch bleibt das Phänomen der bruchlosen Kontinuität des Weltbewußtseins von der Antike in die christliche Zeit hinein. Wie ist das zu erklären? Die Erörterung dieser Frage kann sich als bedeutsam für unsere durch das Problem der Ursprünglichkeit geleitete Untersuchung erweisen; die Möglichkeit des unfaßbaren Umfanges an indirekter und selbstverständlicher wie auch direkter und ausdrücklicher ›Rezeption‹ antiker Geistesautorität mag hieran in etwa verständlich werden.

Alles Verhalten, Denken und Handeln ist auf Wirklichkeit gerichtet und bezogen; es geht darin um Wirklichkeit insofern, als es sich überhaupt nur in dieser Bezogenheit als sinnvoll – z. B. als ›wahr‹ oder ›gerecht‹ – verstehen kann und sich derselben immer wieder zu versichern hat. Wird der Wirklichkeitsboden einer Haltung als fragwürdig bewußt, dann ist ihre Sinnhaftigkeit überhaupt infrage gestellt. Eine solche Erfahrung von Fragwürdigkeit des Realitätsbezuges hätte nun dort sich aufdrängen müssen, wo der Einbruch des Christentums mit seinen einzigartigen Ansprüchen an die ganze Existenz des Menschen eben als radikaler Umbruch der Welt, in welcher das angesprochene und herausgeforderte Bewußtsein stand, erfahren und bewußt geworden wäre. Es ist für den Menschen der Neuzeit selbstverständlich, daß er das Wirklichkeitskorrelat des Glaubens in seinem Gewißheitsrang, in seiner Versicherbarkeit und damit in seinem die Existenz beanspruchenden Recht scharf absetzt gegen die empirisch gegebene und nach der Idee der Wissenschaftlichkeit sicherbare Wirklichkeit. Pascals *argument du pari* ist das große Symbol des neuzeitlichen Verständnisses des Wirklichkeitsranges der ›Glaubenswahrheit‹: Sie hat Entscheidungs- und nicht Erfahrungsgewißheit. Pascal selbst hat das beherrschende Gewißheitskriterium der Neuzeit, das Experiment, forciert. Von diesem, an der Erfahrung der neuzeitlichen Leistung der Wirklichkeitsversicherung der exakten Wissenschaften orientierten Gewißheitsbegriff her darf nicht jenes Bewußtsein gedeutet werden, dem das Erlebnis der Neuheit des Christentums zuteil wurde; dessen Möglichkeiten von Wirklichkeitsgegebenheit waren ungleich weiter gespannt, der Wirklichkeitshorizont hatte einen größeren Radius als der neuzeitliche, mag dieser auch vielmals reicher angefüllt sein. Es liegt daher nahe, von einem modernen Aspekt aus das als Umbruch zu deuten, was mit einem anderen Wirklichkeitsbegriff als Übernahme verstanden wurde.

In der Tat läßt sich die Aneignung der christlichen Glaubenserfahrung durch das aus der Antike hervorgehende Bewußtsein nur unter dem Gesichtspunkt der Kontinuität verstehen. Es kommt nicht zur Erfahrung des Ein- und Umbruches, weil in solcher Erfahrung | S. 13 | sich die sinngewährleistende Wirklichkeitsbezogenheit infrage gestellt sehen würde. In der Aneignung des Christentums wird eine erfüllende Möglichkeit des antiken Weltverständnisses bewußt; gerade darin liegt die selbstverständliche Sicherheit dieses Prozesses. Darin liegt aber auch die Wurzel der durch die folgenden Jahrhunderte gehenden Rezeptionsvorgänge, kurz: der unfaßbaren Geltung der Antike durch das ganze Mittelalter hindurch. Wollte der ›Glaube‹ sich als sinnvoller Anspruch, als integrierender Bestand der Wirklichkeit ausweisen, dann mußte er Kontinuität mit dem verbindlichen Weltverständnis der Antike gewinnen und zu halten suchen. Darin eben liegt die Leistung der Patristik, liegt die Bedeutung der dort vollzogenen ›indirekten Rezeption‹,[1] der umfassenden Aufsaugung oder besser der selbstverständlichen Mitführung des antiken Weltverständnisses im christlichen Bewußtsein. Die ungebrochene Kontinuität des Wirklichkeitsbezuges gewährt die große Kraft der Sicherheit und Selbstverständlichkeit der patristischen und scholastischen Denkentwicklung. Das christliche Selbstverständnis der ersten Apologeten etwa weiß das Christentum als die legitime Integration des antiken Denkens. Gegen die Kontinuität gewährleistende Funktion dieses Selbstverständnisses besagt es nichts, daß die fortlebende heidnische Antike im Christentum tatsächlich einen Ein- und Umbruch und eine radikale Gefährdung ihrer ›Welt‹ sah[2] und damit sogar objektiv im Recht war, denn das Bewußtsein der geradlinigen Fortsetzung des herrschenden Weltbildes war irrig. Dennoch dominierte dieses christliche Selbstverständnis bis zur Höhe des Mittelalters und ermöglichte dort die volle und direkte Rezeption des Aristoteles. Aber auch dort, wo sich das neue Bewußtsein von dem antiken als dem ›heidnischen‹ betont absetzt, bleibt die Gemeinsamkeit eines Horizontes, der den ›Dialog‹ oder die ›Apologie‹ erst sinnvoll macht und in dem man sich über die verbindlichen Weisen der Argumentation einig ist. Es wäre reizvoll, dieses Moment etwa in den augustinischen ›Contra‹-Schriften herauszuheben.

Die moderne scharfe Scheidung von Wissen und Glauben als zwei in ihrem Gewißheitsrang nicht vergleichbaren Weisen des Bezuges, hier auf eine ›reale‹, dort auf eine ›jenseitige‹ Gegenständlichkeit, darf also nicht in das frühchristliche und mittelalterliche Bewußtsein übertragen werden. Die Glaubenswahrheiten gehören dort nicht einer eigenen, sorgfältig ausgegliederten ›Sphäre‹ an, deren Gewißheitssicherung gegenüber der empirischen Gegebenheit ein mit Unbehagen verbundenes Problem ist. Vielmehr ist dieser christliche Wirklichkeitshorizont nicht durch eine Grenze zwischen Glaubens- und Wissenssphäre zerteilt; seine Einheit ist durch Erfahrung und Offenbarung in

1 Vgl. Étienne Gilson, Platonisme, Aristotélisme et Christianisme. Paris 1945. [Der Titel ist bibliographisch nicht verifizierbar; vgl. unten, 220, Anm. 7.]

2 Hierzu Wilhelm Nestle, Die Haupteinwände des antiken Denkens gegen das Christentum. In: Archiv für Religionswissenschaft 37 (1941/42), 51ff.

gleicher Unmittelbarkeit und Gewißheit gewährleistet. Das belegt vielleicht am deutlichsten das Unbedürfnis nach einem Gottesbeweis in der Patristik und Frühscholastik.[3] Das Problem des ›Beweises‹ für Gott und die Glaubenswirklichkeit stellt sich gar nicht, weil die Trennung zweier Wirklichkeitssphären, die je in Wissen oder Glauben zugänglich sind, noch nicht aufgebrochen ist; so berühren noch in der Frühscholastik Rhabanus Maurus, Abaelard, Johannes von Salisbury, Wilhelm von Conches und Petrus Lombardus das Problem des Gottesbeweises gar nicht.[4] Die starke und das Interesse zentral beanspruchende Entwicklung der Gottesbeweise zeigt eine Differenzierung des Wirklichkeitsbewußtseins an, die ihren endgültigen Ausdruck in der Trennung von Theologie und Philosophie finden wird. Würde zum Einwand für die Frühscholastik das ›ontologische Argument‹ des Anselm von Canterbury angeführt, so läßt sich gerade an diesem zeigen, wie sehr ›Welt‹- und Glaubensbereich noch eine unteilbare, in einer durchgehenden Struktur und | S. 14 | begrifflichen Systematik befaßbare Wirklichkeit darstellen; auf dieser durchgehenden Struktur der Wirklichkeit und der ihr korrespondierenden Logik des Denkens beruht geradezu die Stringenz des Anselmschen Argumentes. Diese Einheit des Wirklichkeitshorizontes ist am nachhaltigsten in der augustinischen Denklinie des Mittelalters bewahrt; wie zum Ausdruck dessen geht etwa Bonaventura auf das Gottesbeweisproblem in systematischem Zusammenhang überhaupt nicht ein.[5] In der Lehre von der *analogia entis* [›Seinsanalogie‹] mag ein letztes Sich-Behaupten dieser Einheit, die Gott und Welt, Offenbartes und Erfahrenes zu einer Gewißheit zusammenschloß, zu sehen sein; aber diese Konzeption trägt schon die Konsequenz der Zerspaltung von ›Diesseits‹ und ›Jenseits‹ in sich.[6]

Das Problem der Ursprunglichkeit der mittelalterlich-scholastischen

---

3 Die Augustinus als ›Gottesbeweise‹ unterstellten Gedankengänge zielen vor allem darauf, die Geistigkeit der Gottesvorstellung als deren angemessensten Ausdruck herauszustellen. Vgl. Clemens Baeumker, Witelo. Münster 1908, 288, Anm. 4.

4 A.a.O., 287f.

5 A.a.O., 317.

6 Vgl. eingehender unten § 4 c.

Ontologie läßt sich nicht angemessen aufnehmen, wenn die Rezeption der Antike durch das christliche Denken nur unter dem quellenhistorischen Aspekt gesehen wird. Der Begriff der Rezeption wird dabei eingeengt auf die Entlehnung von fertigen Aussagen und Denkformen, hier aus Aristoteles, dort aus Plato, wobei über dem Nachweis des Zitates oder Einflusses die die Kontinuität des Wirklichkeitsbewußtseins tragende Funktion der Rezeption aus der Sicht verschwindet. Es ist das Verdienst von Étienne Gilson,[7] den literarisch-quellenhistorischen Begriff der direkten Rezeption unterbaut zu haben durch den Begriff einer ursprünglichen, in der Ungebrochenheit des Wirklichkeitsbezuges selbst sich vollziehenden indirekten Rezeption. Hier ist es von geringem Belang, die Elemente dieser ursprünglichen Rezeption nach ihrer platonischen oder aristotelischen Herkunft zu zerlegen; dieses Bestreben kennzeichnet die wesentlich quellenhistorische Behandlung des Rezeptionsproblems. Nach Gilsons Darstellung wird es möglich, die Einheit des das Christentum aufnehmenden Bewußtseinsstromes und seine die Sicherheit der neuen Welthaltung tragende Funktion zu gewahren. Erst der seiner selbst sichere und zu einer homogenen Einheit geschlossene neue Horizont gibt den Boden für eine literarisch ausdrückliche Rezeption ab. Wenn dann schließlich die Rezeption sich an eine hier platonistische, dort aristotelistische Vorentscheidung bindet und der Rezeptionsvorgang in eine Schulbildung ausmündet, dann ist das antike Weltverständnis nicht mehr lebendiges und funktionales Element des Weltbildes, sondern nun erst ›Tradition‹ im zugespitzten Sinne. Was bis dahin Boden und Grund eines in seiner Kontinuität ungebrochenen und damit in seiner Sicherheit unverwandten Wirklichkeitsbewußtseins war, wird nun zur ›Autorität‹ und Last.

7 S. oben Anm. 1.

(b) Einheit und Totalität der christlichen Erfahrung

Vor der Aufnahme des Ursprünglichkeitsproblems in Einzeluntersuchungen bedarf es einer vorbereitenden Charakterisierung des Erfahrungshorizontes, als dessen angemessene ontologische Interpretation eine ursprüngliche mittelalterliche Seinsphilosophie verstanden sein will. Von dieser Charakteristik hat schon die Behandlung des Rezeptionsproblems das eine Wesentliche herausgehoben: die Einheit von gläubiger und ›natürlicher‹ Erfahrung. Es ist nicht möglich, dieses Phänomen begrifflich und positiv zu kennzeichnen; es verdeutlicht sich vor allem in der Abhebung gegen die mit der Hochscholastik einsetzende Zerspaltung dieser Einheit, die sogleich darzustellen ist. Gerade unter diesem Aspekt bietet sich Augustinus als der ausgezeichnete Zugang zum ursprünglichen Seinsverständnis des Mittelalters dar. Bei ihm ist die ontologische Valenz der Glaubens- und Heilserfahrung nicht nur voll gegen die der kosmischen ›Außen‹erfahrung der Antike aufgekommen, sondern aus beiden hat sich auch eine komplexe Einheit konstituiert. Erst die | S. 15 | aristotelistische Hochscholastik wird diese Verwobenheit in der Trennung einer wieder wesentlich kosmologisch orientierten Philosophie von der Theologie auseinanderlösen. Für Augustinus ist die im Glauben berührte Wirklichkeit nicht weniger und nicht anders Gewißheit als die in sinnlicher oder seelischer Erfahrung gegebene. Die Einheit seines Begriffes von Philosophie als der Weisheit, in der göttliche Illumination und ausgreifende Mächtigkeit menschlichen Geistes sich durchdringen, stellt die Einheit seines Begriffes von Erfahrung und Wirklichkeit selbst exemplarisch vor. Diese philosophische Weisheit ist ohne Glaubenserfahrung für ihn ebenso unmöglich wie göttliche Heilsoffenbarung ohne geschichtlich-symbolische Manifestation. So verstanden sind Diesseits und Jenseits keine angemessenen Kategorien des Wirklichkeitsverständnisses, sondern nur faktische Stadien seiner Aneignung. Die radikale ›Innenwendung‹ des augustinischen Denkens bedeutet keine Sperrung gegen das ›Außen‹; *mundus* und *anima* machen die Gespanntheit des augustinischen Wirklichkeitsbezuges aus, in der die Einheit seiner christlichen und antiken Antriebe zu gewahren ist.

Ist diese ursprüngliche Homogeneität der christlichen Wirklichkeitserfahrung einmal klar herausgestellt, dann wird es unmöglich, die in ihr auftretenden *›metaphysischen Realitäten‹*, die der Glaubenswelt entstammen, als *›Einschlüsse‹* zu charakterisieren.[8] Freilich mag ein solches Verfahren den Versuch erleichtern nachzuweisen, daß *im scholastischen Denktypus Momente phänomenologischer Betrachtung verborgen* liegen, wobei die als Hemmnisse einer ›phänomenologischen Reduktion‹ anzusehenden *›Einschlüsse‹* eben als Einschlüsse auch sehr wohl wieder ausgeschlossen werden können; so Heidegger in seiner Habilitationsschrift.[9] Das heißt freilich, sich der Möglichkeit eines angemessenen Verständnisses mittelalterlicher Philosophie, für die metaphysische Realitäten nicht nur eingeschlossen, nicht einmal nur zugehörig, sondern vielmehr geradezu exemplarisch sind, von vornherein begeben.

Eine Erörterung der Voraussetzungen und Möglichkeiten ursprünglicher Ontologie in der mittelalterlichen Scholastik hat nicht nur deren geschichtlichen Erfahrungshorizont zu charakterisieren, sondern auch den darin zum Ausdruck kommenden Seinsbezug, nämlich die Weise, in der der Mensch von Wirklichkeit berührt, betroffen, in sie verflochten ist, daraufhin zu betrachten, ob er durch Totalität oder Verkürzung, Offenheit oder Verengung und Vereinseitigung bestimmt ist. Es geht hierbei um die Breite oder auch die Intensität des Seinsbezuges, den Ansatz der ontologischen Auslegung also, von dem her sich diese zu legitimieren hat. Auch in dieser Einsicht scheint der christliche Raum Möglichkeiten freizugeben, die gegenüber der in der griechischen Philosophie mehr und mehr zutage tretenden theoretischen Verkürzung des Seinsverständnisses[10] bedeutsam sind. Die christliche Wirklichkeit nimmt den Menschen mit äußerster Intensität in Anspruch; denn diese Wirklichkeit ergibt sich nicht dem sinnlichen Vorfinden als Vorhandenes oder dem intellektuellen Zugriff der Diskursivität, sondern mit einem neuen und absoluten Pathos fordert sie die menschliche Existenz in ihrer Totalität heraus, verlangt eine entschlos-

8 Martin Heidegger, Die Kategorien- und Bedeutungslehre des Duns Scotus. Tübingen 1916, 10 [GA 1, 201].

9 A.a.O., 11 [GA 1, 202].

10 Vgl. hierzu unten § 7 b.

sene Offenheit, für die kontemplatives Schauen und Insichkehren ebenso konstitutiv sind wie tätige ›Nachfolge‹, liebende Hingabe und kultisch-symbolische Haltung. Das sind keineswegs erst Postulate einer ›Lehre‹ oder Konsequenzen einer Überzeugung, sondern der Vollzug eben dieser Offenheit, in der erst die Wirklichkeit zu begegnen vermag, die ›Überzeugung‹ und Gewißheit begründet. Diesen Zugang verschließt sich jedes nur im Hinsehen und Anschauen verbleibende Begreifenwollen; die totale Hinkehr | S. 16 | kann nicht die Helle der Einsicht und volle Offenbarkeit gleichsam abwarten, die Forderung der Buße etwa oder das Gebot der Liebe lassen sich nicht nach ihren intelligiblen Voraussetzungen befragen oder gar diese gewissermaßen zur Bedingung der existenziellen Entschlossenheit machen. Die christliche Wirklichkeit ist zuerst gelebte, aus der Totalität des personalen Einsatzes verwirklichte, erst dann objektivierbare.

(c) *Direkte Rezeption und Spaltung des Erfahrungshorizontes*

Die auflösende Differenzierung der ursprünglichen Einheit des christlichen Wirklichkeitshorizontes beginnt im Mittelalter mit dem Einsetzen der Form von Rezeption, die hier im Anschluß an Gilson als ›direkte‹ bezeichnet wird. Anstelle der lebendigen Kontinuität der Wirklichkeitssicht tritt damit literarisch-doktrinale Autorität, die schulmäßige Bindung an Platonismus oder Aristotelismus. Zumal die volle und sich nun auf den literarischen Beleg stützende Aufnahme des Aristoteles, insbesondere seiner um 1200 über den islamischen Kulturbereich bekannt werdenden Metaphysik, führt zum Zerbrechen des homogenen Wirklichkeitsbegriffes, das in der immer mehr betonten Abhebung der Philosophie von der Theologie seinen prägnanten Ausdruck findet. Diese Abhebung vollzieht sich in innerem Zusammenhang mit zwei deutlich unterscheidbaren Stufen der Aristotelesrezeption:[11] Während in einem durch Avicenna und den Neuplatonismus bestimmten Stadium mehr ein freies, literarisch unkritisches und unge-

11 Hierzu: Martin Grabmann, Magister Petrus von Hibernia. In: Mittelalterliches Geistesleben. Bd. I. München 1926, 260f.

bundenes, spekulatives Paraphrasieren der aristotelischen Texte vorherrscht – so etwa der Aristotelismus des Albertus Magnus –, bringen das Vorbild des Averroes, des ›Kommentators‹ für die Scholastik, einerseits und die methodische Schulung der Bibelexegese andererseits eine auf das genaue Verständnis der Texte gerichtete und darin sich der ›Autorität‹ des Aristoteles tiefer ergebende Kommentarliteratur hervor. Die Heranziehung der exegetischen Methode beweist, daß die Geltung des Aristoteles den Charakter doktrinaler Autorität angenommen hat, eine bis auf die echten und vermeintlichen Subtilitäten des Stagiriten sich erstreckende Verbindlichkeit, die einer aus den ursprünglichen Antrieben zur Wahrung der Kontinuität der Wirklichkeitssicht gespeisten Rezeption fremd sein mußte.

Träger des Aristotelesstudiums in dieser autoritätsgebundenen Form, in der lebendiger Bewußtseinsstrom in ›Tradition‹ überführt und zum System verfestigt ist, werden nicht in erster Reihe die Theologen und die theologischen Fakultäten als vielmehr die sogenannten ›Artisten‹fakultäten, in denen die *septem artes liberales* [›sieben freien Künste‹] gepflegt werden. Schon diese institutionelle Trennung begünstigt die Verselbständigung der Philosophie. Der Zerfall der Einheit der Wirklichkeitsinterpretation bleibt denn auch bei den Theologen länger verdeckt. So ist bei Thomas von Aquino das ursprüngliche Erbe noch so wirksam, daß Glauben und Wissen, Theologie und Philosophie trotz des beherrschenden Aristotelismus in einer – freilich nicht mehr selbstverständlichen, sondern eher konstruktiv anmutenden – Einheit umfaßt bleiben, die denn auch dem unbefangenen Blick ihre Bruchstellen zeigt.[12] In den Artistenschulen dagegen wird es möglich, daß ein Siger von Brabant[13] zur selben Zeit die Lehre von der zweifachen, je dem theologischen und philosophischen Wirklichkeitsbereich zugeordneten Wahrheit begründet. Hier liegen die Wurzeln des bereits gekennzeichneten modernen Rangunterschiedes von Glaubens- und Wissenswahrheit.

Der Autorität des Aristoteles wird gleichsam Raum geschaffen durch die Aussonderung einer ›natürlichen‹ Vernunft, die sich mit einer

12 Vgl. etwa § 3 e dieser Arbeit.

13 Vgl. Clemens Baeumker, Die Impossibilia des Siger von Brabant. Münster 1898.

ebenso ausgesonderten ›natürlichen‹ Wirklichkeit zu befassen hat. So kann Aristoteles zum Repräsentanten der Wahr- | S. 17 | heitsfindung dieser natürlichen Vernunft werden. Nicht wenig von dem metaphysischen Gedankengut des Stagiriten war schon mit dem Strom der indirekten Rezeption in das frühchristliche Bewußtsein eingeflossen, aber von diesem im genauen Sinne angeeignet worden. Über jene frei paraphrasierende und Differenzen nivellierende Heranziehung des Aristoteles zu der akriberen, um den authentischen Sinn der Texte bemühten Kommentierung gewinnt das griechische Seinsverständnis seine Sprengkraft. Denn die derart auf sich gestellte Autorität der natürlichen Weltdeutung mußte nun in offene Differenz zur Glaubenserfahrung treten, und es blieb ungewiß, wie diese Differenz auszutragen wäre.

Die auf den authentischen Textsinn gerichtete Akribie des Aristotelesstudiums ist die Leistung des Thomas von Aquino. In seinen Kommentaren zu den einzelnen Schriften des Stagiriten übernahm er das Prinzip der Literalinterpretation aus der Bibelexegese.[14] Sein Ziel war die objektive Erhebung der *intentio Aristotelis* [›Aussageabsicht des Aristoteles‹]; die Anregung zur Erstellung einwandfreier Übersetzungen durch seinen Freund Wilhelm von Moerbeke diente dieser Absicht. Die Anwendung solcher Akribie mußte nun folgerichtig die tatsächliche Gegenstellung des Exponenten der ›natürlichen‹ Wissenschaft zur Glaubenslehre zutage fördern und den Austrag dieses Problems unabwendbar machen. Ist auch nur die Einführung und nicht die Ausschöpfung der Konsequenzen dieses Prinzips bei Thomas von Aquino festzustellen, so macht doch er selbst schon einen beträchtlichen Schritt in Richtung auf die in seiner Leistung angelegte Krise der ›Autoritäten‹ Offenbarung und Vernunft. Das zeigt sich eindringlich in seiner Stellungnahme zum Ausschluß des Schöpfungsgedankens in der aristotelischen Metaphysik.[15] Wenn Thomas auch von vornherein in dieser Frage keine Übereinstimmung der beiden Autoritäten behaupten kann, so will er doch auch keine offene Differenz zulassen. Er

14 Martin Grabmann, Die Aristoteleskommentare des hl. Thomas von Aquin. In: Mittelalterliches Geistesleben. Bd. I. München 1926, 281ff.

15 Diese ist in ihren einzelnen Phasen zusammengestellt bei Grabmann, a. a. O., 274.

hilft sich mit einem formalen Kunstgriff, indem er die Gedankengänge des Aristoteles nicht als schlechthin beweisend, als *rationes demonstrativae simpliciter* [›schlechthin beweisende Gründe‹], sondern nur als in einer beschränkten Hinsicht argumentierend, als *rationes secundum quid* [›Gründe nur in einer gewissen Hinsicht‹], verstanden wissen will.[16] Was das näherhin heißen soll, wird an anderer Stelle deutlicher, wo diese Argumente nur als *quasi rationes disputantis contra positionem* [›Quasi-Gründe, die dem dienen, der sie in einer Disputation zur Widerlegung einer These anwendet‹] gekennzeichnet werden,[17] also in den Zusammenhang und die Relativität einer dialektischen Übung versetzt sind. Hier ist nicht entscheidend, wieweit ein solcher Kunstgriff objektiv ernst zu nehmen ist, sondern welcher Einheit wahrende Antrieb darin zur Geltung kommt. In dem von Grabmann nach 1268 angesetzten Physikkommentar gibt Thomas in dieser für das Mittelalter zentralen Frage das Bemühen um eine Verdeckung der Autoritätendifferenz auf, ja bezeichnet es ausdrücklich als vergeblichen Versuch und sogar frivol, eine Harmonisierung für möglich vorzugeben.[18] Hier ist der kritische Punkt erreicht: Soll auch jetzt die Geltung von Offenbarung und natürlichem Wissen – letzteres repräsentiert durch Aristoteles – je unangetastet bleiben, dann kommt als Konsequenz nur die absolute Trennung von Philosophie und Theologie infrage, die Annahme einer doppelten Wahrheit und damit auch Wirklichkeit. Das ›Jenseits‹ verliert damit seine ontologische Valenz, es wird eine ›Sphäre‹ eigenen und ontologisch nicht mehr aufklärbaren Wirklichkeitsranges; wobei die modernen Folgerungen gar nicht mehr fernliegen. Mit dem Verzicht auf Harmonisierung der Autoritäten hat Thomas sich den Voraussetzungen des an der Pariser Artistenfakultät schon vertretenen averroistischen Aristotelismus stark genähert, wie bei Heranziehung des von Grabmann aufgefundenen Physikkommentars Sigers von Brabant sich zeigen läßt.[19] Über Thomas hinaus weist Siger auf die systema-

16 Summa theol. I q.46 a.1 [ed. Leon. IV, 478a-480b].

17 Quaest. disp. de potentia III, 17 [resp.; ed. P.M. Pession, 94a].

18 [In Phys.] VIII, 2 [nr. 990; ed. Leon. II, 372b; zit. bei Grabmann 1926, 294, Anm. 53].

19 *Quidam tamen volentes concordare intentionem Aristotelis fidei dicunt, quod Aristoteles non fuit opinatus ex istis rationibus mundus esse aeternum nec tenuit*

tische Konsequenz der Ewigkeit der Welt bei Aristoteles hin, womit die Differenz aus einer nur faktischen zu wesent- | S. 18 | licher und prinzipieller Bedeutung gelangt. Wenn in der so akut gewordenen Autoritätenkrise die Geltung des Aristoteles sich nicht nur behaupten, sondern sogar steigern konnte, dann kommt darin zum Ausdruck, daß die Theologie von ihrem Rang als Auslegung einer der empirischen nicht nachstehenden Wirklichkeit im Bewußtsein der Zeit schon beträchtlich eingebüßt hatte.

Es ist noch auf eine andere, mit der Rezeption des Aristoteles eng verbundene Erscheinung hinzuweisen, in der sich weiterhin die Zersprengung der Einheit des christlichen Erfahrungshorizontes anzeigt, nämlich die Entwicklung von Schulrichtungen, die sich mit der Freigabe der Probleme des ›natürlichen‹ Wissens vor allem an den philosophischen Fragen ausrichtet. Im Gegensatz zu der durch die Kirche verbindlich vorgelegten einen Glaubenswahrheit ergibt sich damit die Möglichkeit differenter Interpretation der ›Welt‹erfahrung. An diesem Gegensatz tritt heraus, daß es sich hier und dort um zwei Wirklichkeits›sphären‹ handeln muß. Der tiefere Bewußtseinsantriebe zum Ausdruck bringende Wille, Glaubens- und Wissenserfahrung in einem geschlossenen Wirklichkeitshorizont zu befassen, hatte sich in dem Prinzip der Harmonisierbarkeit der Lehrdifferenzen manifestiert. Noch bis weit über Thomas von Aquino hinaus und bis in seine eigene Schule hinein ist dieser Wille lebendig, auch in der philosophischen Wirklichkeitsdeutung an einer möglichen und sachlich zu fordernden Einheit der Meinungen festzuhalten und hinter den Differenzen die Gemeinsamkeit der Grundposition aufzuspüren. Diese Ten-

eas demonstrationes concludentes, sed solum adduxit istas rationes propter dubitationem et non propter aliquid aliud. Istud tamen manifeste est falsum, quia sic sequeretur, quod Aristoteles dubitaret in maiore parte philosophiae suae [»Bestimmte Leute jedoch, die die Aussageabsicht des Aristoteles mit dem Glauben in Einklang bringen wollen, sagen, daß Aristoteles nicht aus diesen Gründen gemeint hat, daß die Welt ewig sei, noch behauptet hat, daß diese Beweise schlüssig seien, sondern diese Gründe nur bedenkenhalber, nicht andershalber herangezogen hat. Dies ist jedoch offenkundig falsch, weil so folgte, daß Aristoteles im größeren Teil seiner eigenen Philosophie im Zweifel läge«] (zit. nach Grabmann, a.a.O.[, 359]).

denz ist noch in der Oxforder und Pariser Thomistenschule beherrschend, während sich bei den italienischen Thomisten zuerst die Neigung zu einer strengeren und verfestigten schulmäßigen Abgrenzung bemerkbar macht.[20] So macht z. B. Tolomeo von Lucca[21] eine scharfe Scheidung zwischen augustinischer und aristotelischer Erkenntnispsychologie und entscheidet sich mit den bezeichnenden Worten: *Sed quidquid sit de istis opinionibus, positio tamen Aristotelis magis placet, quem nos imitamur, licet doctores sacri Platonem magis commendent* [»Aber was immer auch sei um diese Meinungen, es gefällt doch mehr die Position des Aristoteles, dem wir es nachtun, mögen die heiligen Lehrer auch mehr Platon empfehlen«].[22] Das bedeutet den Verzicht auf das Prinzip der Harmonisierbarkeit und zugleich darauf, die unverrückbare Gemeinsamkeit des Glaubensbewußtseins zu einem in seinem Grunde und daher seinem Anspruch nach ebenso gemeinsamen Wirklichkeitsbewußtsein zu integrieren. Statt dessen ist die ›Welt‹wirklichkeit dem ungehemmten Disput der Schuldoktrinen ausgeliefert und diese sind in freier Zuwendung wählbar. Gerade darin, daß sich die Autorität der *doctores sacri* [›heiligen Lehrer‹, d. h. biblischen Autoren und Kirchenväter] bei Tolomeo für diese Wahl als gleichgültig erweist, zeigt sich der Bruch, der sich im christlichen Bewußtsein in der Hochscholastik vollzieht.

(d) Lebendige und autoritäre Tradition

Der Unterschied zwischen Thomas von Aquino und Augustinus ist treffend so charakterisiert worden, daß Thomas nicht wie Augustinus den Versuch macht, *im christlichen Horizont von Grund auf neu zu philosophieren*, sondern daß er *die Autoritäten der Antike neben die des Christentums* setzt und *sich selbst die Aufgabe des vermittelnd-entscheidenden Juristen stellt.*[23] Was das ›von Grund auf neu‹ bei Augustinus be-

---

20 Martin Grabmann, Die italienische Thomistenschule des 13. und beginnenden 14. Jahrhunderts. In: Mittelalterliches Geistesleben. Bd. I. München 1926, 360.

21 A. a. O., 354ff.

22 Exaemeron, tract. XIII c.17 (zit. nach Grabmann, a. a. O.[, 359]).

23 Gerhard Krüger, Die Herkunft des philosophischen Selbstbewußtseins. In: Lo-

trifft, haben wir freilich die Einschränkung dessen zu machen, was über die Kontinuität gewährleistende Bedeutung der indirekten Rezeption gesagt wurde. Entscheidend ist, daß bei Thomas anstelle des ursprünglichen Wirklichkeitserlebnisses ein ›Miteinander-Vereinbaren‹ von ›Traditionen‹ getreten ist, das sich im Erwägen von Übereinstimmung, Unterschied und Rangordnung der Meinungen vollzieht. Hier sind wir wieder auf das Grundproblem philosophischer Ursprünglichkeit gestoßen: wie sich nämlich ›Tradition‹ und Möglichkeit, je im eigenen geschichtlichen Horizont von Grund | S. 19 | auf neu zu philosophieren, zusammenfinden. Zum Abschluß dieser einleitenden Erörterungen dürfen wir eine vorläufige Antwort versuchen. Solange sich die Tradition als die Gewähr der Kontinuität des Wirklichkeitsverhältnisses, der unverwandten Selbstsicherheit des Bewußtseins in seinen geschichtlichen Mutationen in die Einheit des gültigen Horizontes der Erfahrung einbefassen läßt, gefährdet sie nicht den ursprünglichen Ansatz des philosophischen Fragens. Freilich muß im Umfange der indirekten Rezeption die Sprengung dieser Einheit des Horizontes schon angelegt sein; ihre Auslösung beginnt mit der Verfestigung zu ›Tradition‹ im engeren Sinne, als Herausbildung von Schulrichtungen und literarischer Autorität. Jedenfalls muß, wo überall in der Geschichte der Philosophie und besonders des Seinsproblems sich rezipierte und traditionelle Elemente vorfinden, sorgfältig ihr Zusammenhang im geschichtlichen Horizont und ihre lebendige Funktion gesucht werden, ehe sie als verdeckend und das Auffinden der ursprünglichen Ansätze behindernd abgetan werden.

Schließlich muß unsere vorangehende Darstellung noch vor einem Mißverständnis bewahrt werden: Sie ist typologisch und nicht historisch gemeint. Das will sagen: Wir wollen nicht für den engeren Raum des Mittelalters in die von uns kritisierte Einstellung verfallen, die Ursprünglichkeit und Ursprünge identifiziert und in allem Späteren das nicht mehr Ursprüngliche sieht. Die Auszeichnung Augustins als des legitimen Zuganges zur mittelalterlichen Scholastik darf nicht so verstanden werden, als sei bei ihm alles Ursprüngliche zu finden, wäh-

---

gos XXII (1933), 266 [nachgedruckt in: ders., Freiheit und Weltverwaltung. Aufsätze zur Philosophie der Geschichte. Freiburg, München 1958, 62].

rend dagegen die Hochscholastik den Tiefpunkt des Abgleitens von dieser Ursprünglichkeit darstellt. Wenn wir Ursprünglichkeit als den inneren wesenhaften Anspruch des Philosophierens bestimmten, so muß die Absicht unserer Untersuchung gerade die sein nachzuweisen, daß dieser Anspruch auch dort zu Durchbrüchen und Aufständen des autochthonen Fragens führt, wo die geschichtliche Kraft neuer geistiger Bewegtheit nicht mehr ihre anfängliche Vehemenz hat. In diesem Sinne kann die oben gegebene Darstellung der Verfestigung der Rezeption der Antike im Mittelalter nicht als umfassende Gesamtcharakteristik der Entwicklung des scholastischen Seinsverständnisses gewertet werden, nach der die Hochscholastik nur den Verfall der Ursprünglichkeit enthalten würde, während es doch vielmehr so ist, daß manche Antriebe des christlichen Seinsverständnisses erst spät ihre auf verfeinerte Aussageweisen angewiesene Auslegung erfahren. Ursprünglichkeit ist nicht ein kurzes, unnachhaltiges Aufblitzen am Beginn, sondern ein im philosophischen Verhalten immer wieder Andrängendes und Aufgegebenes. Gerade indem sich ursprüngliche Antriebe gegen die dargestellte Verfestigung der Tradition und Zerspaltung der Erlebniseinheit durchzusetzen vermögen, erweist sich ihre tiefe metaphysische Verwurzelung. | S. 20 |

II. Die Durchbrechung der traditionellen ontologischen Interpretationsweisen

§ 3. Die Interpretation des Seins als Hergestelltsein

(a) Destruktion und ›ens creatum‹

Eine der wenigen ausdrücklich gegen die mittelalterlich-christliche Metaphysik gerichteten kritischen Wendungen im vorliegenden Teil von »Sein und Zeit« ist die Verwerfung der Orientierung des Seinsverständnisses am Herstellungsschema. Für die Aufnahme der Seinsfrage, die als *aufweisende Grund-Freilegung*[1] charakterisiert werden kann, muß die Weisung des platonischen »Sophistes« gegenwärtig gehalten werden, nicht einen Mythos zu erzählen; Heidegger wendet das in dem Sinne auf die Seinsfrage an, daß *Seiendes als Seiendes nicht durch Rückführung auf ein anderes Seiendes in seiner Herkunft zu bestimmen* sei.[2] Hierin deutet sich eine erste abgrenzende Bestimmung des nach Heidegger für die Ontologie zentralen Problems des Seinsgrundes an: Der Grund von Sein läßt sich nicht aufweisen im Zurückverfolgen des Herkunftszusammenhanges zwischen Seiendem. Die Frage des Grundes ist nicht nach der Weise einer Herkunftableitung anzugehen. Eben diese Verwechslung aber liegt nach Heidegger vor im scholastischen Begriff des *ens creatum* [›erschaffenes Seiendes‹], und dieser ist exemplarisch für die zugehörige Ontologie: ... *der Seinssinn des ens ist für die mittelalterliche Ontologie fixiert im Verständnis des ens als ens creatum.*[3] So muß Heidegger die Herübernahme des *ens creatum* in die Grundlegung der neuzeitlichen Philosophie bei Descartes *im weitesten Sinne der Hergestelltheit von etwas*[4] als *Pflanzung eines verhängnisvollen Vorurteils*[5] werten. Um Klarheit zu erhalten, wie Heidegger das *ens creatum* der mittelalterlichen Metaphysik genauer versteht,

1 SuZ, 8.
2 A.a.O., 6.
3 A.a.O., 24.
4 A.a.O., 24.
5 A.a.O., 25.

ist es entscheidend wichtig, daß er in dem Begriff der Geschaffenheit *ein wesentliches Strukturmoment des antiken Seinsbegriffes*[6] wiedererkennt. Gerade als übernommenes Moment des Seinsverständnisses scheint die Geschaffenheit, die doch nichts als ein neuer Titel für das Herstellungsschema ist, fragwürdig zu sein. Die Aufgabe unserer Untersuchung wird sein, nicht nur das Recht solcher Ineinandersetzung von Herstellung und Schöpfung zu prüfen, sondern auch die Momente in der Ausprägung des Begriffes der Geschaffenheit näher zu fixieren, die die Behauptung dieser Deckung nahelegen können. Wie selbstverständlich Heidegger diese inhaltliche Deckung beider Begriffe ist, zeigt sich z. B. in der Erörterung des cartesischen Weltbegriffes: *Herstellung zu Vorhandenem bzw. Herstellungsunbedürftigkeit machen den Horizont aus, innerhalb dessen ›Sein‹ verstanden wird.*[7]
Daß die Geschaffenheit der Destruktionsforderung verfällt, hat aber auch einen positiven Antrieb aus der eigenen Konzeption von Seinsgründung, die Heidegger als in der Transzendenz des Daseins geschehenden *Entwurf*[8] bestimmt. Hier muß zunächst die aus der Kritik erwachsene Frage gestellt werden, ob das Moment der Geschaffenheit des *ens creatum* angemessen durch ›Herstellung zu Vorhandenem‹ vertreten wird und ob die Schöpfungsidee der christlichen Metaphysik innerhalb eines Ableitens der Herkunft von Seiendem aus Seiendem verbleibt oder ob nicht darin eine radikal neue und ursprüngliche Konzeption von Seinsgründung gegeben ist. | S. 21 |

(b) Ursache und Grund in der griechischen Ontologie

Die klassische und in ihrer Wirkung nachhaltigste Konzeption des Seins als Hergestelltsein findet sich bei Aristoteles. Für ihn ist Philosophie – zugleich als Prototyp der Wissenschaftlichkeit überhaupt – das Fragen nach dem Grund als Ursprung.[9] Grund ist bestimmt als das

6 A. a. O., 24.
7 A. a. O., 92.
8 Martin Heidegger, Vom Wesen des Grundes. In: Festschrift Edmund Husserl. Halle 1929, 102 f. (weiterhin zit. mit ›WdGr‹) [GA 9, 165].
9 ἀρχή [archē].

Woher des Seienden,[10] das als immer Bewegtes angetroffen wird. Bewegung ist der umgreifende Ausdruck für die gestaltliche Instabilität des Seienden. Das Woher als die ontologische Kernfrage richtet sich an das Seiende in dreifacher Weise: insofern es überhaupt ist, insofern es diese gestaltliche Bestimmtheit hat und insofern es erkannt wird. Dieser dreifach entfaltete Begriff des Grundes befaßt in sich den der Ursache,[11] in dem die mittlere der drei von Aristoteles unterschiedenen Weisen des Woher, der Grund der gestaltlichen Bestimmtheit des Seienden, sein Gewordensein[12] ausgelegt ist. Von den drei möglichen Frageweisen nach dem Grund des Seienden ist im aristotelischen Ursachbegriff nur eine, nämlich die nach der Soseinsbestimmtheit des Seienden, aufgenommen; das ontologische Gewicht der ursprünglichen Fragemöglichkeit nach dem Grunde ist also nicht durchgehalten.
Das Seiende weist als Gewordenes auf das Woher seines Werdens zurück; aber dieses Werden begründet nicht, daß es überhaupt ist, sondern es ist nur die Bewegung des immer schon Seienden durch seine sich verändernde Bestimmtheit hindurch zu dem so und so Bestimmten hin, als das es gerade angetroffen wird. Diese Werdebewegung wird interpretiert in dem vierfach entfalteten Begriff der Ursache als Stoffsubstrat, als Formagens, als Anstoß und als Gerichtetheit.[13] Entscheidend ist, daß in dieser Ursachmetaphysik die ontologischen Möglichkeiten der Frage nach dem Seinsgrund schon als ausgeschöpft erachtet werden, während doch von der eigenen Vorhabe der drei Weisen des Grundes gerade das εἶναι [eĩnai, ›Sein‹] zugunsten des γίγνεσθαι [gígnesthai, ›Gewordensein‹] beiseite gelassen wird. Die Entfaltung und Anwendung des Ursachbegriffes hat Aristoteles – und nicht nur diesem! – den Rückblick auf die noch unberührte erste Weise der Grund-Frage verstellt. Nicht das Überhaupt-Sein, sondern nur das gestaltliche So-und-so-Sein findet in der aristotelischen Metaphysik seine Auslegung. Das Überhaupt-Sein bleibt selbstverständlich und in allem Fragwürdigen mitverstanden. Es rückt nie in jene Fragwürdigkeit

10 Metaph. 1013 a 17ff.
11 αἰτία [aitía].
12 γίγνεσθαι [gígnesthai].
13 Metaph. 1013 b 16ff.

selbst ein, die Leibniz in dem *cur aliquid potius existit* [recte: *existat*] *quam nihil* [›warum sollte eher etwas als nichts sein (existieren)‹; Philosophische Schriften, hrsg. C.I. Gerhardt VII, 289] als die radikale Frage nach dem Seinsgrund aufgeworfen hat. Bei Aristoteles wird die Frage nach dem Seinsgrund eingeengt auf die Frage nach der Herkunft der gewordenen Gestalt. Der *Vorrang des Werdens*,[14] der in der Ursachlehre bestimmend ist, zeigt an, daß der zuvor entworfene volle Umfang der Frage nach dem Grund nicht mehr gegenwärtig gehalten ist. Indem das Seiende als *Ergebnis eines Werdens*[15] ontologisch voll charakterisiert sein soll, ergibt sich die weitere Frage, wie die Bestimmtheit des Werdens gewonnen wird.[16]

Von seinen Anfängen her ist das griechische Denken wesentlich kosmologisch bestimmt. Aufgeschlossenheit und Leidenschaft der Beobachtung verbinden sich mit einer starken Tendenz zu geschlossener und systematischer Bearbeitung des Erfahrenen; das Vermittelnde ist die Geneigtheit zu induktiv-verallgemeinernder Deutung der Erscheinungen.[17] Dabei kann das einzelne Phänomen oder ein beschränkter Phänomenbereich zum hinreichenden Grund für die auf Feststellung von Wesensgesetzlichkeit abzielende Deutung eines weit umfassenderen Zusammenhanges werden. Noch im reifen Stadium des griechischen Denkens läßt sich zeigen, daß die allgemeinsten und fundamentalen Konzeptionen der Philosophie sich an bestimmten engeren Gegenstandsbereichen e x e m p l a r i s c h orientieren und dort vorgefundene Strukturen unbefragt übernehmen. Das gilt | S. 22 | in hohem Maße noch und g e r a d e für Aristoteles, der den kosmologischen Trieb der Griechen zu höchster Universalität führt. So ist denn auch die exemplarische Verstellung seiner Ursachlehre kosmologisch; der metaphy-

---

14 Walter Bröcker, Aristoteles. Frankfurt [a.M.] 1935, 53.

15 A.a.O., 51. | S. 95 |

16 In Übereinstimmendem und Unterscheidendem verweist die vorgelegte Erörterung auf das Aristoteles-Buch von Walter Bröcker. Unterscheidend ist vor allem, daß hier der Ursachbegriff den Vollgehalt des dreifachen Grundes nicht aufnimmt.

17 Olof Gigon, Das Problem der Wissenschaft in der Antike. In: Universitas I (1946), 1073ff. Ders. eingehender: Der Ursprung der griechischen Philosophie von Hesiod bis Parmenides. Basel 1945.

sische Bewegungsbegriff ist im Hinsehen auf kosmische Phänomene, und dabei wieder insbesondere auf solche des Lebens, entwickelt. Das Kosmisch-Natürliche hat in der Wahl des leitenden Hinblickes den Vorrang, z. B. vor dem Gefertigt-Künstlichen; φύσις [phýsis, ›Natur‹] und τέχνη [téchnē, ›Kunst‹] haben nicht gleiches Gewicht für die ontologische Untersuchung.[18]

So ist denn auch die Auslegung des ontologischen Problems des Seinsgrundes in der verengten und ausschließenden Weise der Ursachlehre kosmologisch orientiert. Der kosmische Vorgang ist ein Gestalt- und Formprozeß; das Auseinander-Hervorgehen von Seiendem aus Seiendem ist der Inbegriff der kosmischen Verläufe, das Problem der Herkunft und Ableitung demgemäß der Inbegriff des kosmologischen Fragens. Die uneingeschränkte Ableitbarkeit der Konstellationen, Phasen und Formbildungen läßt die Frage nach dem Grund des Überhaupt-Seins nicht aufkommen; sie ist eine den kosmologischen Horizont absolut transzendierende Frage. Hier kann das Werden und Gewordensein, nicht das Sein als solches fragwürdig werden. Die Bindung der aristotelischen Metaphysik an den kosmologischen Horizont ist der tiefere Grund des Aus-dem-Blick-Kommens der ersten der drei Weisen der ἀρχή [archḗ, ›Grund‹, ›Ursprung‹]. Eine der meistumstrittenen Fragen der Aristotelesrezeption der Scholastik, die *aeternitas mundi* [›Ewigkeit der Welt‹], ist der ins Doktrinale übertragene Titel für die Unfragwürdigkeit eines absoluten Seinsgrundes bei Aristoteles. Denn daß das ›erste Bewegende‹ keine Antwort auf die ontologische Grund-Frage darstellen kann, dürfte nach den bisherigen Darlegungen nicht mehr zweifelhaft sein.

Die totale Herleitbarkeit von Seiendem aus Seiendem als Inbegriff des kosmischen Seins bedeutet für das Ganze des Seins die umfassendste Bestimmbarkeit zur Fülle des möglichen So-und-so-Seins. Darin stellt sich für Aristoteles das Problem eines Substrates solcher ontischen Bestimmbarkeit; ein unbestimmtestes Bestimmbarstes steht als letztes Woher, das selbst nach seinem Woher nicht mehr befragt werden kann, weil ein Bestimmungsloses die Woher-Frage als kosmologische sinnlos macht. Aber gerade im Entzug des Weiterfragens als

18 Metaph. 1041 b 8ff. und 1043 a 4f.

echter philosophischer Möglichkeit im Hinblick auf dieses letzt vermeinte Woher der ἀρχή verbirgt und entzieht sich auch das ontologische Problem des Seinsgrundes, die erste der drei Weisen der ὕλη [hýlē, ›Stoff‹]. Es ist das *nihil* [›Nichts‹] aus der Leibnizschen Grundfrage *cur aliquid potius quam nihil*, das mit der Unterschlagung der entscheidenden Problematik nicht zu voller Ausdrücklichkeit kommt. Aristoteles unterscheidet zwar einen dreifachen Begriff des Nichts;[19] aber während das μὴ ὄν ἁπλῶς [mḗ ón haplṓs, ›das schlechthin Nichtseiende‹] nicht ein mögliches Überhaupt-nicht-Sein, sondern nur das, woraus nichts wird, meint, ist das μὴ ὄν καθ' αὑτό [mḗ ón kath' autó, ›das an sich Nichtseiende‹] bezogen auf ein bestimmtes Gestaltbild als Defizienz des Sein-sollens,[20] während schließlich das μὴ ὄν κατὰ συμβεβηκός [mḗ ón katà symbebēkós, ›das beiläufig Nichtseiende‹] das Noch-nicht-Gewordene, aber werdemöglich Bestimmbare bezeichnet.[21] Der erste Stoff ist insofern ›nichts‹, als ihm die wesenhafte und kategorial faßbare Bestimmtheit des Seienden fehlt;[22] aber er ist das ›Nichts‹, das Bestimmtheit aufnehmen und tragen soll, und die Potentialität zu solcher Aktuierung macht wiederum sein ›Sein‹ aus. Die Widersprüchlichkeit dieses ›nichtigen Seins‹ zeigt die Unausgetragenheit der ontologischen Fundamentalfrage an, den sachlichen Zwang, über das letzte Substrat des kosmischen Geschehens hinaus zu fragen.

Noch einer kurzen Charakteristik bedarf das Moment der Kraft in der aristotelischen Metaphysik. Kraft ist ausschließlich bezogen auf Bewegung als Abfolge von Soseinsphasen, als Prinzip des | S. 23 | Umschlages der Gestaltmomente, das heißt aber: Prinzip der Herleitung von Seiendem aus Seiendem.[23] Der Begriff der ὕλη steht damit nicht in Bezug zum Problem des Seinsgrundes.

---

19 Physik 191 b 14f.

20 στέρησις [stérēsis, ›Beraubung‹].

21 ὕλη [hýlē].

22 Metaph. 1029 a 20f.

23 Metaph. 1046 a 10f.

(c) Der biblische Schöpfungsgedanke

Es bedarf nun noch einer Verdeutlichung des außerordentlichen Impulses, den die Weiterführung der Frage nach dem Seinsgrund in Richtung auf ihre ontologische Radikalität aus dem Gehalt der biblisch-christlichen Verkündigung empfing.

Nicht nur vor einem philosophiegeschichtlichen, sondern auch vor einem weitgespannten religionshistorischen Hintergrund ist der im Alten Testament ausgebildete Schöpfungsgedanke einzigartig. Überall sonst war das Zurückfragen nach dem ›Anfang‹ bei dem mythisch verkleideten oder abstrakten Begriff eines letzten Substrates stehengeblieben, einer gestaltlosen und unbestimmten, in ihrem ontischen Charakter widersprüchlichen Substanz. Diese Schranke des Zurückfragens muß eine Begrenzung des auf die beobachtend und anschauend zugängliche Wirklichkeit angewiesenen Seinsverständnisses anzeigen. Ja, man ist so weit gegangen zu sagen: *Ein metaphysisches Schaffen aus einem absoluten Nichts transzendiert menschliche Erfahrung und ist daher auch als metaphysisch-dogmatische Behauptung fragwürdig.*[24] Es mag dahingestellt bleiben, wie weit im Bereich der inneren Erfahrung die für das kosmologische Seinsverständnis festgestellte Grenze der Fragemöglichkeit schon überschritten werden kann.

Jenes Gegenüber einer gestaltlosen Substanz und einer gestaltenden Kraft, der absoluten Ordnungslosigkeit und des ordnenden Prinzips mag mit seiner nachhaltigsten Ausprägung in Platos »Timaios« als demiurgisches Schema gekennzeichnet sein. Der Demiurg legt Hand an den vorgegebenen Stoff; demiurgisch bleibt, auch wenn die mythischen Verkleidungen gefallen sind, das ›erste Bewegende‹ bei Aristoteles. In den mythischen, religiösen und metaphysischen Formen ist das Fragen nach dem Grund von Sein nicht über die Ursächlichkeit der Herstellung, wie sie an der aristotelischen als ihrer ausgebildetsten systematischen Gestalt verdeutlicht wurde, hinausgekommen.

Entscheidend für die dem alttestamentlichen Schöpfungsgedanken zugrundeliegende Erfahrung ist, daß in der Gottheit nicht primär der ›An-

24 Carl Anders Scharbau, Die Idee der Schöpfung in der vedischen Literatur. [Stuttgart] 1932, 24.

fang‹ der kosmischen Wirklichkeit gesucht und gesehen wird, sondern daß Gott zuerst und vor allem der in der Geschichte Erfahrene, das personale Gegenüber des ›Bundes‹, kurz: der ›geschichtsmächtige Gott‹[25] ist. Die in der Geschichte als dem gottverhängten Geschick erfahrene Macht, diese absolut und frei setzende Hoheit, ist exemplarisch für die Erfassung der in der Gründung des Kosmos wirkenden Macht, nicht umgekehrt. Das spricht sich eindringlich, um nur einen Beleg zu bringen,[26] im prophetischen Verständnis aus: *Ich habe die Erde, die Menschen und die Tiere, die es auf der ganzen Erde gibt, durch meine große Kraft und meinen ausgestreckten Arm geschaffen und gebe sie, wem ich will*, läßt Jeremias Jahwe sprechen. Die Macht über den Kosmos und seine Ursprünge ist hier gesehen von der Erfahrung der göttlichen Souveränität über Geschichte und Geschick her. Das schließt das demiurgische Schema aus dem biblischen Schöpfungsgedanken unzweifelhaft aus.

Die Einzigartigkeit und exemplarische Unableitbarkeit des souveränen göttlichen Setzens kommt zum Ausdruck in der terminologischen Auszeichnung des Schöpfungsgedankens. Das alttestamentliche Hebräisch hat ein eigenes Wort ausschließlich für diese Bedeutung,[27] das als ein theologisches Wort schlechthin bezeichnet werden | S. 24 | muß. Auch dieses Wort findet sich zunächst für die göttliche Setzung geschichtlicher Tatbestände verwendet, was auf das angedeutete exemplarische Verhältnis hinweist. Die Exemplarität der Erfahrung der göttlichen Geschichtsmächtigkeit zeigt sich ferner in der wesentlichen Einheit von Schöpfung und Wort, die hernach im Prolog des Johannesevangeliums ihre trinitarische Evidenz erhält. Auch der Reichtum der alttestamentlichen Bildersprache läßt die einmal gewonnene Prägnanz des Schöpfungsgedankens nicht wieder ins Mythische abgleiten. Vielmehr

25 Werner Foerster, Art. κτίζω [ktízō, ›erschaffen‹], in: Theologisches Wörterbuch zum Neuen Testament. Hrsg. v. Gerhard Kittel. Bd. III. Stuttgart 1938, 1004[, Z. 29].

26 Jeremias 27,5 [Hervorhebungen durch H. B.; zit. bei Foerster, a. a. O., 1004, Z. 22-24; vgl. Das Alte Testament, aus dem Grundtext übersetzt und erläutert von Eugen Henne. Paderborn ^{4}1938, Bd. II, 740].

27 ברא [brʾ ›erschaffen‹; vgl. Genesis 1,1: בָּרָא bārāʾ, ›er erschuf‹], vgl. dazu Werner Foerster, a. a. O., 1006 f.

setzt sich der Schöpfungsglaube immer wieder ab gegen alle Weisen der naturhaften ›Zusammenhangs‹deutung.
Eine erste Begegnung dieses alttestamentlichen Schöpfungsgedankens mit dem griechischen Geist läßt sich erkennen in der alexandrinischen Septuaginta. Dabei behauptet sich die Einzigartigkeit des Schöpfungsbegriffes auch im griechischen Sprachgewand; es findet keine Verwischung mit der Terminologie mythisch-demiurgischer Kosmogonien statt.[28] Der prägnante griechische Terminus für die Schöpfung wird jetzt κτίζω [ktízō, ›erschaffen‹]. Dieses Wort steht in klarer Abhebung und fester Vorordnung zu allen demiurgischen Termini; es *benennt den entscheidenden, grundlegenden Willensakt zur Errichtung, Gründung und Stiftung, dem die handwerkliche Ausführung, das δημιουργεῖν* [dēmiourgeín, ›erbauen, anfertigen‹] *erst folgt. … bedeutet also den grundlegenden geistigen und willentlichen Akt, durch den etwas entsteht …*[29] Hier deutet sich bereits an, in welcher Weise die innere Erfahrung eine Durchbrechung der durch die kosmologische Orientierung gesetzten Grenze der Frage nach dem Grund von Sein vorbereitet und leitet. In der hellenistischen Zeit ist besonders der gründende und stiftende Wille des selbstherrlichen Herrschers in diesem Wort erfaßt, der etwa *aus dem Nichts eine Stadt entstehen läßt.*[30] Auch Philo unterscheidet den κτίστης [ktístēs, ›Schöpfer‹] von dem δημιουργός [dēmiourgós, ›Erbauer, Handwerker‹] und läßt den ersten setzen, *was vorher nicht war.*[31]

(d) Schöpfung und Seinsgrund bei Augustinus

Die griechische kosmologische Metaphysik und der biblische personale Schöpfungsgedanke treten in ihre entscheidende Auseinandersetzung bei Augustinus ein. Das Ergebnis muß angesichts der Stellung, die Augustinus dem Mittelalter gegenüber als Repräsentant der Patri-

28 A. a. O., 1022.
29 A. a. O., 1024[, Z. 19-21, 33 f.].
30 A. a. O., 1025[, Z. 15 f.].
31 De Somniis I, 76 (ed. Wendland, 221[, Z. 14]).

stik einnimmt, bestimmend sein für die ganze weitere Entwicklung der Frage nach dem Seinsgrund innerhalb der christlichen Metaphysik. Es wird hierbei letztlich darum gehen, ob die antiken Kategorien in der Interpretation des Schöpfungsgedankens lediglich in der Punktion des aus vertrauter Wirklichkeitssicht entnommenen und die Kontinuität der Erfahrung versichernden Rüstzeuges auftreten oder ob die ihnen zugrundeliegenden ontologischen Interpretationsweisen beherrschend in die neue Konzeption mit eintreten.

In der Durcharbeitung der Frage nach dem Seinsgrund hat sich bei Augustinus die Mächtigkeit der Antriebe des christlich-personalen Gottesgedankens durchgesetzt. Wo auf das kosmologische Bewegungsschema Bezug genommen ist, zeigt sich eine deutliche Abhebung des Gedankens der absoluten Seinssetzung.[32] Der Schöpfer ist nicht äußerstes Erklärungsprinzip oder gar nur letzte metaphorische oder mythische Zuflucht des Fragens, sondern Person von der ganzen Dichte bezeugter Wirklichkeit. Schöpfung ist erfaßt als das aus der Tiefe der personalen Spontaneität hervorgehende, im willentlichen Entschluß ansetzende Tun Gottes. Schöpfung ist deshalb letztes Woher des Gründens, über das hinaus es kein Rückfragen gibt. Sie ist willentliche Setzung, und damit ist der Seinsgrund selbst willentlich. Alle deutenden Zugriffe, ihn zu rationalisieren und motivieren, müssen an dieser absoluten Willentlichkeit scheitern. Augustinus verweist die, die nach einem motivierenden und auslösenden ›Gefallen‹ fragen, darauf, doch erst einmal den menschlichen Willen in seiner spontanen Kraft zu studieren; | S. 25 | hier wird die Exemplarität der inneren Erfahrung ganz ausdrücklich. Augustinus kommt hier klar zu der Einsicht, daß die Frage nach dem Seinsgrund nicht wiederum auf Seiendes zurückgehen kann, das heißt, daß das Gründen von Sein nicht nach dem Schema des Ursachzusammenhanges zwischen Seiendem interpretiert werden darf.[33]

---

32 De Genesi ad litteram IV, 33, 51 (ed. Migne [PL 34, Sp. 318; CSEL 28/1, 132, Z. 7f.]): *quam facilis ei efficacissimus motus est, tam facile Deus condidit omnia* [»wie leicht für ihn (diese) äußerst wirksame Bewegung ist, so leicht hat Gott alles erschaffen«].

33 De Genesi contra Manichaeos I, 2, 4 [ed. Migne PL 34, Sp. 175; vgl. CSEL 91, 70, Z. 15-71, Z. 22]: *Quid placuit Deo facere coelum et terram? Respondendum est eis,*

Augustinus müht sich wiederholt darum, für die Darstellung des Schöpfungsgedankens eine angemessene und abgehobene Begrifflichkeit zu finden, ohne aber das dabei Gewonnene strikt durchzuhalten. Obwohl *creare* der feste Terminus für das Erschaffen ist, indem es auch den stehenden Gottesnamen des *Creator* hergibt, besagt es in seiner genauen Bedeutung für Augustinus mehr das *ex eo quod iam erat ordinando aliquid constituere* [»aus dem, was schon durch Anordnung da war, etwas erstellen«];[34] dagegen soll *facere* eher das Überhaupt-erst-Machen dessen treffen, *quod omnino non erat* [»was überhaupt nicht war«].[35] Auf das Ganze der augustinischen Erörterungen des Schöpfungsgedankens gesehen, scheint freilich der prägnanteste Terminus *condere* zu sein.[36] Die terminologische Frage hat in unserem Zusammenhang nur insofern Gewicht, als sie deutlich zeigt, wie die sachliche Notwendigkeit einer Abhebung des Schöpfungsgedankens von allen exemplarischen Bindungen an das Herstellungsschema Augustinus bewußt gewesen ist.

Den Seinscharakter des weltlichen Seienden versteht Augustinus von den *ex nihilo* des Schöpfungsgedankens her. Das bestimmende Durch-

ut prius discant vim voluntatis humanae, qui voluntatem Dei nosse desiderant. Causas enim voluntatis Dei scire quaerunt, cum voluntas Dei omnium, quae sunt, ipsa sit causa. Si enim habet causam voluntas Dei, est aliquid, quod antecedat voluntatem Dei, quod nefas est credere. Qui ergo dicit: ›Quare fecit Deus coelum et terram?‹, respondendum est ei: ›Quia voluit‹ [»Was hat es Gott gefallen, Himmel und Erde zu erschaffen? Jenen muß geantwortet werden, daß vorher die Macht des menschlichen Willens lernen sollten, welche den Willen Gottes zu erkennen wünschen. Denn sie suchen die Gründe im Wollen Gottes zu wissen, wo doch der Wille Gottes für alle Dinge, die es gibt, genau die Ursache ist. Falls nämlich der Wille Gottes eine Ursache hat, ist es etwas, das dem Willen Gottes vorausginge, was frevelhaft wäre zu glauben. Dem, der fragt: ›Weshalb hat Gott Himmel und Erde erschaffen?‹, ist zu antworten: ›Weil er gewollt hat‹«].

34 Contra adversarium legis et prophetarum I, 23, 48 [ed. Migne PL 42, Sp. 633; vgl. CCSL 49, 80, Z. 1372f.].

35 A.a.O. [ed. Migne PL 42, Sp. 633; CCSL 49, 81, Z. 1372]. Die Erorterung ist vor allem gebunden an die Exegese des Vulgatatextes von Isaias 45,7: *Ego sum Deus faciens bona creans mala* [»Ich bin der Gott, der die guten Dinge tut und die bösen erschafft«].

36 Z.B. De Genesi ad litteram IV, 33, 51 [ed. Migne PL 34, Sp. 318; CSEL 28/1, 132, Z. 7f.].

halten dieses Momentes für das ganze Seinsverständnis ist die ontologisch nachhaltigste Leistung Augustins. *Ex nihilo* schließt zwei andere Weisen von ›Herkunft‹ aus: *de se* als Weise der Zeugung aus der eigenen Substanz und *ex aliquo* als Weise des Handwerkens an einem vorgegebenen Stoff.[37] Das *ex nihilo* ist von Augustinus verstanden als unbegriffliche – da doch nichts zu ›begreifen‹ ist – Kontrastchiffre zu dem *de Deo*, das in der trinitarischen Theologie den Hervorgang des Gottessohnes bezeichnet.[38] Jede Deutung zum Substrat, die Auffassung als Prinzip sowie jede metaphorische Verwischung werden von dieser Chiffre abgelesen; es ist nicht einmal möglich, darüber zu reden und zu disputieren.[39] Das Nichts ist keine Potentialität, sondern pure Ohnmacht zum Sein- und Nichtseinkönnen.[40] Es ›ist‹ weder leere Räumlichkeit noch das manichäische Prinzip der Finsternis, sondern nichts anderes als überhaupt nichts.[41] Diese Position muß vor dem Hintergrund der griechischen Metaphysik und der manichäischen Spekulation, auf deren Boden sie sich abzugrenzen hatte, gesehen werden. Nur die Einschmelzung der christlichen Antriebe in den homogenen Horizont der Wirklichkeitssicht vermochte dem Schöpfungsgedanken und dem aus ihm erwachsenden Seinsverständnis das Fundament ontologi-

---

37 De actis cum Felico Manichaeo II, 18 [ed. Migne PL 42, Sp. 547; CSEL 25/2, 847, Z. 16f.].

38 Contra secundam Iuliani responsionem op. imp. [V,] 31 [ed. Migne PL 45, Sp. 1470; CSEL 85/2, 230, Z. 35f.]: *nec intelligis, cum dicitur Deus de nihilo fecisse quae fecit, non dici aliud, nisi quia de se ipso non fecit* [»Du verstehst nicht, daß, wenn man sagt, daß Gott aus dem Nichts erschaffen hatte, was er erschaffen hat, man nichts anderes sagt, als daß er (es) nicht aus sich selbst erschaffen hat«].

39 A. a. O. [V,] 37 [ed. Migne PL 45, Sp. 1472; CSEL 85/2, 234, Z. 14-16]: *nullo quippe modo ... potest esse, quod nihil est* [»Auf überhaupt keine Weise kann sein, was ein Nichts ist«].

40 A. a. O. [V,] 37 [ed. Migne PL 45, Sp. 1472; CSEL 85/2, 234, Z. 16f.]: *frustra igitur adversus me voluisti disputare, quod nihil est* [»Also hast du vergeblich gegen mich argumentieren wollen, daß das Nichts ist«].

41 A. a. O. [V,] 44 [ed. Migne PL 45, Sp. 1480; CSEL 85/2, 248, Z. 20-22]: *nihil nec corpus est ullum, nec spiritus, nec his substantiis aliquid accidens, nec informis ulla materies, nec inanis locus, nec ipsae tenebrae, sed prorsus nihil* [»Das Nichts ist nicht irgend ein Körper, noch ein Geist, noch irgend etwas, das diesen Substanzen zukommt, noch irgend eine ungestaltete Materie, noch ein leerer Ort, noch die Finsternis selber, sondern ganz und gar nichts«].

scher Bedeutsamkeit zu geben; erst dadurch gehört das Nichts zur legitimen Interpretation der Wirklichkeit, indem diese Wirklichkeit bereits von der christlichen Verkündigung her erfahren ist. Denn *dieses Nichts läßt sich auf dem Boden der Ontologie nicht mehr darstellen. Es ist Ausdruck der Allmacht des göttlichen Schaffens.*[42] Wie tief und endgültig diese Konzeption in das Seinsverständnis eingegangen ist, wird sich erst zeigen, wenn die christlichen Voraussetzungen längst nicht mehr philosophisch wirksam sind; die unbefragte und unbefragbare Selbstverständlichkeit des Seins des Seienden kehrt damit nicht zurück.

Die *creatio ex nihilo* bringt aus innerer sachlicher Konsequenz die Ausschaltung und Überwindung des griechischen Hylomorphismus. Daß sie faktisch diese Eliminierung nicht durchgesetzt hat, liegt darin begründet, daß das christliche Bewußtsein, wie es sich in Augustinus darstellt, den Deutungswert des Schemas für die Weltgestalt nicht ausschlagen konnte. Hinter der Kontinuität dieser Deutung verbirgt das auf sicheren Wirklichkeitsbezug | S. 26 | angewiesene Bewußtsein den radikalen Umbruch, den das Seinsverständnis mit dem *ex nihilo* erfahren hat. Die authentische Geltung der augustinischen Lehre bringt das einer christlichen Metaphysik unangemessene hylomorphische Schema trotz der Ausschaltung seiner ontologischen Bedeutung in das Denken des Mittelalters ein. Damit bleibt ein Ansatz, daß es aus der Rolle eines Erklärungsmittels der physischen Gestaltenwelt, in die es Augustinus zurückverwiesen hatte, wieder in das ontologische Denken selbst eindringt.

Die wichtige, aber einzige Differenz zwischen der augustinischen und der aristotelischen Ansicht über die Materie besteht in der Stellung beider Denker zur Ewigkeit derselben …[43] Die bisherige Darstellung schon dürfte nahelegen, daß diese Auffassung die Differenz vereinfacht und den Kern des ontologischen Umbruches bei Augustinus nicht trifft. Zwar läßt sich eine Reihe von Kennzeichnungen der ersten Mate-

42 Joachim Ritter, Mundus intelligibilis. Eine Untersuchung zur Aufnahme und Umwandlung der neuplatonischen Ontologie bei Augustinus. Frankfurt [a.M.] 1937, 44.

43 Rudolf Schneider, Das wandelbare Sein. Die Hauptthemen der Ontologie Augustins. Frankfurt [a.M.] 1938, [59,] Anm. 191.

rie bei beiden Denkern nachweisen; aber was bei Aristoteles als Konstituens der Substanz in ihr letztes Woher – als eine der vier Ursachweisen – mit eingeht, das kann bei Augustinus zur Frage nach dem Seinsgrund nicht eintragen, sondern versieht allenfalls erklärende Funktion für die Gestalt des Kosmos. Es ist die Fortführung der platonischen Abtrennung und Hypostasierung der reinen Gestaltvorbilder mit der Verlegung in den göttlichen Intellekt bei Augustinus, was die Welterscheinungen, die *distincta atque formata* [»verschiedene und gestaltete Dinge«],[44] problematisch macht und über die Konzeption der Seinssetzung hinaus ein Prinzip der ding-gestaltlichen Realität erfordert. Entscheidend ist die Aussage über dieses ›Prinzip‹, die es eben nicht zu einem letzten ›Grund‹ werden läßt: *haec ipsa materia tamen de omnino nihilo facta est* [»eben diese Materie ist dennoch aus dem gänzlichen Nichts erschaffen worden«].[45] Was neu errungen ist, die Fragwürdigkeit und Unselbstverständlichkeit des Überhaupt-Seins des Seienden, gilt auch und gerade für das materielle Substrat der Weltgestalt. Auch ist der augustinische erste Stoff nicht in jener völligen Bestimmungslosigkeit genommen wie der aristotelische. Hier wirkt die Konzeption der personalen Seinssetzung mit hinein; sie muß von Voraussicht und Gestaltwillen geleitet sein und kann daher nicht sinnvoll einen Stoff purer Bestimmungslosigkeit erschaffen. Daraus erhält die Aufnahme der stoischen Lehre von der samenhaften Vorgestaltetheit der Materie ihr Gewicht – *quasi semen coeli et terrae* [»gleichsam der Samen für Himmel und Erde«][46] heißt es über die Urmaterie. Dieser erste Stoff ist nicht das autonome Andere, sondern fest im Griff der schöpferischen Mächtigkeit. Der Widerspruch zu einem personalen Schöpfungsbegriff, der in der Auffassung der Materie als wesensmäßiger Nichtigkeit gelegen ist, kann Augustinus nicht verborgen geblieben sein. Kann doch ein schaffender Wille nur Wesenhaftes, Werthaltiges, Sinnvolles bezielen. Wenn daher Augustinus die Materie charakterisiert als *in comparatione perfectorum informe* [»ein im Vergleich mit

44 De Genesi contra Manichaeos I, 5, 9 [ed. Migne PL 34, Sp. 178; CSEL 91, 76, Z. 14].

45 A. a. O. I, 6, 10 [ed. Migne PL 34, Sp. 178; CSEL 91, 76, Z. 2f.].

46 A. a. O. I, 7, 11 [ed. Migne PL 34, Sp. 178; CSEL 91, 77, Z. 8].

den vollkommenen Dingen Gestaltloses«],[47] dann liegt darin eine entscheidende Umkehrung der ›Blickrichtung‹: Nicht im rückblickenden Fragen nach dem Grund von Sein, sondern im Vorblick auf das Gestaltvollendete ist die Materie zu bestimmen, sie rückt ganz in den Bereich des Überhaupt-Seienden, ist *capacitas formae* [›Fassungsvermögen der Gestalt‹] und *posse formari* [›Gestaltet-werden-Können‹].[48] Die Zusammenfassung des neuen Gedankens der absoluten Seinssetzung und des übernommenen Deutungsschemas der kosmischen Gestalthaftigkeit führt zu Schwierigkeiten. Dennoch hat Augustinus versucht, den Schöpfungsakt als Einheit zu verstehen und die spekulative Sonderung des ontischen und des formalen Momentes aufzuheben. Dieses Bemühen kommt zum Ausdruck in dem Terminus *concreatio* [›Miterschaffung‹],[49] der die Schöpfung als Einheit von Setzung und Formung zu umfassen sucht. Dabei ist die Wesensgestalt zwar im Sinne der platonischen Methexis [›Teilhabe‹] verstanden, aber doch auch mit der Umkehrung der Blickrichtung, die der | S. 27 | personale Gottesbegriff erfordert: die *concreatio* ist *creatio plus illuminatio* [›eine Erschaffung, ja vielmehr eine Erleuchtung‹].[50] Die *concreatio* eint aber nicht nur onti-

47 De vera religione XVIII, 35 [ed. Migne PL 34, Sp. 137; CSEL 77, 25, Z. 17; CCSL 32, 209, Z. 17f.; Hervorhebung H. B.].

48 A. a. O. XVIII, 36 [ed. Migne PL 34, Sp. 137; CSEL 77, 25, Z. 20-28, Z. 1; CCSL 32, 209, Z. 21-29]: *Quapropter etiam si de aliqua informi materia factus est mundus, haec ipsa facta est omnino de nihilo. Nam et quod nondum formatum est, tamen aliquo modo ut formari possit inchoatum est, Dei beneficio formabile est: bonum est enim esse formatum. Nonnullum ergo bonum est et capacitas formae: et ideo bonorum omnium auctor, qui praestitit formam, ipse fecit etiam* | S. 96 | *posse formari. Ita omne quod est, in quantum est; et omne quod nondum est, in quantum esse potest, ex Deo habet* [»Wenn deshalb auch der Kosmos von irgendeiner gestaltlosen Materie her erschaffen worden ist, ist diese selber gänzlich aus dem Nichts erschaffen worden. Denn auch was noch nicht gestaltet ist, dennoch auf irgendeine Weise begonnen hat, damit es gestaltet werden könne, ist durch Gottes Wohltat gestaltbar geworden: ein Gut ist es nämlich, gestaltet zu sein. Folglich ist ein Gut auch das Fassungsvermögen der Gestalt; und daher hat der Urheber aller guten Dinge, der die Gestalt verliehen hat, auch erschaffen, dass sie gestaltet werden können. So hat alles, was ist, insofern es ist, und alles, was noch nicht ist, insofern es sein kann, (sein Sein) aus Gott«].

49 Contra adv. leg. et proph. I, 9, 12 [ed. Migne PL 42, Sp. 610; CCSL 49, 45, Z. 294].

50 Étienne Gilson, Introduction à l'étude de St. Augustine. Paris 1929. Dt. Ausg. Hellerau 1930, 548.

sches und formales Moment, sie trifft überhaupt die absolute Simultaneität der Seinsgründung und weist eine ›Parallelschaltung‹ von Weltvorgängen und göttlichen Akten ab. Der kosmische Prozeß empfängt seine gestaltliche Regel aus den vorsehend angelegten *rationes seminales* [›Keimgründe‹]; diese Auffassung ermöglicht es Augustinus, die Seinsgründung unter dem prägnanten Bilde des *ictus condendi* [›Augenblicksschlag des Erschaffens‹] zu erfassen, das als eine äußerste Zuspitzung der Gegenstellung zum Herstellungsschema angesehen werden kann.[51]

Mit einem nochmaligen Hinblick auf das personale Moment im Schöpfungsbegriff zeigt sich ein weiterer Ansatz zur Überwindung des Herstellungsschemas bei Augustinus, der in der franziskanischen Scholastik aufgenommen werden wird. Menschliche Herstellung ist verwurzelt in zwei personalen Charakteren, dem Bedürfnis[52] und der Hinsicht.[53] Bedürfnis gründet in der ontischen Dürftigkeit des Menschen; darauf verweist alles Hergestellte als dem Bedürfnis Dienendes. Der Ausschluß ontischer Endlichkeit und Dürftigkeit schließt für Gott zugleich jede Wurzel von Herstellung aus. Der geschaffene Kosmos hat nicht den Sinn eines instrumentalen ›Dienstes‹; dafür ist schlechthin exemplarisch die Freiheit des Menschen, die jede dienliche Verfügbarkeit infrage stellt; ›Freiheit‹ ist der äußerste Widersinn für ein Hergestelltes. Das Geschaffene kann daher auch nicht aus Verweisungs- und Bewandtniszusammenhängen heraus interpretiert werden wie das Hergestellte. Der willentliche Grund der Schöpfung offenbart sich als *bene-*

---

51 De Gen. ad litt. IV, 33, 51 [ed. Migne PL 34, Sp. 318; CSEL 28/1, 132, Z. 7-12]: *Quapropter quam facilis ei efficacissimus motus est, tam facile Deus condidit omnia; quoniam per illam* (scil.: *virtutem Sapientiae Dei*) *sunt condita: ut hoc, quod nunc videmus temporalibus intervallis ea moveri ad peragenda, quae suo cuique generi competunt, ex illis insitis rationibus veniat, quas tamquam seminaliter sparsit Deus in ictu condendi* [»Wie leicht daher für ihn seine höchst wirksame Bewegung ist, so leicht erschafft Gott alle Dinge; nachdem sie durch jene (Kraft der Weisheit Gottes) erschaffen sind, so daß das, von dem wir nun sehen, daß sie in zeitlichen Abständen zur ihrer Vollendung bewegt werden, die einer jeden Gattung zukommt, aus jenen eingestifteten Gründen hervorkommt, die Gott gleichsam keimhaft im Augenblicksschlag des Erschaffens gestreut hat«].

52 *indigentia.*

53 *finis.*

ficentia [›Wohltat‹][54] und *bonitas* [›Gutsein‹].[55] Ebenso ist die Schöpfung auch keiner Hinsicht unterstellt; ihren Sinn faßt Augustinus zusammen in dem Worte Heil, das für ihn einen ausgesprochen ontologischen Gehalt hat.[56]

Was bei Augustinus vorliegt, ist keine Synthese antiker und christlicher Konzeptionen. Es dürfte sich gezeigt haben, daß hier ›von Grund auf neu‹ gefragt und philosophiert wird, ohne daß freilich ein Bruch der Geschichtlichkeit auftritt; das verhindern die durchgehaltenen Kategorien des griechischen Weltverständnisses. Aber es ist keine Verschmelzung auf gleicher Ebene, die Antikes und Christliches eingehen; die christliche Weltsicht zeichnet radikal den Horizont vor, innerhalb dessen das antike Erbe seine Funktion hat; so wird *die spezifisch christliche Gottesvorstellung selbst zur Grundlage der in sie eingegangenen ontologischen Begrifflichkeit.*[57] Auf diesem Boden kann sich die ganze Breite der Rezeption abspielen, die die Kontinuität des Wirklichkeitsbewußtseins gewährleistet.[58]

---

54 De octo Dulcitii quaestionibus VIII, 2 [ed. Migne PL 40, Sp. 167; CCSL 44A, 291, Z. 11].

55 Contra adv. leg. et proph. I, 7, 10 [ed. Migne PL 42, Sp. 609; CCSL 49, 43, Z. 255].

56 De vera relig. XVIII, 36 [ed. Migne PL 34, Sp. 137; CSEL 77, 26, Z. 2f.; CCSL 32, 209, Z. 32f.]: *Ab eo autem est omnis salus, a quo est omne bonum* [»Von dem aber stammt alles Heil, von dem alles Gute stammt«].

57 Joachim Ritter, a.a.O., 44.

58 Ritter (a.a.O., 40) unterscheidet zwei Konzeptionen Augustins: 1. die *creatio ex nihilo*; 2. die trinitarische Fassung des Schöpfungsgedankens. Die erstere ist die eigentlich ›philosophische‹ und steht in unmittelbarer Abhängigkeit von der neuplatonischen Hypostasenlehre (vgl. a.a.O., 59). Rudolf Schneider dagegen (a.a.O., 141) meint, daß *das aristotelische Element eine viel bedeutendere Stellung bei Augustin einnimmt, als es dieser selbst wußte und es die immer noch nach dem Neuplatonismus hin orientierte Augustinforschung sieht.* In den vorliegenden Erörterungen wird versucht, die ontologische Leistung Augustins unabhängig von den Rezeptionsfragen herauszustellen und andererseits der Rezeption eine lebendige, weniger doktrinäre Funktion anzuweisen.

(e) Schöpfung und Bewegungskausalität bei Thomas von Aquino

Gelingt der scholastischen Metaphysik die Erhaltung und weitere Ausarbeitung des ursprünglichen Ansatzes der Frage nach dem Seinsgrund, wie er in der augustinischen Schöpfungslehre vorliegt, oder bringt die wachsende Autorität des griechischen Erbes dessen Verständnisweisen zunehmend zur Geltung? Die Geschichte des Schöpfungsgedankens kann hier nicht kontinuierlich verfolgt werden; statt dessen versuchen wir, das Problem des Seinsgrundes in seiner eigentlichen K r i s e, nämlich in der Auseinandersetzung mit dem vollrezipierten metaphysischen Denken des Aristoteles bei Thomas von Aquino zu zeigen. Werfen wir zunächst einen kurzen Blick auf jene Durchgangsphase zur Scholastik, die das aristotelische Denken im islamischen Kulturbereich durchmacht! Denn auch hier begegnet es ja einem durchgebildeten und mächtigen personalen Gottesbegriff. Der ›Kommentator‹ des Aristoteles für die Scholastik, Averroes, gibt | S. 28 | der aristotelischen Selbstverständlichkeit des Seins in seinem Überhaupt-Sein und der Unfragwürdigkeit eines absoluten Seinsgrundes die doktrinale Gestalt der anfanglosen Geschaffenheit, der Behauptung der E w i g k e i t der Schöpfung. Damit wird das Problem des Seinsgrundes zwar nicht völlig übergangen, aber in eine unbefragbare F e r n e entrückt und schon im Ansatz einer dunklen Widersprüchlichkeit ausgeliefert; denn was kann ewiges Gegründetsein noch ontologisch sinnvoll besagen? Auch für Averroes ist Wirklichkeit die jeweilige kosmogonische Phase der bewegten Wesen- und Gestaltenvielfalt; d e r e n Genese ist das im Begriff der *creatio ex nihilo* aufgenommene Problem. Die anfanglose Zuordnung der wechselnden Gestaltenphasen zu einer ersten reinen unverwandten Wirklichkeit als Initiator dieser unendlichen Folge ist seine Konzeption. Die Urmaterie, das gestalt- und wesenlose pure ›Überhaupt-etwas‹, bleibt zufällige Nichtigkeit und gibt – darin liegt das entscheidende Moment! – das *nihil* im Begriff der *creatio ex nihilo* ab. Die Urmaterie ist unerschaffen; ihr Seinscharakter bleibt ungeklärt, ihr Seinsgrund wird nicht fragwürdig. Das aber macht den Schöpfungsbegriff bei Averroes zu einer bloßen Äquivokation, gemeint bleibt das kosmogonische Herstellungsschema. Das macht noch deutlicher die Lehre von der der formenden Aktuierung zugeordneten Disposition der unerschaffenen Materie. Dieser Gedanke, der dem *ictus condendi* [›Augenblicksschlag des Erschaffens‹] Augustins die ganze Dichte seiner Mächtigkeit verlieh, drückt hier das eigentlich Schöpferische zu einer bloßen Auslösungsfunktion herab. Übergang und Herleitung des Seienden von Seiendem kennzeichnen hier die Schöpfung als Herstellung.[59] Gerade die äußere Übereinstimmung der zur Erfassung des Problems angewendeten kategorialen Mittel enthüllt um so tiefer die Positionen Augustins und des ›Kommentators‹.

Vor diesem die Möglichkeiten eines theistischen Aristotelismus aufweisenden Hintergrund muß der Ausarbeitung des Schöpfungsgedankens bei Thomas von Aquino eine starke Kraft der Durchsetzung der ursprünglichen ontologischen Antriebe der *Creatio* zugesprochen werden, sosehr auch wichtige Momente verdeckt sein mögen. Indem sich zwischen der an Aristoteles anschließenden Ableitung und Entfaltung des Gottesbegriffes – Gott als ›erstes unbewegtes Bewegendes‹ – und der Erweisung dieses Gottes als des seinsgründenden Schöpfers eine Bruchstelle aufzeigen läßt, wird deutlich zu machen sein, wie sperrig sich die ursprüngliche Konzeption der Schöpfung gegen die aristotelistische Systematisierung erwiesen hat und welchen Widerstand sie einer kosmologischen Nivellierung zu bieten vermochte.

Im ersten Buch seiner »Summa contra Gentiles« entwickelt Thomas den Begriff eines ersten unbewegten Bewegenden und entfaltet diesen zur Personalität durch eine deduktive Herleitung der personalen Bestimmungsstücke Erkennen, Wollen, Leben usw. aus dem Begriff des Bewegungsprinzips. Dieser – hier in seiner Stringenz nicht zu diskutierende – Weg kausalen Rückschließens und Übergehens im Zusammenhang der kosmischen Bewegung kann aber nicht die Vorzeichnung

59 [Max Horten, Die syrische und die arabische Philosophie. In:] Friedrich Ueberweg-Bernhard Geyer, Die patristische und scholastische Philosophie. Berlin [11]1928, 317: *Wenn die* materia prima *nicht erschaffen ist, so ist dies ontologisch für Averroës selbstverständlich, da sie nicht erschaffbar ist. Nur was eigenes Dasein (!)* [Hervorhebung H. B.] *besitzt, ist erschaffbar. Sie ist kein selbständiges Wirkliches außerhalb Gottes. Daß dies keine Leugnung der* creatio ex nihilo *bedeutet, ist evident.* Die vorliegende Untersuchung dürfte ebenso evident gemacht haben, daß in dieser Auslegung die sinngebenden Momente der *creatio ex nihilo* völlig außer acht gelassen sind.

geben für die Aufnahme der Frage nach dem Seinsgrund. Zwischen dem Argumentieren im aristotelischen Bewegungsschema und der Darstellung der Frage nach dem setzenden Seinsgrund muß ein deutlicher und unüberbrückbarer Bruch auftreten. Thomas hat diesen Bruch, ohne daß er ihm selbst deutlich zu werden scheint, wenn er zu erweisen sucht, daß die *demonstratio Aristotelis* [der ›(Gottes-)Beweis des Aristoteles‹][60] nicht nur den systematischen Abschluß der Bewegungskausalität in einem ersten Prinzip zu erbringen vermag, sondern daß in ihr auch das Problem der Seinsgründung aufgenommen werden kann.[61] Wenn jede Wirkursache ihre Wirkung ins ›Sein‹ bringt, dann muß Gott als die erste und alle anderen Wirkursachen unter sich befassende Wirkprinzipialität auch in | S. 29 | umfassendstem Sinne die Gesamtheit der Wirkungen ins ›Sein‹ bringen.[62] In diesem Schluß soll die Naht zu finden, der Hiatus übersprungen sein; aber das würde nur dann überzeugen, wenn das ›Sein‹ dort und hier auf seine Bedeutung unbefragt bliebe und daher in ontologisch identischem Sinne angenommen würde. Aber die Ambiguität des *esse* ist gerade die entscheidende Einsicht, um die Problematik dieser Bruchstelle aufzurollen. Die Wirkursache im aristotelischen Bewegungsschema bewirkt die Aktualität einer Seinsphase an einem Seienden, sie gibt einen Zuwachs an ontischer Bestimmtheit; sie wirkt dabei kraft ihrer eigenen Wirklichkeit und nur im Formbereich derselben. Aber sie begründet nicht dieses Seiende, dessen So-und-so-Sein sie erwirkt, in seinem Daß- und Überhauptsein. Immer muß also das *ad esse conducere* [›Hinführen zum Sein‹] einer Wirkursächlichkeit bezogen werden auf einen Gestaltprozeß, einen kosmischen Übergang. Niemals vermag eine Bewegungsursache – und sei sie auch an Prinzipialität unüberbietbar angenommen – ein Seiendes in seinem Sein, das heißt in der Möglichkeit seines So-und-so-Seins, zu begründen. Wenn Thomas meint, dieses

60 Summa contra Gentiles I, 13 ([Marietti-Numerierung: nr. 81-115;] ed. Leon. [XIII, 30a-34b]).

61 A.a.O. II, 6 [nr. 878-885; ed. Leon. XIII, 281].

62 A.a.O. II, 6 arg. 1 [nr. 879; ed. Leon. XIII, 281a]: *Efficiens autem causa suos effectus ad esse conducit. Deus igitur aliis essendi causa existit* [»Die Wirkursache aber führt ihre Wirkungen zum Sein. Gott ist folglich für die anderen Ursache ihres Seins«].

ad esse conducere des Bewegungsprozesses bedürfe nur einer letzten und äußersten Ausweitung, das heißt: Sein sei nur die universalste Fassung von Aktualität, die allgemeinste Bestimmtheit überhaupt, dann verstellt er sich damit vollends die Zugänglichkeit der Frage nach dem Seinsgrund.[63] Bewegung und Sein können nicht in eindeutigem Sinne unter den Titel des *effectus* [›Hervorgebrachtes‹] gestellt werden, indem dem Sein nur ein *universalius* [›allgemeiner‹] zugesetzt wird. Dieselbe fraglose Vergleichbarkeit wird unterstellt, wenn dem *ens hoc* [›diesem Seienden‹] als dem ursächlich so und so Bestimmten das *ens simpliciter* [›das Seiende schlechthin‹] als das Seiende, insofern es überhaupt ist, als vergleichbar beiseite gestellt wird; das *ens hoc* ist nur die aus ihren Ursachen determinierte Bestimmungsphase der Bewegung eines immer schon Seienden.[64]

Wenn Thomas die Frage nach dem Seinsgrund nur als universale Fassung der Frage nach der kosmischen Ursächlichkeit auffaßt und den Hiatus zwischen kausaler und ontologischer Problemordnung übersieht, dann bringt er sich um die legitime Möglichkeit, den christlichen Schöpfungsgedanken im Gesamt seines Wirklichkeitsverständnisses wirklich ursprünglich zu verwurzeln. Den Gehalt dieses christlichen Schöpfungsglaubens hat Thomas mit aller Deutlichkeit herausgestellt;[65]

63 A. a. O. II, 16 arg. 3 [nr. 935; ed. Leon. XIII, 299a]: *Quanto aliquis effectus est universalior, tanto habet propriam causam altiorem. … Esse autem est universalius quam moveri … Oportet ergo, quod supra causam, quae non agit nisi movendo et transmutando, sit illa causa, quae est primum essendi principium* [»Je umfassender irgendeine Wirkung ist, besitzt sie eine desto höhere eigene Ursache. (…) Das Sein ist aber umfassender als das Bewegtwerden (…). Es ist also notwendig, daß oberhalb der Ursache, die nur durch Bewegen und Verändern tätig ist, jene Ursache ist, die der erste Seinsursprung ist«].

64 A. a. O. II, 16 arg. 4 [nr. 936; ed. Leon. XIII, 299b]: *Quod agit tantum per motum et mutationem non competit universali causae eius quod est esse: non enim per motum et mutationem fit ens ex non ente simpliciter, sed ens hoc ex non ente hoc. Deus autem est universale essendi principium* [»Daß es nur durch Bewegung und Veränderung tätig ist, kommt nicht der umfassenden Ursache für das, was ist, zu: Denn nicht durch Bewegung und Veränderung entsteht ein Seiendes aus einem schlechthin Seienden, sondern dieses bestimmte Seiende aus einem, das nicht ein bestimmtes Seiendes ist. Gott ist aber der allumfassende Ursprung des Seins«].

65 A. a. O. II, 16 [nr. 932; ed. Leon. XIII, 299a]: *Deus res in esse produxit ex nullo*

wenn auch die Begrifflichkeit am Herstellen orientiert ist, hat er doch die ausdrückliche Abhebung von den einzelnen Momenten des Herstellens sorgsam durchgeführt,[66] ohne diese Abhebung auf die Frage des Verhältnisses von Bewegungskausalität und Seinsgrund prinzipiell zu wenden. Die Herstellung charakterisiert Thomas als Durchgang eines identischen Seienden durch eine Mannigfaltigkeit von Bestimmtheitsstufen in einem sukzessiven Prozeß, während in der Schöpfung *tota substantia rei in esse producitur* [»die ganze Substanz eines Dinges in das Sein geführt wird«].[67] Das ›Sein‹ im Sinne des Hergestelltseins ist die Endstellung oder die Gerade-jetzt-Stellung dieses Prozesses.[68] Bei der Bestimmung des *ex nihilo* gelingt Thomas eine saubere Abgrenzung des Schöpfungsgedankens gegen jede hyletische Verwischung. Schöpfung kann nicht verstanden werden als ein *non esse transmutari in esse* [›Umgewandeltwerden des Nichtseins in Sein‹];[69] vielmehr ist

---

praeexistente sicut ex materia [»Gott führt die Dinge ins Sein nicht aus einem schon vorher Existierenden wie aus einer Materie«]; a.a.O. arg. 5 [nr. 937; ed. Leon. XIII, 299b]: *proprius modus suae actionis est, ut producat rem subsistentem totam, non solum rem inhaerentem, scilicet formam in materia* [»Die eigentümliche Weise seines Tätigseins ist, daß er ein subsistierendes Ding als ganzes, nicht nur ein inhärierendes Ding, nämlich die Form in der Materie hervorbringt«].

66 A.a.O. II, 16 arg. 3 [nr. 935; ed. Leon. XIII, 299a]: *facere enim aliquid ex materia est per motum vel mutationem quondam* [»Etwas aus seiner Materie heraus herzustellen geschieht durch eine gewisse Bewegung oder Veränderung«]; arg. 4 [nr. 936; ed. Leon. XIII, 299b]: *non per motum et mutationem fit ens ex non ente simpliciter, sed ens hoc ex non ente hoc* [»Nicht durch Bewegung und Veränderung entsteht ein Seiendes aus einem schlechthin Seienden, sondern dieses bestimmte Seiende aus einem, das nicht ein bestimmtes Seiendes ist«]. Die Leistung der Bewegungskausalität ist bezeichnet mit *alteratio, privatio, formatio, generatio, corruptio* ... [»Veränderung, Beraubung, Gestaltung, Erzeugung, Zerstörung«] (a.a.O. II, 17 arg. 2 [nr. 948; ed. Leon. XIII, 304a]). | S. 97 |

67 A.a.O. II, 17 arg. 3 [nr. 949; ed. Leon. XIII, 304b]: *ubi autem tota substantia rei in esse producitur, non potest esse aliquod idem aliter et aliter se habens: quia illud esset non productum, sed productioni praesuppositum* [»Wo aber die ganze Substanz eines Dinges ins Sein gebracht wird, kann es nicht etwas Identisches geben, das sich mal so oder so verhält; denn jenes wäre ja nicht hervorgebracht, sondern etwas der Hervorbringung Vorausgesetztes«].

68 A.a.O. II, 17 arg. 4 [nr. 950; ed. Leon. XIII, 304b]: *terminus motus* [»Ende der Bewegung«].

69 A.a.O. II, 18 [nr. 951; ed. Leon. XIII, 305a].

Geschaffensein gesetzte Abhängigkeit des Seienden in seinem Sein.[70] Wenn das *ex* der *creatio ex nihilo* dem Herstellungsschema entnommen zu sein scheint, so geht das auf die Gebundenheit unserer Aussagemittel an die Weisen der innerweltlichen Erscheinungen zurück, gilt also *secundum modum intelligendi tantum* [›nur gemäß der Weise des Verstehens‹].[71] Wir gewinnen die Chiffre ›Nichts‹ in der durchstreichenden Negation des Vorhandenen, indem wir es als Noch-nicht des uns Bekannten auffassen; aber dabei bekommt es ein Moment der *Gewärtigkeit*, das Thomas | S. 30 | als *dispositio* [›Bedingung‹] kennzeichnet – und gerade dieses gehört zum Begriff der Materie, nicht zum Nichts.[72] Dieses ist absolut unhyletisch.

Jedes Herstellen erfordert einen dem Vorhaben entsprechenden Stoff; für die göttliche Schöpferkraft ist ein entsprechender Stoff undenkbar, weil sie unendlich ist.[73] Dies eines der Argumente, die ein hyletisches Substrat für die Schöpfung abweisen sollen. Wie schon bei Augustinus zeigt sich auch hier die Widersprüchlichkeit des ersten Stoffes in einer christlichen Metaphysik. Thomas hatte in früherem Zu-

70 A.a.O. II, 18 [nr. 952; ed. Leon. XIII, 305a]: *ipsa dependentia esse creati ad principium a quo statuitur* [»Eben eine Abhängigkeit des geschaffenen Seins von seinem Ursprung, von dem es gesetzt worden ist«].

71 A.a.O. II, 18 [nr. 953; ed. Leon. XIII, 305a]: *inquantum scilicet intellectus noster accipit unam et eandem rem ut non existentem prius, et postea existentem* [»insoweit nämlich unser Verstand ein und dasselbe Ding erfaßt als etwas, das vorher nicht existiert und später existiert«].

72 A.a.O. II, 19 arg. 4 [nr. 959; ed. Leon. XIII, 308b]: *dispositio ex parte materiae est* [»Eine Bedingung gibt es von seiten der Materie«].

73 A.a.O. II, 16 arg. 7 [nr. 939; ed. Leon. XIII, 300a]: *Omne agens quod in agendo requirit materiam praeiacentem, habet materiam proportionatam suae actioni, ut quicquid est in virtute agentis, totum sit in potentia materiae: alias non posset in actum producere quicquid est in sua virtute activa, et sic frustra haberet virtutem ad illa. Materia autem non habet talem proportionem ad Deum. Non enim in materia est potentia ad quantitatem quamcumque, ...: cum tamen divina potentia sit simpliciter infinita* [»Jedes Tätige, das bei seinem Tätigsein eine schon vorliegende Materie benötigt, besitzt eine seinem Tätigsein entsprechende Materie, so daß das, was immer auch in der Macht des Tätigen ist, als Ganzes in der Potenz der Materie liegt; andernfalls könnte es nicht in den Akt bringen, was immer auch in ihrer eigenen Macht liegt, und besäße so vergeblich ihre Kraft dazu. Denn in der Materie gibt es keine Potenz zu einer solchen Quantität, (...) während jedoch die Potenz Gottes schlechthin unendlich ist«].

sammenhang seiner philosophischen Summe[74] gerade die unendliche Potentialität der Materie zum Ausgang genommen, um die unendliche Aktualität des ersten Bewegers zu erweisen. Die endliche Materie, die er hier voraussetzt, wenn er eine *materia proportionata* [›eine in einem bestimmten Verhältnis stehende Materie‹] des Schöpfungsaktes für unmöglich erklärt, führt zu neuen Schwierigkeiten; ist der Urstoff nämlich völlig bestimmungslos, dann muß er potentiell zu der Unendlichkeit möglicher Formen sein, das heißt aber unendliche Potentialität; ist er aber endlich, dann kann seine Potentialität nur als schon irgendwie vorbestimmte für eine endliche Auswahl von Formen verstanden werden, das heißt aber als nicht mehr bestimmungslos. In dieser Aporie der determinierten Indetermination zeigt sich die Unangemessenheit des Urstoffes in einer Metaphysik an, die die Frage nach dem Seinsgrund aufgeworfen hat. Jedenfalls kann Thomas die durch die Autorität des Aristoteles auferlegte *materia prima* [›erste Materie‹] nur mit entscheidenden Modifikationen durchhalten; einmal ist sie nur als seiend – wenn auch in ihrem Seinscharakter ungeklärt – und dem Nichts radikal enthoben zu verstehen[75] und zweitens kann sie keinesfalls als das eine universale Substrat des Seienden genommen werden.[76]

In der Interpretation der Schöpfungskraft ist das Herstellungsschema ebenfalls nicht überwunden. Alles Herstellen geschieht durch fest bestimmbare – modern gesprochen: berechenbare – Kräfte. Nach dem mittelalterlichen Weltbild richtet sich die Bestimmung der Kraft nach der kosmischen Distanz, die die Wirkung überspannt. Im Schöpfungsbegriff kann von einer solchen Distanz überhaupt nicht gesprochen werden, weil der eine Terminus, die zur Aufnahme der Wirkung bestimmte *potentia*, entfällt. Das veranlaßt nun Thomas nicht, die Basis der Deutung überhaupt als unangemessen zu erachten; sondern er deu-

---

74 A. a. O. I, 43 arg. 3 [nr. 358-359; ed. Leon. XIII, 124b].

75 A. a. O. II, 16 arg. 11 [nr. 943; ed. Leon. XIII, 300b]: *Materia prima aliquo modo est: quia est ens in potentia* [»Die erste Materie hat auf irgendeine Weise Sein; denn sie ist ein in Potenz Seiendes«].

76 A. a. O. II, 16 arg. 8 [nr. 940; ed. Leon. XIII, 300a]: *Non est igitur una materia quae sit in potentia ad esse universale* [»Es gibt folglich keine einheitliche Materie, die in Potenz zum Allumfassenden ist«].

tet die Unmöglichkeit von Distanz als solcher als unendliche Distanz, woraus er proportional die Unendlichkeit der schöpferischen Kraft ableitet. Dabei ist im Grunde nur eine quantitative Absetzung der Schöpfungskraft von den Herstellungskräften vollzogen.[77] Dagegen wäre das *excedere omnem proportionem* [›Überschreiten eines jeden Verhältnisses‹] als Transzendenz des Deutungsbereiches von Proportionalität und Distanz überhaupt zu verstehen: Es gibt keine ›Distanz‹ zwischen Gott und Nichts, auch nicht als unendliche. Hier zeigt sich einmal mehr, daß die in der Scholastik so bald aufbrechende radikale Trennung von Theologie und Philosophie ihre tiefen sachlichen Wurzeln hat; die Philosophie vermag nicht die zur Deutung der Glaubensgehalte angemessenen Kategorien herzugeben; damit werden gefährliche Spannungen in die Einheit der Wirklichkeitserfahrung hineingetragen.

Die Behauptung des Herstellungsschemas sei noch kurz bei zwei anderen wichtigen Grundbegriffen der scholastischen Metaphysik angedeutet. Der scholastische Begriff des *Wertes* ist verwurzelt in dem der *perfectio* [›Vollkommenheit‹]. Das *ens perfectum* [›vollkommene Seiende‹] aber ist gleichbedeutend mit dem *ens actuale* [›aktuellen Seienden‹], an dem sich der scholastische Seinsbegriff exemplarisch orientiert. Hier gründet der bekannte Satz über die Konvertibilität von Sein und Wert. Die | S. 31 | Grundvorstellung der *perfectio* gehört in den Be-

---

77 A. a. O. II, 20 [nr. 966; ed. Leon. XIII, 310b]: *Creare non est nisi potentiae infinitae. Tanto enim est maioris potentiae agens aliquod, quanto potentiam magis ab actu distantem in actum reducere potest: ut quod potest ex aqua ignem facere, quam quod ex aere. Unde, ubi omnino potentia praeexistens subtrahitur, exceditur omnis determinatae distantiae proportio, et sic necesse est potentiam agentis quae aliquid instituit nulla potentia praeexistente, excedere omnem proportionem quae posset considerari ad potentiam agentis aliquid ex materia facientis* [»Erschaffen ist Eigenschaft nur einer unendlichen Potenz. Um so viel nämlich ist ein Wirkendes von größerer Potenz, wie viel mehr es eine Potenz, die weiter vom Akt entfernt ist, in den Akt zurückführen kann, wie das, was es aus Wasser Feuer machen kann, (von größerer Potenz ist) als das, was dies aus Luft (machen kann). Wo daher eine vorher bestehende Potenz ganz entfernt ist, wird jedes Verhältnis eines bestimmten Abstandes überschritten, und so ist es notwendig, daß die Potenz eines Wirkenden, die etwas ohne eine vorher bestehende Potenz hervorbringt, jedes Verhältnis überschreitet, das hinsichtlich der Potenz eines Wirkenden, das etwas aus Materie herstellt, betrachtet werden könnte«].

reich der Herstellung, das *perfectum* [›Vollkommene‹] ist *quasi totaliter factum* [›gleichsam ganz und gar Hergestelltes‹].[78] Das wird auch Thomas problematisch bewußt, wenn er *de perfectione divina* [›über die göttliche Vollkommenheit‹] handelt und sich fragen muß, ob dieser Begriff der *perfectio* im Sinne des *esse completum* [›erfüllten Seins‹] aus dem Herstellungsschema auf die Gottheit anwendbar sei.[79]

Das Eine, seit der Eleatik zum festen Bestand der Ontologie gehörig, kommt in der Formulierung des Boethius[80] auf die Scholastik, ohne daß seine in der Entwicklung der griechischen Metaphysik begründete Vieldeutigkeit geklärt oder nur als fragwürdig empfunden worden wäre. Die eleatische Konzeption vom Sein als einem und die pythagoreische Spekulation über das Eine als Prinzip der Zahl und damit als Prinzip der Seinsstruktur von Plato aufgenommen in die Auffassung vom Sein als dem der Vielfalt der Erscheinungswelt Enthobenen und für diese Exemplarischen, haben das Mittelalter teils sehr beeindruckt,[81] teils werden sie nur als historische Meinungen registriert.[82] Dafür setzt sich im scholastischen Aristotelismus die Auffassung der Einheit des Seins im Sinne der hylomorphischen Leitvorstellung durch. Das Seiende ist *unum compositum* [›ein zusammengesetztes Eines‹]; die *composi-*

78 A.a.O. I, 28 [nr. 268; ed. Leon. XIII, 87b].

79 A.a.O. I, 28 [nr. 268; ed. Leon. XIII, 87b]: *Sciendum tamen est quod perfectio Dei convenienter attribui non potest si nominis significatio quantum ad sui originem attendatur: quod enim factum non est, nec perfectum posse dici videtur* [»Man muß jedoch wissen, daß die Vollkommenheit Gottes nicht angemessen zuerteilt werden kann, wenn man die Bezeichnung des Namens hinsichtlich seiner Herkunft heranzieht; weil er nämlich nicht hergestellt ist, scheint man ihn auch nicht ›vollkommen‹ nennen zu können«].

80 Boethius, In Isagog. Porphyr. [I, 10] (ed. Migne [PL 64, Sp. 83B; CSEL 48, 162, Z. 2 f.]): *omne quod est, idcirco est quia unum est* [»Alles, was ist, ist deswegen, weil es eines ist«].

81 Z.B. Bonaventura, I. Sent. d.19 p.1 a.un. [q.1 fund. 2] (ed. Quar. I, 342a): *Omnis multitudo reducitur ad unitatem* [»Alle Vielheit wird auf eine Einheit zurückgeführt«]; Quaest. disp. de myst. Trinit. q.2 a.2 ad 17 (ed. Quar. V, 67b): *pluralitas ... comparatur ad ipsam unitatem sicut ad principium et causam* [»Die Vielheit (...) bezieht sich auf eben diese Einheit wie auf ihren Ursprung und ihre Ursache«].

82 Z.B. Thomas von Aquino, Summa theol. I q.44 a.1 [ed. Leon. IV, 455b]: *Plato dixit ...* [»Platon hat gesagt«]; I. Sent. d.2 q.1 a.1 [ed. Mandonnet, Bd. I, 59]: *ut dicit Dionysius* [»wie Dionysius sagt«].

tio [das ›Zusammengesetztsein‹] macht das Seiendsein des Seienden geradezu aus, indem es als Ergebnis eines Zusammentuns, das im Zerfall wieder endigt, und damit als Hergestelltsein verstanden wird. Diese Auffassung der Einheit ist bei Thomas von Aquino beherrschend,[83] der das transzendentale – das heißt für das Seiende in seinem Sein konstitutive – *unum* als *indivisio* [›Ungeteiltsein‹] charakterisiert; das bedeutet: Diese Einheit ist verstanden als Bestand der hylomorphischen *compositio.*[84] Damit hat das Eine seine ontologische Bedeutsamkeit eingebüßt.

(f) Die Personalität des Seinsgrundes in der augustinischen Scholastik

Hat die aristotelistische Scholastik einen wesentlichen Teil ihrer Leistung für die klare Ausgrenzung des Schöpfungsgedankens aus dem Deutungsschema der kosmischen Prozesse aufzuwenden, so dürfen wir von der in augustinischer Tradition stehenden Denklinie der Scholastik eine unbelastetere Vertiefung des ursprünglichen Ansatzes der Frage nach dem Seinsgrund erwarten.

Plato commendavit animam suam factori; sed Petrus commendavit animam suam Creatori [»Plato hat seine Seele einem Hersteller anvertraut; aber Petrus hat seine Seele einem Schöpfer anvertraut«]. In diesem Wort hat Bonaventura[85] nicht nur den antiken ›Hersteller‹ gegen den christlichen ›Schöpfer‹ abgehoben; er hat auch zugleich auf jene extreme existenzielle Situation verwiesen, in der das Problem des Seinsgrundes sein unübersehbares Gewicht und seine äußerste Zuspitzung erlangt. Die zentrale christliche Erfahrung der Aufgegebenheit des eigenen Heilsschicksals erweist sich als der eigentliche Antrieb der Frage nach dem Seinsgrund; die griechische Gleichgültigkeit und Selbstverständlichkeit dieser Frage ist innerhalb des christlichen Horizontes unmöglich. Das Fragen nach dem Seinsgrund geschieht für

83 Z.B. Summa theol. I, q.11 a.1 [ed. Leon. IV, 107f.].
84 Quaest. disp. de verit. q.1 a.1 c. [ed. Leon. XXII/1, 2, 5].
85 In Hexaemeron IX, 24 (ed. Quar. [V, 376a]).

den Christen in einem letztbeteiligten Gegenüberstehen, bei dem alles darum geht, mit wem es der Fragende ›zu tun hat‹. Zwar ist auch für Bonaventura der Schöpfer gedeutet als unendliches Prinzip; aber diesen Ansatz hat die Antike bis zum Neuplatonismus so genommen, daß das letzte Prinzip sich mit der Konkretheit und Vielfalt der Welt nicht einläßt, sondern in reinem Sichselbstdenken verharrt oder einer hierarchisch emanierten Geisterwelt die Differenzierung und Lenkung der einmaligen Setzung überläßt. Bei Bonaventura kommt das ganze Gewicht der Personalität des christlichen Gottes zur Geltung; er ist nicht nur in sich verweilende Unendlichkeit, sondern läßt sich bis zur letzten Konkretion mit der Schöpfung ein.[86] Nur so kann diese als eine Weise von Offenbarung verstanden werden, in der sich die Fülle des göttlichen Wesens | S. 32 | ausspricht. Die Seinssetzung Gottes kann nur hervorgehen aus der unteilbaren Einheit seiner Personalität, kann also nicht nur Auslösung oder Setzung sein, sondern zugleich Offenbarung von Weisheit, Zeugnis von Liebe, Aufstrahlen von Schönheit usw.; das aber zielt notwendig auf die letzte Konkretion und die Fülle ihrer Gestaltwerdungen. Da derart Gott nur in ganzem Einsatz seiner selbst als Schöpfer gedacht sein kann, muß Schöpfung eben Setzung von Seiendem *secundum omne quod est* [›gemäß allem, was ist‹] bedeuten; Sein ist das einzige angemessen im göttlichen Wirken Gründende.[87] Bedeutsamster Ausdruck dieses die Ursprünglichkeit des Schöpfungsgedankens aufnehmenden Ansatzes ist die Auseinandersetzung mit der aristotelistischen Lehre von der Ewigkeit der Welt. Diese will

86 Breviloquium II, 1, 1 [ed. Quar. V, 219a]: *universitas machinae mundialis producta est in esse ex tempore et de nihilo ab uno principio primo, solo et summo; cuius potentia, licet sit immensa, disposuit tamen omnia in certo pondere, numero et mensura* [»Die Gesamtheit des Kunstwerkes der Welt ist in das Sein aus einer Zeit und aus dem Nichts heraus hervorgebracht worden, von einem einzigen, ersten und höchsten Ursprung; dessen Macht, mag sie auch unermeßlich sein, hat dennoch alles nach bestimmtem Gewicht, Zahl und Maß geordnet«].

87 II. Sent. I d.1 a.1 q.1 concl. [ed. Quar. II, 16a-b]: *mundus in esse productus est, et non solum secundum se totum, sed etiam secundum sua intrinseca principia, quae non ex aliis, sed de nihilo sunt producta* [»Die Welt ist in das Sein geführt worden, und nicht nur hinsichtlich ihrer selbst im Ganzen, sondern auch hinsichtlich ihrer inneren Prinzipien, die nicht aus anderen Dingen, sondern aus dem Nichts hervorgebracht worden sind«].

zwar die Zuordnung der Weltmannigfaltigkeit zu einer letzten Ursache nicht ausschließen, nimmt aber innerhalb der Ordnung des Verursachten die Möglichkeit einer unendlichen Folge von Herleitungen von Seiendem aus Seiendem an, die eben als unendliche Folge nur zufällige sein kann. Thomas von Aquino kann in dieser Lehre keinen inneren Widerspruch entdecken und überläßt ihre Widerlegung der Theologie; hier zeigt sich paradigmatisch, daß ein Seinsverständnis aus der Einheit des ursprünglichen christlichen Erfahrungshorizontes nicht mehr möglich ist. Bonaventura stellt sich entschieden gegen diese Position; und zwar – das ist hier entscheidend – angesichts der aus der Personalität des Seinsgrundes sich ergebenden Einsichten. Im Gegensatz zu Thomas ist das Wirklichkeitsverständnis Bonaventuras so unverwandt von der Erfahrung des personalen Gottes beherrscht, daß auch seine ›Logik‹ nur Logik dieser Wirklichkeit sein kann, nicht eine davon abgelöste Aufnahme der Prinzipien der aristotelischen Wissenschaftlichkeit. So ist für Bonaventura eine unendliche zufällige Folge von Weltphasen unmöglich zu vollziehender Gedanke; daß die ganze Weltwirklichkeit in ihrer Struktur nur als wesenhafte Zuordnung verstanden werden kann, ist die im Schöpfungsbegriff gelegene Vorausbestimmtheit der christlichen Weise der Erfahrung. In einer von einem personalen Grund herkünftigen Welt ist ein nur zufälliges Miteinander und Nacheinander undenkbar. *In der christlichen Welt des heiligen Bonaventura gibt es in der Tat für das aristotelische Akzidens keinen Platz ... Die göttliche Vorsehung muß die Welt bis in ihre geringsten Einzelheiten durchdringen. Sie erklärt nicht allein die Ursachreihen, sondern auch die Folgereihen. Geht man auf das Letzte, so unterscheidet sich die christliche Welt des heiligen Bonaventura von der heidnischen Welt des Aristoteles darin, daß sie eine Geschichte hat.*[88] Der Seinsgrund Bonaventuras ist nicht Prinzip oder Auslösung einer in sich ablaufenden Weltbewegung, sondern ist der gründende Entwurf personaler Vorsehung. Die Weltbewegung ist die geschichtliche, nicht allein aus kosmologischen Kategorien verstehbare Entfaltung dieses entwerfend vorsehenden Willens. Bonaventura hat mit aller Klarheit er-

88 Étienne Gilson, La philosophie de S. Bonaventure. Paris 1924. Dt. Ausg. Hellerau 1929, 270f.

kannt, daß die Kontroversfrage der ›Ewigkeit der Welt‹ nicht als isolierte These erörtert werden kann. Ja, er hat gesehen, daß Aristoteles innerhalb seines Horizontes gar nicht auf die Frage eines absoluten Weltgrundes stoßen konnte, und er *lobt ihn sogar, weil er in diesem Punkte folgerichtig und seinen Prinzipien treu geblieben sei.*[89] Aristoteles läßt den Weltprozeß in seiner Terminierung unbefragt, weil er für ihn als Ganzes keine gestaltliche Funktion besitzt; die ontologische Rolle des Akzidens belegt das. Demgegenüber ist die christliche Welt als vorsehend-entworfene Totalität gestaltliche Kundgabe und Ausdruck eines bestimmten Willens.[90] In dem *multa de suis thesauris profert, non omnia* [›vieles bringt er aus seinen Schatzkammern hervor, (aber) nicht alles‹] ist der gestaltlich vorgesehene, sich in endlicher Geschichtlichkeit ausweisende Sinn der Schöpfung impliziert.[91] Bonaventura hat die unter dem doktrinalen Titel ›Ewigkeit der Welt‹ stehende Kontroverse auf ihren | S. 33 | eigentlichen Boden gestellt; Gleichgültigkeit der Weltgestalt in einem auf seinen absoluten Grund unbefragbaren, durch ein kosmisches Prinzip aktuierten Weltprozeß oder endliche Gestaltlichkeit der Welt als Kundgabe eines vorsehend-entwerfenden Willens. Die ontologisch bedeutsame Folgerung hieraus ist, daß die Befragbarkeit des Seienden nach seinem absoluten Grund allererst dort und daran aufbricht, daß es als entworfene Wirklichkeit vorausverstanden ist.

Die Bedeutung der ersten Materie erfährt in der augustinisch-franziskanischen Scholastik eine bemerkenswerte Modifikation. Die hylomorphische Deutung des Seienden wird insofern ausgeweitet, als nun auch die sogenannten geistigen Substanzen, also die im mittelalterli-

89 Gilson, a.a.O., 274.

90 II. Sent. d.1 p.2 a.1 q.1 concl. [ed. Quar. II, 40b]: *Propter ergo immensitatis manifestationem multa de suis thesauris profert, non omnia, quia effectus non potest aequari virtuti ipsius primae causae* [»Folglich bringt er (Gott) zur Offenbarung seiner Unermeßlichkeit vieles aus seinen Schatzkammern hervor, nicht alles, weil die Wirkung nicht mit der Kraft eben dieser ersten Ursache gleichkommen kann«] (zu beachten, die hier ganz unangemessene aristotelistische Begründung!). | S. 98 |

91 ›Geschichtlichkeit‹ ist hier im weitesten Sinne als das auf Personalität bezogene Geschehen verstanden.

chen Horizont der Wirklichkeit so wesentliche Engelwelt sowie die menschliche Seele, unter dieses Schema gestellt werden. Dementsprechend wird eine ›geistige‹ Urmaterie angenommen. So schon bei Augustinus,[92] dann bei Alexander von Hales und Bonaventura.[93] Was bedeutet das ontologisch? Die Ausweitung des Schemas bringt zugleich eine Verflüchtigung und Nivellierung seines spezifisch kosmologischen Gehaltes; nicht mehr das Problem der intelligiblen Wesensform in der sinnlich faßbaren Gestalt ist für diese Konzeption bestimmend, sondern die Absicht, einen ontischen Index der Geschöpflichkeit überhaupt und abgesehen von ihren Besonderheiten zu gewinnen. Trotz dieses Abzielens läßt sich nicht verkennen, daß sich das Herstellungsschema hier nur ein desto legitimeres Reservat geschaffen hat.

(g) *Kosmologie und Ontologie bei Duns Skotus*

Der Bruch, der bei Thomas von Aquino zwischen der Möglichkeit des kausalen Rückfragens im Bewegungszusammenhang nach dem ersten unbewegten Beweger einerseits und dem Entspringenlassen der Welt im absoluten Setzungsakt des Schöpfergottes andererseits festzustellen war, wird bei Duns Skotus, dem kritischen Geist der Hochscholastik, sorgfältig vermieden. Die letzte Herleitung der Bewegungskausalität ermöglicht für ihn keine stringente Gotteserkenntnis,[94] sondern nur eine Einsicht in die notwendige Zuordnung eines *effectum* [›Hervorgebrachtes‹] zu einem *efficiens* [›Hervorbringenden‹] überhaupt.[95] Dabei ist aber sein Einwand gegen den Kausalbeweis[96] als solcher nicht einmal

92 Z.B. De Genesi ad litt. V, 5, 13 [ed. Migne PL 34, Sp. 326; CSEL 28/1, 146, Z. 6f.]; VII, 5, 7 [ed. Migne PL 34, Sp. 359; CSEL 28/1, 206, Z. 11].

93 Z.B. II. Sent. d.3 p.1 a.1 q.1 [ed. Quar. II, 89-91].

94 Vgl. Tim[otheus] Barth, Die Stellung der univocatio im Verlauf der Gotteserkenntnis nach der Lehre des Duns Skotus. In: Wissenschaft und Weisheit V (1938), 235ff.

95 Opus Oxoniense I d.2 q.2 n.15 (ed. Wadd.[V/1, 248]).

96 A.a.O. [ed. Wadd. V/1, 248]: *Ratio procedit ex contingentibus et sic non est demonstrative* [»Der Beweisgrund geht von kontingenten Dingen aus und ist daher nicht beweiskräftig«].

überzeugend; es läßt sich auch nicht zwingend dartun, daß hinter der logischen Objektion ein Bewußtsein von dem Hiatus zwischen der Frage nach der Herkunft der Bewegung und der Frage nach dem Seinsgrund, zwischen kosmologischer und ontologischer Problemordnung steht. Aber das Ergebnis ist so, als ob dieser Hiatus in den Blick gekommen wäre: Duns Skotus sieht ab von dem Kosmisch-Vorhandenen, es liefert ihm lediglich die Vorstellung von der Zuordnung *effectum-efficiens* [›Hervorgebrachtes-Hervorbringendes‹] als mögliche, das heißt als *effectibilis-effectivum* [›Hervorbringbares-Hervorbringendes‹], nur im Bereich des Wesenhaften[97] ist Stringenz möglich – eine bezeichnende Differenz zu Bonaventura, der in der Wirklichkeit selbst das Akzidentelle für unmöglich hielt und die Welt als Aktuierung der von Gott gewählten Wesensmöglichkeiten ansah. Es bedeutet also eine Schwächung des Gewichtes der Personalität des Seinsgrundes, wenn Duns Skotus den *regressus in infinitum* [›unendlicher Regreß‹] nur im Bereich einer schwebenden Wesenslogik abweisen zu können glaubt;[98] die Wirklichkeit wird hier nicht mehr unmittelbar erfahren, als das *essentialiter ordinatum* [›das seinem Wesen nach Geordnete‹] selbst. Es bleibt festzuhalten – ohne die Denkoperation des skotischen Gottesbeweises weiter verfolgen zu wollen –, daß auch hier ein Bewußtsein dafür hervortritt, daß Seiendes und Seinsgrund nicht als einem Bewegungsganzen als kosmischer Einheit angehörend verstanden werden können.

Die franziskanische Theologie der Liebe ist auch für den Gottesbegriff des Duns Skotus bestimmend[99] und läßt ihn die | S. 34 | Schöpfung wesentlich als Liebesausdruck verstehen. Darin liegt eine bezeichnende Umkehrung der aristotelischen Konzeption; während diese die göttliche Prinzipialität unter der Formel des κινεῖ ὡς ἐρώμενον [kineî hōs erṓmenon; ›er bewegt wie ein Geliebtes‹] in dem Sinne faßt, daß der kosmische Eros der Sphärenbeweger auf die im Sichselbstdenken

97 De Primo Principio III, 1. n.26 [ed. Wadd. III, 229b; ed. Kluxen, 34]: *ens quidditative sumptum* [»das Seiende im Sinne von Washeit«].

98 Op. Ox. I d.2 q.2 n.14 [ed. Wadd. V/1, 248]: *Infinitas essentialiter ordinatorum est impossibilis* [»Eine Unendlichkeit von Dingen, die ihrem Wesen nach geordnet sind, ist unmöglich«].

99 Marianus Müller, Die theologische Gesamtsynthese des Duns Skotus. In: Wissenschaft und Weisheit I (1934), 110ff.

verweilende reine Formwirklichkeit gerichtet ist und dadurch zur Kraft des Weltprozesses wird, ist für Duns Skotus die Liebe der Seinsgrund selbst, der Initiator des Weltentwurfes. Und so ist die Welt *nicht bloß ein Werk Gottes, sondern verdinglichter Mitteilungswille, eine Form seiner gnadenvollen Selbstoffenbarung*...[100]
Die bedeutsamste Weiterführung ursprünglicher Antriebe der christlichen Wirklichkeitssicht bei Duns Skotus ist die Eliminierung der Materie aus der Ontologie. Der erste Stoff wird nun aller jener Züge beraubt, die seinen mythologischen Ursprung als gegengöttliches Prinzip anzeigen[101] und die in der christlichen Metaphysik seine widerspruchsvolle Geltung bestimmten. Die Materie ist nicht mehr Träger des Irrationalen, Wesen- und Gestaltlosen, sondern positive Entität,[102] sie ist erkennbar und in einer göttlichen Idee gegründet, das heißt: wesenhaft,[103] teilhabend an der gesamtgeschöpflichen Gottabbildlichkeit.[104] Die Materie bleibt damit eins der beiden kosmologischen Konstitutionselemente, streng korrelativ dem Formelement.[105] Die *compositio* ist damit wieder ein rein kosmologisches Deutungsschema, die Materie hat eindeutig die ontologisch unbedeutsame Stelle, auf die ein christliches Seinsverständnis sie verweisen mußte.

(h) Leistung und Ertrag

Der Aspekt, unter dem unsere Darstellung die Ontologie der mittelalterlichen Scholastik hier zu betrachten hatte, ist die Auseinanderset-

---

100 Karl Adam, Glaube und Glaubenswissenschaft im Katholizismus. Rottenburg 1923, 61f. [Sperrung im Original].

101 Wassilij Sesemann, Das Rationale und das Irrationale im System der Philosophie. In: Logos II (1911), 208ff.

102 Op. Ox. II d.12 q.1 n.10-11 [ed. Wadd. VI/2, 670f.; in der ed. Vat. wird die komplette d.12 athetiert, vgl. ed. Vat., Bd. VIII, Praef., 85*-89*].

103 A.a.O. II d.12 q.1 n.19-20 [ed. Wadd. VI/2, 675f.; in der ed. Vat. athetiert].

104 A.a.O. II d.12 q.2 n.7 [ed. Wadd. VI/2, 697; in der ed. Vat. athetiert].

105 Reportata Paris. II d.12 q.8 n. 8 [ed. Wadd. XI/1, 332b]: *In materia est natura et haec proprietas et similiter in forma, similiter et in composito* [»In der Materie liegt die Natur und diese Proprietät und ähnlich in der Form, ähnlich auch im Zusammengesetzten«].

zung zwischen dem kosmologisch orientierten und dem ursprünglich aus dem christlichen Horizont hervorgehenden Seinsverständnis. Diese Darstellung ist jedoch nicht Selbstzweck, sondern sie zielt darauf hin zu zeigen, wie in dieser Auseinandersetzung die Ontologie überhaupt erst wieder zu ihrer fundamentalen Fragemöglichkeit kommt. Die Entwicklung der griechischen Philosophie hatte zwar zu einer Stellung der Seinsfrage geführt, aber zugleich doch auch dieser einen sehr verengten Horizont – nämlich den kosmologischen – angewiesen. Es mag nicht schwer sein, hiergegen eine Reihe von Zeugnissen fundamentaler Ansätze, vor allem bei den Vorsokratikern, ins Feld zu führen; aber entscheidend ist doch, daß diese Ansätze im Zuge des griechischen Denkens nicht bestimmend zu Wort kommen. Der Einblick auf das kosmische Sein und seine Strukturen ist leitend für die griechische Ausbildung der Ontologie. Wir haben gezeigt, daß es hierin begründet liegt, wenn die Frage nach dem Grund von Sein als die ontologische Kernfrage gar nicht gestellt wurde und statt dessen der Fragewille sich bei der Herleitung von Seiendem aus Seiendem beruhigte. Mit dieser Beruhigung nimmt es die neue Unruhe, die mit dem Christentum anhebt, auf; sie radikalisiert die Fragemöglichkeiten zunächst aus den Antrieben des personalen Gottesglaubens heraus. Aber diese Radikalisierung wird sich als nicht unbedingt an ihre christlichen Voraussetzungen gebunden erweisen. Die Entfestigung der selbstverständlichen Hinnahme des Seins in der Grund-Frage ist bleibend gewonnenes Fundament der Ontologie; es ist die endgültige – auch bei Descartes nicht rückgängig gemachte – Transzendierung des kosmologischen Horizontes. Ebenso nachhaltig ist die Einsicht in den Entwurfcharakter des Seins; mag auch Gott in der Neuzeit für die ontologische Grund-Frage unbedeutsam werden, die *creatio* bleibt das ontologische ›Modell‹, nach dem die Konzeptionen der Transzendenz ihren Grundriß haben. | S. 35 |

§ 4. Die Interpretation des Seins als Vorhandenheit

(a) Der Inbegriff der Destruktionskritik

Die Deutung des Seins aus dem Hergestelltsein ist nur eine, wenn auch ausgezeichnete Weise der Interpretation des Seins als Vorhandenheit. Alle Herstellung ist *Herstellung zu Vorhandenem,*[1] das heißt: Das Vorhandene ist das Produkt der Herstellung. Die Richtung der Betrachtung hat sich geändert: Die Kritik richtet sich nicht gegen die Verstellung der Fragemöglichkeit nach dem Grund von Sein, sondern gegen die Verengung der Möglichkeiten seiner Erschlossenheit für das Seinsverständnis. Die komplexe Vieldeutigkeit des Begriffes der ›Vorhandenheit‹ bei Heidegger hat ihre ursprüngliche Einheit in der Kontrastfunktion zum Begriff des ›Daseins‹.[2] ›Vorhandenheit‹ ist der Inbegriff für alle jene Interpretationsweisen, die sich aus der Zerspaltung der fundamentalen Einheit des ›In-der-Welt-seins‹, als welches ›Dasein‹ verstanden ist, herausbilden. Wenn *das Dasein und die Welt nur die beiden Anblicke der einen unauflöslichen Gestalt der Existenz*[3] sind, dann muß jedes Seinsverständnis, das Welt und Weltdinge in einem ›An-sich‹ isoliert, sich sogleich der Möglichkeit eines ursprünglichen Ansatzes der ontologischen Probleme berauben und sich einer der Weisen des Abgleitens der Seinsauslegung, die im Inbegriff der ›Vorhandenheit‹ befaßt sind, unterwerfen. Die im Titel der Vorhandenheit zusammengenommenen kritischen Grenzsetzungen gilt es für unsere auf die Idee der Ursprünglichkeit gerichtete Untersuchung auszuwerten.

Das Vorhandene kann also bestimmt werden als das für sich Abgesetzte, in sich Abgeschlossene, *un être donné une fois pour toutes.*[4] Vorhanden-

1 SuZ, 92.
2 A.a.O., 42.
3 de Waelhens, a.a.O., 50 [Übers. H.B.].
4 A.a.O.[, 64].

heit ist ausschließliche Befragbarkeit nach dem ›Was‹, ist ein Eigenschaften-haben, *Fall und Exemplar einer Gattung*[5] sein. Alle diese Momente werden im Laufe unserer Untersuchung als Wesenheit-Auslegung und Gegenstand-Auslegung wieder aufgenommen werden; das gilt auch für die besondere Hervorkehrung, die die Begegnungsweise des ›Sehens‹ und ›Anschauens‹ in der Kennzeichnung der Vorhandenheit-Interpretation bei Heidegger erfährt als das seit der Antike ausgezeichnete Sich-Enthalten von einem ursprünglichen Zutunhaben mit der Welt.[6] Um alle gewaltsamen Verengungen der primären Erschlossenheit von Sein geht es im Vorhandenheit-Begriff; das Vorhandene ist gleichsam nur ein ›Rest‹ der ursprünglichen Zugänglichkeit von Sein, z. B. seine bloße Anblickshaftigkeit. Das Vorhandene wird immer schon innerhalb einer Welt vorgefunden;[7] und das an ihm orientierte Seinsverständnis übersieht gerade dieses ›Innerhalb‹ als Verweisung auf die Weltlichkeit des Seins. Von vornherein ist die Sicht des Vorhandenen auf seine An- und Besprechbarkeit, auf kategoriale Bestimmbarkeit[8] gerichtet; die Isolierung aus der Einheit der Existenz ist gleichsam schon von dieser Richtungnahme geleitet.

Die die folgenden Untersuchungen antreibende Fragestellung läßt sich demnach vorerst so fassen: Ist auch die mittelalterlich-scholastische Ontologie in ihrer Seinsauslegung eingeengt auf die zuvor charakterisierten *entfernten Derivate des Verstehens*?[9] Gilt auch für sie der selbstverständliche Vorrang des puren Anschauens, ist sie *von Anfang an primär am ›Sehen‹ als Zugangsart zu Seiendem und zu Sein orientiert*?[10] Geht ihre Seinsauslegung auf in der kategorialen Bestimmbarkeit, der an- und besprechbaren und in ihrem ›Was‹ aufgehobenen Gegenständlichkeit? | S. 36 |

Die Vorhandenheit-Interpretation findet für Heidegger ihren repräsentativen Niederschlag im Substanzbegriff der Tradition. Die Substanz

5 SuZ, 42.
6 A. a. O., 61.
7 A. a. O., 44.
8 A. a. O., 45.
9 A. a. O., 147.
10 A. a. O.

ist das *Ergebnis* der *Freilegung des nur noch Vorhandenen*[11] im Sinne des Restes eines integralen Seinsbezuges. Heidegger nimmt, wie seine Gesamtkritik zeigt, die Substanz als starres und in sich verschlossenes Substrat,[12] das ›Träger‹ von Eigenschaften ist, wobei wiederum ›Eigenschaft‹ nur als Derivat ursprünglicher *Geeignetheiten und Ungeeignetheiten* zu verstehen ist.[13] Die Kritik des Substanzbegriffes ist in ihrer Zuspitzung gegen die Konzeption Descartes' gerichtet, die ausgeht von der *grundsätzlich ontologischen Orientierung am Sein als ständiger Vorhandenheit, dessen Erfassung mathematische Erkenntnis in einem ausnehmenden Sinne genügt.*[14] Substanz hat hier den *Charakter des ständigen Verbleibs.*[15]

Das Abgleiten des Seinsverständnisses vollzieht sich in der exemplarischen Orientierung an bevorzugten Weisen der Begegnung von Seiendem und an bevorzugten Bereichen der Seinserfahrung. So ist für Descartes die Substanz der Träger der mathematischen Bestimmbarkeit des Seienden, wie sie für Aristoteles das in der Instabilität der kosmischen Prozesse Durchhaltende war. Die Vorhandenheit-Interpretation vollzieht sich aus der Einblicknahme in eine sich vordrängende Teilsphäre der Wirklichkeit oder aus dem Vorzug dieser oder jener Zugangsart zu Seiendem heraus. Auch wenn man zugestehen muß, daß eine ›reine‹ und orientierungsfreie Ontologie schwerlich möglich ist bzw. sich in purer Negativität erschöpfen müßte, behält doch die kritische Frage nach dem fundamentalen Rang und der Rechtfertigung des exemplarischen Vorzuges und nach der Angemessenheit desselben im Hinblick auf den geschichtlichen Wirklichkeitshorizont ihre Geltung. Aus der Vielschichtigkeit der mit der Kritik der Vorhandenheit-Interpretation gegebenen Probleme sei zunächst dieses als Leitfaden der Untersuchung herausgegriffen.

---

11 A.a.O., 71.
12 de Waelhens, a.a.O., 29.
13 SuZ, 83, 88.
14 A.a.O., 96.
15 A.a.O.

(b) Der Umschlag der exemplarischen Orientierung

Die Neigung des griechischen Denkens zu induktiver Verallgemeinerung sich vordrängender, also ›auffälliger‹ Erfahrungen bedeutet im fundamentalen Bereich der Ontologie nichts anderes als die Beherrschbarkeit durch ›exemplarische Orientierungen‹. Jedoch darf man nicht meinen, daß das griechische Denken sich etwa nur durch die Macht seiner naturphilosophischen Tradition selbstverständlich und unkritisch einer Vorbestimmtheit ergeben habe; vielmehr lassen sich ausdrückliche Anstrengungen um die Wahl und Rechtfertigung eines leitenden Hinblickes der Ontologie herausheben.

Gerade die unkritische Einengung der Wirklichkeitssicht in der jonischen Naturphilosophie hat Plato der Kritik unterzogen und auf den übersomatischen Bereich des Seelischen hingewiesen, der von einem angemessenen Seinsverständnis einbeschlossen werden müsse.[16] Aber Plato selbst stößt auf Schwierigkeiten, wenn er zu bestimmen versucht, w o v o n es denn Ideen gäbe, was für ihn heißt: w a s eigentlich seiend wäre.[17] Als sicher dem idealen Bereich zugehörend nennt er die relationalen Bestimmungen, wie Ähnlichkeit und dergleichen, ferner die ethischen Selbstwerte, wie das Gerechte und Gute; nicht ganz unbedenklich ist die Idealität schon bei den kosmischen Elementen und Wesensgestalten, wie etwa Wasser bzw. Mensch; vollends zweifelhaft aber ist sie für das Unwertige und Verächtliche, wie Schmutz, Haar und dergleichen. Das Problem eines ausgezeichneten Wirklichkeitsbereiches, das hier zugunsten des Mathematischen und Ethischen, in etwa noch des Eidetischen gelöst wird, verstellt noch ganz die Grundfrage, zu der es hinführen müßte, nämlich: was denn ›Sein‹ überhaupt heißt. Aber gerade für dieses Problem ergibt sich der verhängnisvolle Zirkel, daß es anscheinend von einer ausgezeichneten ›Seins‹sphäre aus angegangen werden muß, daß aber die Wahl dieser exemplarischen | S. 37 | Orientierung bereits das Verständnis dessen voraussetzt, was eben ihre Auszeichnung ausmachen soll: nämlich ihres ›Seins‹.

Auch für Aristoteles ist das Problem des leitenden Hinblickes von gro-

16 Sophistes 246 a 7-248 a 3.

17 Parmenides 130 b-c 4.

ßem Gewicht. Hatte doch die Analyse des kosmischen Seienden in seiner Instabilität ein Moment der Nichtigkeit aufgewiesen, insofern jede Phase eines immer Bewegten ein Noch-nicht oder ein Nicht-mehr einschließt. *Das in sich nichtige bewegte Wesen gibt als solches einen Verweis auf ein Seiendes und ein Wesen, das von solcher Nichtigkeit, die das Sein antastet, frei ist, auf ein schlechthin nicht-loses Wesen.*[18] Nur an einem solchen könnte letztlich offenbar werden, was ›Sein‹ in genauem und vollem Sinne meint. Aristoteles untersucht aus diesem Aspekt zunächst die Zahlen; sie sind zwar unbewegt, aber es ist nicht vollends sicher, ob sie überhaupt eigenen selbständigen Seinscharakter haben.[19] Er entwickelt daher aus dem Bewegungsschema heraus die Konzeption eines unbewegten, transzendenten und doch durch den von ihm ausgelösten kosmischen Eros die Welt bewegenden Seienden, eines *Seienden schlechthin, von dem aus sich alle andern Seienden als nichtige Abwandlungen verstehen lassen müßten.*[20] *Wenn es solches Seiendes gibt, dann ist seine Erkenntnis, als die Erkenntnis des im eigentlichsten Sinne Seienden, zugleich die Erkenntnis des Seienden als Seienden überhaupt. ...*[21] Aber die Wirklichkeit dieses exemplarischen Seienden ist eben nicht erste und beherrschende Erfahrung, sondern es ist Gegenstand der *gesuchten Wissenschaft.*[22] Das ausgezeichnete Seiende steht erst am Ausgang des kosmologischen Systems als erstes unbewegtes Bewegendes sowie im Endergebnis der metaphysischen Analyse der Wesenheit als reine Wesensform. Erst in ihrem Fazit eröffnet sich der Ontologie der leitende Hinblick, der sie von vornherein zu bestimmen hätte; er bleibt ontologisch unwirksam. Das ›reine‹ Sein ist Konsequenz, nicht Prinzip der aristotelischen Metaphysik. Aristoteles ist sich dieser sachgegebenen Schwierigkeiten der exemplarischen Orientierung sehr wohl bewußt geworden; er stellt die Überschneidung ontischer und ontologischer Ordnung fest, indem er die wesensmäßige ›natürliche‹ Erkenntnisstruktur der ›für uns‹ faktisch verbindlichen ent-

18 Walter Bröcker, a.a.O., 46.
19 Metaph. 1026 a 14f.
20 Bröcker, a.a.O., 48.
21 A.a.O.
22 Werner Jaeger, Aristoteles. Grundlegung einer Geschichte seiner Entwicklung. Berlin 1923, 404f.

gegensetzt.[23] *So ist es also dies nichtige Seiende, das Bewegte, was von Anfang an im Blick steht, und von dem aus die Konstruktion eines nichtfreien Seienden allererst möglich wird.*[24] Mag auch die biographisch frühe Hinwendung des Aristoteles auf das Gottesproblem[25] gegen diese Auffassung sprechen, dieses Moment kann nicht den Ausschlag für die ontologische Funktion des Gottesbegriffes im Ganzen des aristotelischen Denkens geben. Und für diese gerade ist kennzeichnend die Abhängigkeit der Gotteslehre von der kosmologischen Entwicklung des späten Aristoteles, die sich in der der ursprünglichen metaphysischen Konzeption zuwiderlaufenden Vervielfältigung des Weltbewegers entsprechend der astronomischen Sphärenzahl und anderen Umformungen metaphysischer Lehren ausdrückt.[26]

Mit dieser Unwirksamkeit des als ›eigentlich‹ aufgewiesenen Seienden für die ontologische Untersuchung selbst ist zugleich die Freigabe des faktischen Vorranges der beherrschenden Erfahrungssphäre, des kosmischen Seins, als Leitfaden des Seinsverständnisses verbunden. Der Modus dieser Leitfunktion ist die Prototypik.[27] Die philosophische Begrifflichkeit und Auslegungsweise der Griechen ist von der kosmologischen Prototypik so sehr bestimmt, daß an ihr noch Plotin die Grenze seines Versuches erfährt, eine radikale Wendung des Blickes auf die Subjektivität zu vollziehen; noch fehlt diesem Neuansatz die umschmelzende Kraft, die überkommenen Kategorien vollends zu sprengen.[28] | S. 38 |

Erst die Vorbeherrschtheit des Wirklichkeitsverständnisses durch die Glaubenserfahrung in der christlichen Metaphysik gibt den festen Boden für eine Brechung der kosmologischen Orientierung der Ontologie ab. Wächst der aristotelische Gott aus der Durchführung des Weltbegriffes heraus, so ragt der christliche Gott von vornherein in das

23 Metaph. 1029 b 1-12: γνώριμον φύσει – γνώριμον ἡμῖν [gnṓrimon phýsei – gnṓrimon hēmĩn; ›von Natur aus verständlich – für uns verständlich‹].

24 Bröcker, a. a. O., 48f.

25 Jaeger, a. a. O., 159.

26 A. a. O., 382f.

27 Bröcker, a. a. O., 123.

28 Karl-Heinz Volkmann-Schluck, Plotin als Interpret der Ontologie Platos. Frankfurt [a. M.] 1941, 10.

Weltverständnis hinein, ja fundiert und ermöglicht dieses allererst. Gerade bei Augustinus mit der reichen Problematik seiner persönlichen Entwicklung, in der antike Philosophie und christliche Gläubigkeit in vielfältigen Konstellationen aufeinandertreffen,[29] stellt sich die fundamentale Funktion des Gottesgedankens für das Weltverständnis rein heraus. Indem nicht eine philosophisch festgeprägte Form des Weltverständnisses sich gleichsam noch einen religiösen ›Bereich‹ angliedert oder überordnet, sondern indem die ›Bekehrung‹ eine radikal metakinetische Grundlegung des Wirklichkeitsbezuges erst vollzieht, kann die Glaubenshaltung die antik-philosophischen Elemente auffangen und aneignen, nicht umgekehrt. In dieser ›Aufhebung‹ der Metaphysik ist nun das verwirklicht, was bei Aristoteles gescheitert war: der Umbruch von der kosmologischen zur theologischen Orientierung des Weltverständnisses. In diesem Umbruch wird das Seinsverständnis in einem doppelten Sinne ursprünglich: einerseits wird es dem geschichtlichen Wirklichkeitshorizont angemessen, andererseits eröffnet es sich einen radikalen Fragebereich, den nach dem Grunde von Sein. *Wo Augustin vom Sein spricht, spricht er von Gott, in seinem Begriff fließen alle die Bestimmungen zusammen, die in der Tradition der Metaphysik dem Sein selbst eigen sind.*[30]

Die in der augustinischen ›Bekehrung‹ eingeschmolzenen Elemente entfalten sich im Mittelalter zu neuer Eigenbehauptung; aber auch diese Wiederkehr antiker Kategorien bleibt gebunden an den neuen Orientierungsbezug der Seinsauslegung. Das mag kurz daran aufgezeigt sein, wie bei Thomas von Aquino die *similitudo* [›Ähnlichkeit‹] alles Seienden interpretiert wird. Ausgehend vom aristotelischen Kausalschema, das Verursachung als Einformung versteht, kann im Gesamt des Seienden, das in einer gemeinsamen Ursache seinen Ausgang hat, keine absolute Unähnlichkeit angenommen werden. Zugleich aber muß die erste Ursache die Fülle der Seinscharaktere umschließen, während die Vielheit des Verursachten sich gerade in den Weisen der Defizienz von ihr und voneinander unterscheidet. Der Begriff des ›Seins‹

29 Vgl. Karl Holl, Augustins innere Entwicklung. In: Gesammelte Aufsätze zur Kirchengeschichte, Bd. III. Tübingen 1928, 54ff.

30 Joachim Ritter, a. a. O., 35.

trifft somit im genauen und vollen Sinne nur den Ausgang des Kausalganzen: *quod in Deo perfecte est, in rebus aliis per quandam deficientem participationem invenitur* [»Was in Gott in vollkommener Weise ist, findet sich in den übrigen Dingen durch eine gewisse defiziente Teilhabe«].[31] Entscheidend ist, wie auch in diesem durch und durch aristotelistischen Gedankengang sich die Vorbeherrschtheit durch den Gottesbegriff behauptet: Gott vertritt den Sinngehalt von Sein schlechthin. Aber wie ist es möglich, daß das Seinsverständnis sich von dieser Eigentlichkeit des Seins bestimmen lassen könnte? Ist es nicht auf eine Begrifflichkeit angewiesen, die am weltlichen Seienden gewonnen ist und gerade darin das exemplarische Verhältnis verdeckend: *nec convenienter dicitur Deum creaturae similem esse* [»Man sagt aber unpassend, daß Gott dem Geschöpf ähnlich ist«]?[32] Hier deutet sich die Frage an, ob in der begrifflich entfalteten Auslegung des Seinsverständnisses dieses eine adäquate Aufnahme findet oder ob die begriffliche Aussage nur ein verengtes Derivat des fundamentalen verstehenden Seinsbezuges darstellt.

Was trägt der dargestellte Umschlag der exemplarischen Orientierung für die Absetzung gegen die Vorhandenheit-Interpretation aus? Die leitende Hinblicknahme des Seinsverständnisses ist auf das Seiende gewandt, das im mittelalterlichen Wirklichkeitshorizont den Inbegriff des Seins repräsentiert; damit aber ist gerade das innerweltlich Vorfindliche und anschauend Bestimmbare exemplarisch unbedeutsam geworden. | S. 39 |

(c) Analogie und Univozität des Seins

Es lag in der Konsequenz der platonischen Metaphysik, in einer immer schärferen Zuspitzung des Chorismos zwischen Seinssphäre und erscheinender Weltwirklichkeit die letztere zu einer Art ›Unterwelt‹ im ontologischen Sinne zu machen und nur noch dem sinnlichen Begegnen und Vorgefundenwerden zu überlassen. Diese Verlegung der ei-

31 Summa contra Gentiles I, 29 [nr. 273; ed. Leon. XIII, 90b].
32 A.a.O.

gentlichen Seinshaftigkeit in die absolute Transzendenz kam gerade in ihrer extremen Gestalt im Neuplatonismus Plotins und Proklos' zur Einwirkung auf die christliche Metaphysik, deren theologischem Transzendenzbewußtsein sie sehr angemessen erscheinen konnte. In der Auseinandersetzung mit dem platonischen und neuplatonischen Chorismos mußte sich der Seinsrang der Weltwirklichkeit entscheiden. Eine Zerspaltung der Wirklichkeitserfahrung in einen ontologisch ›eigentlichen‹ und einen ›uneigentlichen‹ Bereich, wobei nun Eigentlichkeit und Glaubenswahrheit zusammenfallen mußten, hätte dem Weltlichen den Charakter purer Vorhandenheit gelassen.

Aber auch die Metaphysik des Aristoteles enthält einen ›heimlichen‹ Chorismos; er verläuft zwischen der universalen Wesenheit, die als οὐσία [›ousī́a‹] allein ontologisch relevant ist, und der vollen konkreten Bestimmtheit des Seienden, die zwar sinnlich begegnet, aber als solche vom νοῦς [›noū́s‹] nicht vernommen wird. Auch hier ist das Seiende im Schwergewicht seiner Erfahrbarkeit, eben in seiner vollen Konkretion, als Vorhandenheit bestimmt, während nur dem ›transzendenten‹ Bereich des durch seine definitorische Faßbarkeit eingegrenzten Substantiellen das ›Sein‹ im genauen Sinne zukommt.

Hier deutet sich nun an, daß die Vorhandenheit-Interpretation in engstem Zusammenhang damit steht, ob die Wirklichkeitsgegebenheit in ihrer ganzen Vielschichtigkeit von der Ontologie ›angenommen‹ wird, ob Erfahrungshorizont und Feld ontologischer Bedeutsamkeit sich decken oder ob in einem ausdrücklich verkündeten bzw. verdeckt mitgeführten Chorismos eine Zerteilung in Sphären unterschiedlicher Seinsgeltung angesetzt wird. Wenn nun auch die Scholastik in einer ihrer nachhaltigsten Konzeptionen, der *analogia entis* [›Seinsanalogie‹] einen heimlichen Chorismos einführt, so liegt es nahe, wegen des aufgewiesenen Zusammenhanges mit der Vorhandenheit-Interpretation die Bedeutung der Seinsanalogie eingehender zu erörtern.

Analogie läßt sich zunächst und vorläufig als Zwischenbegriff zu Äquivokation und Univokation kennzeichnen. Was aber kann mit Vieldeutigkeit oder Eindeutigkeit überhaupt näherhin gemeint sein? Zunächst kann es sich um ein rein denominatives Phänomen handeln, um die Benennungsfunktion eines Wortes; sodann um ein logisches oder prädikatives Phänomen: in welchem Sinne wird ein Begriff von diesem und jenem Subjekt ausgesagt?; drittens kann es noch darum gehen, wie die Realität selbst strukturiert ist, also um den ontologischen Sinn dieser Begriffsgruppe. Bei so enger Parallelisierung von prädikativer und ontologischer Ordnung wie in der Metaphysik des Aristoteles muß sich auch für das Problem von Eindeutigkeit und Vieldeutigkeit eine feste Verzeichnung ergeben. Die substanziale Wesensform ist die einzige ontische Einheit; als solche ermöglicht sie die Phänomeneinheiten der Arten und Gattungen und ist damit zugleich der Rechtsgrund für die eindeutige Prädikation der Art- und Gattungsbegriffe. Nur in den Aussagen also, die Seiendes in seinen Art- und Gattungszusammenhang einordnen, das heißt: in seiner Substanzialität erfassen, ist Eindeutigkeit möglich; damit ist die Eindeutigkeit auf den definitorischen Bezirk eingeengt. Die Wesensform als das einzig ontisch Allgemeine und ontologisch Eindeutige ist auch das alleinige Feld logischer Eindeutigkeit. Das | S. 40 | hat ontologisch entscheidende Folgen: Wenn es im außerdefinitorischen Bereich keine Eindeutigkeit gibt, dann ist nicht nur die außersubstanziale, wesenszufällige Wirklichkeit der Äquivokation überliefert und damit adäquater Erfaßbarkeit entzogen, sondern auch die – zu Substanzialität und Definierbarkeit – transzendentalen Begriffe des Seins, des Einen, Wahren und Guten sind nur noch von äquivoker Geltung. Mit der Beschränkung der Eindeutigkeit auf den substanzialen Bereich wird gerade eine Aussage über das Seiende als Seiendes im Grunde unmöglich; denn welche Möglichkeiten begrifflicher Erfassung verbleiben, wenn eine eindeutige Bestimmtheit unmöglich ist? Wenn daher Aristoteles den Gegenstand der Metaphysik als das ὄν ᾗ ὄν [ón hḗ ón; ›das Seiende als Seiendes‹] bestimmt hatte,[33] so läßt sich mit Recht sagen, daß es dabei *im Grunde bei einer bloßen Formulierung geblieben* ist.[34] Denn eine Seinsphilosophie muß doch ihrer Möglichkeiten letzthin beraubt sein, wenn ihr genauer ›Gegenstand‹ als substanztranszendent jeder eindeutigen Faßbarkeit entzogen ist. Erst der Ausschluß dieses heimlichen Chorismos und eine

33 Metaph. 1003 a 21 f. | S. 99 |

34 Tim. Barth, Zum Problem der Eindeutigkeit. Ein Beitrag zum Verständnis ihrer Entwicklung von Aristoteles über Porphyrius, Boethius, Thomas von Aquin nach Duns Skotus. In: Philosophisches Jahrbuch 55 (1942), 300ff.

Ausweitung der Univozität machen Ontologie im eigentlichen Sinne möglich. Das aristotelische τὸ ὄν πολλαχῶς λέγεται [tò ón pollachṓs légetai; ›das Seiende wird auf vielfache Weise ausgesagt‹][35] bedeutet für die Seinsinterpretation die Freigabe der verschiedenen, unter dem Inbegriff der ›Vorhandenheit‹ befaßten Weisen des Abgleitens.

Der Analogiebegriff ist nun der logische Kunstgriff, der unter den aristotelischen Voraussetzungen dennoch eine Seinsphilosophie möglich machen soll. Ob das überhaupt gelingen kann, hängt davon ab, wie ein Zwischen von Univokation und Äquivokation in seiner Geltung genau verstanden werden soll. Kommt die Analogielehre über ihren Ursprungsbezirk, den der Mathematik,[36] hinaus, das heißt: läßt sie sich von der Zeichenbeziehung auf die Sachaufweisfunktion der Begriffe übertragen? Ohne eine prinzipielle Antwort zu versuchen, läßt sich doch sagen, daß die mit großem Scharfsinn betriebene Ausbildung der Analogielehre in der Scholastik eine Verneinung der Frage nahelegt.[37] Die ursprüngliche mathematische Zugehörigkeit der Analogie als gesetzter konstanter Zeichenbeziehung bricht letzten Endes auch in der kompliziert ausgebildeten scholastischen Begrifflichkeit wieder durch und zeigt die Grenze des Analogieschemas an. Eine ontologische Möglichkeit kann hier nur bei Außerachtlassung der kritischen Frage nach der Sachbezogenheit der Aussage gesehen werden. Die Unsicherheit in der Handhabung und den vielfältigen terminologischen Differenzen ist denn auch unverkennbar; auch Thomas von Aquino scheint hier keinen festen Boden gefunden zu haben.[38] In seinem Sachaufweis verstanden, verfällt dieser künstliche Mittelbegriff immer wieder auf die Seite der bloßen Äquivokation. *Diese Begriffsverschiebung*

35 Metaph. 1026 a 32f.

36 Vgl. Bruno Snell, Die Entdeckung des Geistes, Studien zur Entstehung des europäischen Denkens bei den Griechen. Hamburg 1946, 194.

37 Vgl. Pacificus Borgmann, Analogia entis. In: Wissenschaft und Weisheit IV (1937), 270ff.

38 Borgmann, a. a. O., weist auf die Differenz, zwischen Quaest. disp. de veritate, die die *analogia proportionalitatis* [»Proportionalitätsanalogie«] annehmen, und der Summa theol., die die *analogia attributionis* [»Attributionsanalogie«] behauptet, hin.

hat für die Scholastik im Seinsproblem die verhängnisvollsten Folgen gehabt.[39]

Die Anfechtbarkeit des Kunstgriffes der Analogie läßt nur die eine legitime Möglichkeit, den Boden für eine übersubstanziale Seinsphilosophie zu gewinnen, ohne in bloße Äquivokation zu verfallen: die Ausweitung der Univokation über den definitorischen Bereich hinaus. Die Entwicklung des Problems seit Aristoteles zeigt denn auch den inneren Antrieb in dieser Richtung. Ihre einzelnen Phasen können hier nicht näher verfolgt werden;[40] bei Porphyrius werden die im Wesen gründenden Folgebestimmungen, die sogenannten *propria* in die Eindeutigkeit einbezogen, bei Boethius auch die kategoriale Vollbestimmtheit in den Akzidentien. Damit sind zwar in ihrer vorstoßenden Bedeutung nicht zu unterschätzende Schritte über den substanzialen Bezirk hinaus getan; aber diese Ausweitung bleibt doch begrenzt durch das herkömmliche Schema der fünf Prädikabilien, innerhalb deren allein noch Thomas von Aquino Univokation zuläßt.[41] | S. 41 |

Zu einer letzten Ausweitung der Univokation auch über diesen durch die Prädikabilien eingegrenzten Bereich hinaus und damit zur Begründung der echten Möglichkeit des Seinsbegriffes setzt erst Duns Skotus an. Es ist klar, daß nur eine weitgehende Lösung von den aristotelischen Voraussetzungen, vor allem die Sprengung des Kategorienschemas als Gesamtumfang der ›Aussagbarkeit‹, die Freiheit hierzu schaffen konnte. In den Quaestionen zum aristotelischen Kategorienbuch spricht Duns Skotus zuerst von einem *univocum intentionale* [›intentionales Univokes‹], das die Kategorien, also Substanz und Akzidentien, in eindeutigem Sinngehalt betrifft;[42] aber diese Univokation bleibt

---

39 Borgmann, a.a.O., 273.

40 Barth, a.a.O., 307ff.

41 Vgl. Thomas von Aquino, Summa c. Gent. I, 32 [nr. 286; ed. Leon. XIII, 97a]: *Omne quod de pluribus univoce praedicatur, vel est genus, vel est species, vel differentia, vel accidens, vel proprium* [»Alles, was von mehreren (Dingen) univok ausgesagt wird, ist entweder Gattung oder Art oder (artbildender) Unterschied oder Akzidens oder Wesenseigentümlichkeit«].

42 Quaest. in lib. Praedicamentorum q.3 n.2 [ed. Wadd. I, 127a; Op. philos. I, 268, Z. 8f.]: *Aliquod intentionale dicitur de istis decem* (scil. *praedicamentis*) *secundum idem nomen et eandem rationem* [»Etwas wird ein ›Intentionales‹ genannt von

in ihrem Sachaufweis ungeklärt, indem sie als logischer ›Zusatz‹ zu den kategorialen Aussagemöglichkeiten interpretiert wird.[43] Auch in den Quaestionen zur »Metaphysik« des Aristoteles ist die Fragestellung, ob ›Sein‹ univok von allem Seienden ausgesagt werden könne, noch nicht zur vollen Explizität gekommen.[44] Diese wird in den Quaestionen zu »De anima« erreicht;[45] wobei den Anstoß zur Ausarbeitung des Problems das Bemühen um Sicherung der diskursiven Gotteserkenntnis gibt. Der scholastische Gottesbeweis ist angewiesen auf die kritische Unanfechtbarkeit des schlußfolgernden Verfahrens. Das Ausgreifen über den Bereich der unmittelbar erfahrbaren Wirklichkeit mittels des Syllogismus ist nur dann tragfähig, wenn dessen das Folgerungsrecht begründende Mittelbegriffe in strengem Sinne eindeutig sind. Dieser Forderung der kritischen Sicherung des schlußfolgernden Gottesbeweises zu entsprechen, ist das Absehen des Duns Skotus mit der transzendentalen Ausweitung der Univokation. Über die logische diskursive Funktion des univoken Transzendentalbegriffes hinaus bleibt das ontologische Problem der Univozität unberührt; dennoch muß die Interpretation eine ontologische Weiterführung versuchen und dabei die impliziten Grundlagen der transzendentalen Univokation herauszustellen bestrebt sein.

Der diskursive Gottesbeweis erfordert zu seiner folgernden Funktion ein Minimum an eindeutiger Begriffsgeltung; ohne dieses Minimum ist die verbindende Leistung des syllogistischen Mittelbegriffes zweifelhaft. Das Kriterium dieser Eindeutigkeit ist die Anwendbarkeit des

---

diesen zehn (Prädikamenten) gemäß desselben Namens und desselben Begriffsgehalts«] (zit. nach Barth, a. a. O.[, 312, Anm. 74]).

43 A. a. O., q.2 n.4 [ed. Wadd. I, 126b; Op. philos. I, 262, Z. 11 f.]: *inquantum aliquid a ratione causatum eis tribuitur* [»insofern etwas, das von einer Wesensbestimmtheit verursacht ist, ihnen zugeteilt wird«].

44 Quaestiones in Metaphysicam IV q.1 [ed. Wadd. IV, 574-579; vgl. Op. philos. III, 295-320]. Die in dieser Quaestion auftretenden Widersprüche sind vor allem auf die kompilatorische Aufnahme der verschiedenen handschriftlichen Überlieferungen in den Druckausgaben zurückzuführen. Vgl. T. Barth, a. a. O.[, 314 f.], und ferner Ephrem Longpré, Stand der Skotus-Forschung 1933. In: Wissenschaft und Weisheit I (1934), 63 ff., 147 ff.

45 Die *mit großer Wahrscheinlichkeit* als echtes Werk des Duns Skotus gelten können (Longpré, a. a. O.[, 65]).

logischen Widerspruchsprinzips auf die Begriffsgeltung, was für den äquivoken Begriff nicht zutrifft.[46] Was ist nun jenes transzendentale ›Minimum‹ im Gottesbeweis, das diesem Kriterium genügt? Nur der einfachste und doch bestimmteste Begriff kann dieses Minimum abgeben: der Seinsbegriff.[47] Woher aber ist dieser gewonnen? Mit Aristoteles hält Duns Skotus für den ausgezeichneten ›Ort‹ distinkter Erkenntnis die Definition.[48] Deren letztes analytisches Element aber ist der Seinsbegriff.[49] Wie nun ist dieser Seinsbegriff zu charakterisieren? Indem er als letztes analytisches Element der Definition gefunden wird, muß er als fundierende Möglichkeit des in der Definition bestimmten Wesenssein verstanden werden. Die mit dem Seinsbegriff gemeinte Möglichkeit von Wesen überhaupt nun als *reines unbestimmtes Sosein*[50] begreifen zu wollen, muß fragwürdig erscheinen; das ›Sein‹ erhält dadurch den Charakter einer hyletischen unbestimmtesten Bestimmbarkeit, die im Hinzutritt formender Bestimmtheiten differenziert wird. Die Kennzeichnung des Seinsbegriffes als *conceptus simpliciter simplex* [›schlechthin einfacher Begriff‹][51] deutet schon darauf hin,

46 Op. Ox. I d.3 q.2 n.5 [ed. Wadd. V/1, 392; vgl. Ord. I d.3 q.1-2 n.26 ed. Vat. III, 18]: *Conceptum univocum dico, qui ita est unus, quod eius unitas sufficit ad contradictionem, affirmando et negando ipsum de eodem; sufficit etiam pro medio syllogistico, ut extrema unita in medio sic uno, sine fallacia aequivocationis, concludantur inter se in unum* [»Einen univoken Begriff nenne ich (den), der so ›einer‹ ist, daß dessen Einheit für einen Widerspruch genügt, wenn man ihn vom gleichen (Subjekt) (zugleich) bejaht oder verneint; (und) auch (diese Einheit) für den Mittel(begriff) im Schluß genügt, so daß (für) die in dem solchermaßen einheitlichen Mittelbegriff geeinten Außenbegriffe ohne den Fehlschluß der Äquivokation geschlossen werden kann, (daß) sie miteinander vereinigt (sind)«].

47 Op. Ox. I d.3 q.2 n.24 [ed. Wadd. V/1, 411]: *Ens non potest concipi nisi distincte, quia habet conceptum simpliciter simplicem* [»Ein Seiendes kann nur deutlich erfaßt werden, weil es einen schlechthin einfachen Begriff besitzt«].

48 A. a. O. [ed. Wadd. V/1, 411]: *Cognoscere distincte habetur per definitionem* [»Ein deutliches Erkennen besitzt man mittels einer Definition«].

49 A. a. O. [ed. Wadd. V/1, 411]: (sc. *ens*) *potest concipi distincte sine aliis et alii non sine eo distincte concepto; ergo ens est primus conceptus distincte conceptibilis* [»Das Seiende kann deutlich erkannt werden ohne andere (Bestimmungen), und andere (Bestimmungen) nicht ohne ein deutlich erkanntes (Seiendes); also ist ›Seiendes‹ der erste deutlich erfaßbare Begriff«].

50 Barth, a. a. O.[, 316].

51 Vgl. oben [in diesem Abschn.]Anm. 47.

daß ›Sein‹ nur als bestimmteste Bestimmtheit verstanden werden darf. Nur die radikale Bestimmtheit des Überhaupt-Seins und Nicht-Nichtseins kann im Seinsbegriff gemeint sein. *Der skotische Begriff des reinen Seins enthüllt nämlich, daß alle Dinge kraft der radikalen Wesenheit dem Nichts entrissen sind.*[52] Dieses Dem-Nichts-Entrissensein ist in der Tat die bestimmteste Bestimmtheit ebenso wie die einfachste, zugleich aber ›radikale Wesen- | S. 42 | heit‹ in dem Sinne, daß erst hierin Wesen überhaupt ermöglicht ist. Wenn demgegenüber der Seinsbegriff als unbestimmt und *absolut leer*[53] charakterisiert wird, so weist er sich als Produkt der Abstraktion aus, nicht als ›Begriff‹ im Sinne des im Seinsverständnis Begriffenen.

Duns Skotus interessiert sich für den univoken Seinsbegriff nur als Mittelbegriff für den schlußfolgernden Gottesbeweis. Da nun dieser Gottesbeweis, wie gezeigt wurde,[54] von Duns Skotus im *ordo essentialis* [›wesenheitliche Ordnung‹] entwickelt und erst von dem Endergebnis eines wesensnotwendigen Seienden her in die Realgeltung transponiert wird, bleibt die sachaufweisende ontologische Funktion des univoken Seinsbegriffes ohne Belang für das eigentliche Absehen des Duns Skotus. Es scheint aber Motive zu geben, die Duns Skotus geradezu veranlassen, die ontologische Bedeutsamkeit des univoken Seinsbegriffes auszuschließen und ihn auf seine logische Geltung für die diskursive Operation einzuschränken.[55] Welcher Art können diese Motive sein?

---

52 [Barth,] a.a.O., 316. Aus der ursprünglichen Richtung, die die Deutung des univoken Seinsbegriffes in der Arbeit von Barth einschlägt, glauben wir zu einem anderen Ergebnis kommen zu müssen, als zu dem *reinen unbestimmten Sosein*, das die Entrissenheit aus dem Nichts, die *radikale Wesenheit* gar nicht hergeben kann, sondern aus dem Abstraktionsschema gewonnen ist.

53 A.a.O., 309.

54 Vgl. oben, 33 [in dieser Edition: 77f.].

55 Quaest. de anima q.21 n.14 [zit. bei Barth 1938, 246, Anm. 56, nach ed. Vivès III, 619; vgl. ed. Wadd. II, 568a]: *Potest ab omnibus entibus abstrahi unus conceptus qui est unus logice loquendo, licet non naturaliter et metaphysice loquendo* [»Man kann von allen Seienden eine Vorstellung abstrahieren, die ein einziger (Begriff) ist, wenn man sie logisch meint, mag es auch nicht natürlich und metaphysisch gemeint sein«; vgl. aber Op. philos. V, 224, Z. 12-14: *potest ab omnibus istis entibus abstrahi unus communis conceptus significatus nomine entis, qui est univocus logice loquendo, licet non naturaliter vel metaphysice loquendo*].

Es liegt nahe, den Ausschluß des metaphysischen *fundamentum in re* des univoken Seinsbegriffes ebenfalls mit der Gotteslehre in Zusammenhang zu bringen. Denn gerade hier hat naturgemäß die Differenz *in conceptibus – in realitate*[56] ihre ganze Schärfe. Auch scheint unter den Voraussetzungen der aristotelischen Deckung von logischer und metaphysischer Ordnung die Folgerung sich anzubieten, daß – indem Begriffseinheit und ontische Einheit sich entsprechen – Welt und Gott, endliches und unendliches Seiendes, ein gemeinsames ›Sein‹ im Sinne eines universalen Grundes hätten; das könnte einer pantheistischen Konsequenz kaum noch entgehen, und eben dieser Deutung des *fundamentum in re* dürfte Duns Skotus ausgewichen sein. Dennoch hat er in der »Prima Lectura« den univoken Seinsbegriff unter ausdrücklicher Beifügung des *communis Deo et creaturae* [›für Gott und Geschöpf gemeinsam‹] als *conceptus realis* [›realer Begriff‹] bezeichnet.[57] Ebendort sagt er aber auch, daß Gott und die Schöpfung das *realiter* erstlich Verschiedene sind und in keinerlei Realität übereinkommen, weil keine *res* [kein ›Ding‹] im selben Sinne dem Endlichen und dem Unendlichen gemeinsam sein könne; wenn sie dennoch in einem Begriffe befaßt werden, nämlich dem des Seins, so nur *per intellectum imperfectum* [›mittels eines unvollkommenen Verstandes‹] und mit einem unvollkommenen Realgrund.[58] Wie ist dieser scheinbar wi-

---

56 Op. Ox. I d.8 q.3 n.11 [ed. Wadd. V/2, 725]: *Deus et creatura non sunt primo diversa in conceptibus; tamen sunt primo diversa in realitate, quia in nulla realitate conveniunt* [»Gott und Geschöpf sind nicht grundverschieden in ihren Vorstellungen, dennoch sind sie grundverschieden in der Wirklichkeit, weil sie in keiner Wirklichkeit zusammenkommen«].

57 Prima Lectura I d.3 q.17 [ed. Barth 1934, 251, Anm. 74].

58 A. a. O., I d.8 q.3 [ed. Barth 1938, 251, Anm. 74; vgl. Lect. I d.8 p.1 q.3 n.129 ed. Vat. XVII, 46 f.]: *Deus et creatura realiter sunt primo diversa, in nulla realitate convenientia, quia nulla res unius rationis convenit enti finito et infinito. Nulla infinita entitas est capax alicuius perfectionis istarum quarum entitas finita est capax. Tamen conveniunt in uno conceptu, ita quod potest esse unus conceptus formalis per intellectum imperfectum, communis Deo et creaturae, et conceptus ille communis potest causari a re imperfecta* [»Gott und Geschöpf sind ihrer Wirklichkeit nach grundverschieden, in keiner Wirklichkeit (gibt es) eine Übereinkunft, weil kein Ding einer einzigen Bestimmtheit mit dem Endlichen und dem Unendlichen übereinkommt. Keine unendliche Seiendheit ist der Vollendung fähig, der eine endliche Seiendheit fähig ist. Dennoch kommen sie in einem Begriff

derspruchsvolle Zusammenhang zur Klärung zu bringen? In dem *conceptus ille communis potest causari a re imperfecta* [»jener gemeinsame Begriff kann von einem unvollkommenen Ding verursacht werden«] muß diese ›*res imperfecta*‹ [›unvollkommenes Ding‹] sehr genau verstanden werden; das sachbestimmte Moment des univoken Seinsbegriffes ist darin charakterisiert. Das metaphysische Fundament des univoken Seinsbegriffes ist eben nicht eine *res perfecta* [›vollkommenes Ding‹], das kann nur im aristotelischen Sinne heißen: ist nicht substanzial, ist überhaupt nicht kategorial, sondern diesem Bereich in fundamentaler Sichtung transzendent. Hier wird es möglich, an die zuvor gegebene Interpretation der ›radikalen Wesenheit‹ anzuknüpfen, die selbst ›noch nicht‹ Wesenheit und reale Substanz ist, aber diese doch fundiert als das radikal dem Nichts entrissene Überhaupt-Sein des Seienden. Die *res imperfecta*, das fundamentale Noch-nicht der als Substanz und in kategorialer Auslegbarkeit verstandenen *res*, ist der in einem ungenauen Wortsinn ›reale‹, aber in ausgezeichnetem Sinne metaphysische Rechtsgrund der Univozität des Seinsbegriffes. Damit wird auch deutlich, was mit dem *in nulla realitate convenire* [›in keiner Realität übereinkommen‹][59] gemeint ist; *realitas* ist hier in ihrem engeren und genauen Sinne als substanziale Wesenheit genommen. In der Tat kann es für das christliche Denken keine Gott und Welt umfassende Univozität hinsichtlich der wesenhaft-inhaltlichen Bestimmtheit des Seinsmodus geben. Gerade der Soseinsbegriff kann kein eindeutiges metaphysisches Fundament haben: *nulla res unius rationis* | S. 43 | *convenit enti finito et infinito* [»Kein Wirkliches derselben Bestimmtheit kommt dem endlichen und dem unendlichen Seienden zu«].[60]

Duns Skotus charakterisiert den Seinsbegriff als *transcendens et extra omne genus* [›übersteigend und außerhalb jeder Gattung‹][61] und als *nec … genus naturale … metaphysicum* [›keine naturhafte metaphysi-

überein, (und zwar) in der Weise, in der von einem unvollkommenen Intellekt ein formaler Begriff gebildet werden kann, der Gott und dem Geschöpf gemeinsam ist, und dieser gemeinsame Begriff kann von einem unvollkommenen Ding verursacht werden«]. | S. 100 |

59 Vgl. oben Anm. 56.

60 Vgl. oben Anm. 58.

61 Op. Ox. I d.8 q.3 n.18 [ed. Wadd. V/2, 729].

sche Gattung‹],[62] das heißt: Er hebt ihn aus dem kategorialen Bereich heraus. Auf die Frage, was der Seinsbegriff dann noch eindeutig meinen könne, ist die Antwort des ›reinen unbestimmten Soseins‹ gegeben worden; *auf diese Weise kann sich die* univocatio entis *gerade noch vor dem Verdikt retten, reine Chimäre zu sein. Es haftet ihr so eben noch ein letzter Rest von Realität an.*[63] ›Letzter Rest‹ – wenn man den kategorial bestimmbaren Gegenstandsbereich als den Inbegriff von ›Realität‹ betrachtet und damit in der ontologischen Position des Aristoteles befangen bleibt. ›Letzter Rest‹ – sofern der Seinsbegriff als entleertestes Produkt der Abstraktion genommen wird. Indem die Errungenschaft des univoken Seinsbegriffes auf diesen ›letzten Rest‹ des ›reinen unbestimmten Soseins‹ hin interpretiert wird, verliert sie sogleich wieder ihre Bedeutung als ontologischer Ansatz über den Aristotelismus hinaus. Wenn im Zuge dieser Interpretation andererseits zugegeben wird, daß die Univozität *mehr als eine bloße begriffliche Einheit*[64] ist, dann kommt es entscheidend darauf an, worin dieses ›mehr als‹ besteht. Das wird aber nur dann überhaupt in den Blick kommen, wenn das Prädikabilienschema als Festlegung des Bereiches eindeutiger Aussagbarkeit endgültig abgestreift ist. In der Weiterbildung der mittelalterlichen Scholastik bis in die Neuscholastik hat der Begriff des *fundamentum imperfectum* [›unvollkommene Grundlage‹] eine bedeutende Rolle gespielt,[65] aber ohne daß dabei geklärt oder nur erfragt worden wäre, aus welchem normgebenden Hinblick denn dieses *imperfectum* gerechtfertigt wird. Es ist letztlich die Vorherrschaft der Vorhandenheit-Interpretation, aus deren Verständnisweise es entstammt, der Vorrang der Gegenständlichkeit im Seinsbegriff.

---

62 Quaest. de anima q.21 n.12 [ed. Wadd. II, 567b].
63 Barth, a. a. O., 318.
64 A. a. O., 319.
65 A. a. O.

(d) Erkenntnisschema und Seinsauslegung

Analogie und Univokation sind, wie sich gezeigt hat, keineswegs ontologisch gleichrangige und auf ein und derselben Problemebene liegende Begriffe. In der Lehre von der Univozität des Seinsbegriffes liegt ein entscheidender Ansatz zur Überwindung der aristotelischen Kategorialontologie, wie sie im Begriff des *fundamentum imperfectum* ihr Reservat behält. Darin freilich, wie der univoke Seinsbegriff näherhin zu charakterisieren sei, kam – wie angemerkt wurde – ein Hauptmoment des antiken Erbes in verengender Weise zur Geltung: die aristotelische Konzeption des Erkenntnisvorganges.

Schon in dieser Formulierung der Erkenntnis als ›Vorgang‹ ist etwas von der Eigenart der aristotelischen Erkenntnislehre ausgesagt. Diese sieht im Erkennen so etwas wie einen Übersetzungsprozeß, der in der Umwandlung des sinnesabbildlichen *phantasma* [›sinnliches Vorstellungsbild‹] in eine stoffenthobene Repräsentation, die *intentio* [›Bedeutungsinhalt‹] oder *species* [›Erkenntnisbild‹], besteht. Der Zusammenhang mit dem Dualismus von Materie und Form ist offenbar der eigentliche Erkenntnisinhalt, das in der *species* Repräsentierte ist die der Materie enthobene Form. Die Erfahrung des ›unerkannten Restes‹ in aller Erkenntnis, in dem sich eine unaufhebbare Widerständigkeit gegen die volle Erfassung der Wirklichkeit anzeigt, hat in der aus dem Mythos und der naturphilosophischen Spekulation angebotenen Urmaterie ihren ontischen Erklärungsgrund gefunden. Gerade dieser Entsprechungszusammenhang zwischen dem Hylomorphismus und der Erfahrung des ›Irrationalen‹ in aller Wirklichkeit hat die Lebenszähigkeit des Stoff-Form-Schemas mitgetragen, hat selbst seine erratische Fremdheit in der christlichen Metaphysik überdeckt. Erst mit dem In-Sicht-Kommen der Möglichkeit eines unendlichen Erkenntnisprogresses wird der Begriff eines ontisch fundierten Irrationalen wankend. Weil dem Mittelalter das Erlebnis eines stürmischen Erkenntnisfortschrittes, wie es die Neuzeit haben | S. 44 | sollte, fremd geblieben ist und in einem festen Weltbild die Grenzen des Erkennens als metaphysisch gesetzt erscheinen konnten, blieb der Hylomorphismus als Konzeption eines fest und unverrückbar eingegrenzten intelligiblen Bereiches innerhalb der Gesamtwirklichkeit unangefochten. Das Seiende war also keineswegs als solches und integral erkennbar, sondern nur in seiner intelligiblen Komponente, deren Verquickung mit dem Stoff zunächst zu lösen war. Diese Lösung und Heraushebung ist die Leistung des von uns als ›Übersetzung‹ gekennzeichneten Überganges von der sinnlichen in die noetische Repräsentation des Gegenstandes, die als Funktion des *intellectus agens* [›tätiger Intellekt‹] verstanden wird.

Die Angewiesenheit des noetischen auf das phantasmatische Stadium des Erkenntnisvorganges ist für die aristotelistisch-thomistische Auffassung eine absolute;[66] sie bezieht auch die rein innerpsychischen Erkenntnisprozesse ein.[67] Das bedeutet, daß das Erkennen seiner ganzen Struktur nach und in seiner Möglichkeit überhaupt an die im kosmologisch-hylomorphischen Schema verstandene Gegenständlichkeit in ihrer eidetischen Repräsentation gebunden ist. Die Abbildlichkeit des der Anschauung gegebenen Vorhandenen bestimmt den Begriff des Erkennens; dieser ›Grundriß‹ gilt nicht weniger für die außerkosmische Wirklichkeit,[68] deren spezifische Bedeutsamkeit in der

---

66 Thomas von Aquino, Summa theol. I q.84 a.7 c. [ed. Leon. V, 325a]: *Impossibile est intellectum nostrum secundum praesentis vitae statum, quo passibili corpori coniungitur, aliquid intelligere in actu nisi convertendo se ad phantasmata* [»Es ist unmöglich, daß unser Intellekt gemäß dem Umstand des gegenwärtigen Lebens, in dem er mit einem leidensfähigen Körper verbunden ist, irgend etwas aktuell einsieht außer dadurch, daß er sich zum sinnlichen Vorstellungsbild hinwendet«].

67 Thomas von Aquino, III. Sent. d.23 q.1 a.2 ad 5 [ed. Vivès IX, 346; ed. Mandonnet III, 704]: *Tota cognitio qua cognoscit intellectus ea quae sunt in anima, fundatur super hoc quod cognoscit obiectum suum quod habet phantasma sibi correspondens. Non enim oportet quod solum in phantasmatibus cognitio stet, sed quod ex phantasmatibus sua cognitio oriatur, et quod imaginationen in aliquibus relinquat* [»Die ganze Erkenntnis, durch die der Intellekt die Dinge erkennt, die in der Seele sind, gründet sich darauf, daß (der Intellekt) sein Objekt erkennt, das ein (dem Objekt) entsprechendes sinnliches Vorstellungsbild besitzt. Es ist nämlich nicht notwendig, daß die Erkenntnis allein in sinnlichen Erkenntnisbildern besteht, sondern daß aus den sinnlichen Vorstellungsbildern eine eigene Erkenntnis entsteht und daß (die Erkenntnis) eine sinnliche Vorstellung irgendwo anders zurückläßt«].

68 Summa theol. I q.84 a.7 ad 3 [ed. Leon. V, 326a]: *Incorporea, quorum non sunt phantasmata, cognoscuntur a nobis per comparationem ad corpora sensibilia, quorum sunt phantasmata* [»Die unkörperlichen Dinge, von denen es keine sinn-

christlichen Wirklichkeitssicht in diesem Erkenntnisschema nicht zur Geltung kommt. Notwendig muß diese Konzeption der Erkenntnis im Seinsbegriff ihren Niederschlag finden: das Seiende wird als mögliche sinnliche Gegebenheit interpretiert, als Vorhandenes oder aus Vorhandenem Erschließbares; der Seinsbegriff ist der Inbegriff der aus dem Phantasmatischen heraushebbaren noetischen Gegenständlichkeit und somit die allgemeinste und äußerste Leistung der Abstraktion. Die Übernahme der Lehre von dem zum Erkennen ansetzenden Intellekt als reiner Potentialität, als *tabula rasa*, bei Thomas von Aquino ist die Konsequenz dieses Ansatzes. Das Erkennen als ›Vermögen‹ ist genauso unbestimmteste Bestimmbarkeit wie das hyletische Substrat des kosmischen Geschehens; Erkennen ist letztlich eine kosmologisch verstehbare Funktion. Die *tabula rasa*-Lehre gibt die Vorhandenheit-Interpretation ›theoretisch‹ ausdrücklich frei.[69]

Doch wird sich auch hier zeigen lassen, daß die eigenen Strukturmomente der christlichen Wirklichkeitserfahrung sich gegen die Last des antiken Erbes durchzusetzen suchen. Die unaufhebbare christliche Bindung an den Gottesgedanken hält das Seinsverständnis in einer gewissen Schwebe. Zwar ist Gott für Thomas von Aquino nicht in der Weise der augustinischen Illumination im Erkenntnisakt gegenwärtig; aber auch für ihn ist Erkenntnis ontisch an Gott gebunden. Das *lumen naturale* [›natürliche Licht‹] des tätigen Verstandes, kraft dessen ihm die Leistung der Heraushebung der noetischen Seinsmomente aus der hylomorphischen Wirklichkeit möglich ist, muß als teilnahmshafte Ähnlichkeit mit dem ungeschaffenen göttlichen Licht als dem Quellgrund der Wesensformen verstanden werden;[70] aber diese *participata similitudo* [›teilhaftige Ähnlichkeit‹] wird doch sogleich durch

---

lichen Vorstellungsbilder gibt, werden von uns erkannt mittels eines Vergleichens mit sinnlich erfaßbaren Körpern, von denen es sinnliche Vorstellungsbilder gibt«].

69 Summa theol. I q.79 a.2 c. [ed. Leon. V, 259f.].

70 A. a. O. I q.84 [a.5 c.] [ed. Leon. V, 322b]: *Ipsum enim lumen intellectuale, quod est in nobis, nihil est aliud, quam quaedam participata similitudo luminis increati, in quo continentur rationes aeternae* [»Denn eben das intellektuale Licht, das in uns ist, ist nichts anderes als eine gewisse teilhafte Ähnlichkeit am unerschaffenen Licht, in dem die ewigen Wesensgründe enthalten sind«].

das aristotelische Kausalschema aufgefangen[71] und kommt nicht zur Dichte der Auslegung einer erfahrenen Betroffenheit, wie sie die augustinische Illumination hat. Der im Gedanken der Partizipation liegende Ansatz, die Möglichkeit des Erkennens in einer Vorerschlossenheit des Seienden nach seinem Sein fundiert zu sehen, setzt sich keineswegs bestimmend durch. Der Satz *omnis nostra cognitio a sensu incipit* [»All unsere Erkenntnis nimmt ihren Anfang im (Körper-)Sinn«][72] wird auch dort festgehalten, wo eine Präexistenz von *semina scientiarum* [›Keimgründen des Wissens‹] oder *primae conceptiones* [›Erstbegriffen‹] gelehrt wird, die aber eben nur *per species a sensibilibus abstractas* [»mittels Erkenntnisbildern, die von sinnfälligen Dingen entnommen worden sind«] aktuiert werden.[73] Das Abstraktionsschema setzt sich übermächtig gegen die in der | S. 45 | Lehre vom *lumen naturale* liegenden Ansätze durch; es bleibt kaum eine gewisse ›Auflockerung‹ der Vorhandenheit-Interpretation.

Schon bei Besprechung der Deutung des skotischen univoken Seinsbegriffes als ›reines unbestimmtes Sosein‹ war angemerkt worden, daß diese Auslegung den Seinsbegriff als Abstraktionsprodukt nimmt. Es besteht ein innerer Zusammenhang zwischen der Deutung der Erkenntnis nach dem Abstraktionsschema und der Einschränkung des Seinsbegriffes auf kategoriale Gegenständlichkeit, sofern also Duns Skotus den univoken Seinsbegriff als Leistung der Abstraktion auffaßt – und dafür lassen sich gute Belege beibringen –, ergeben sich die schon erörterten Schwierigkeiten, ihn als ontologisch bedeutsam zu verstehen. Nun hat freilich das Erkenntnisschema des Aristotelismus bei Duns Skotus eine

71 Vgl. zum *similitudo*-Begriff oben, 38 [in dieser Edition: 87f.].

72 Summa c. Gent. II, 37 [nr. 1130; ed. Leon. XIII, 353a].

73 Quaest, disp. de verit. q.11 a.1 c. [ed. Leon. XXII/2,1, 350, Z. 264-272]: *Praeexistunt in nobis quaedam scientiarum semina, scilicet primae conceptiones intellectus, quae statim lumine intellectus agentis cognoscuntur per species a sensibilibus abstractas, sive sint complexa ut dignitates, sive incomplexa, sicut ratio entis et unius et huiusmodi, quae statim intellectus apprehendit* [»Es präexistieren in uns bestimmte Keime der Wissenschaften, nämlich ursprüngliche Inhalte des Verstandes, die sofort im Licht des tätigen Verstandes erkannt werden mittels der von den sinnfälligen Dingen abstrahierten Formen, mögen es Urteile sein wie Axiome bzw. selbstevidente Grundsätze oder auch Begriffe wie ›Seiendes‹, ›Eines‹ und dergleichen, die der Verstand sofort erfaßt«].

geradezu zersetzende Kritik erfahren; es fragt sich, welche Möglichkeiten zu einem genaueren und seiner philosophischen Gesamtkonzeption angemessenen Verständnis des univoken Seinsbegriffes sich aus dieser Tatsache ergeben.

Aristoteles verstand die Beziehung Gegenstand-Erkennen als die ursächliche Bestimmung des rein rezeptiven Erkenntnisvermögens durch die sinnenvermittelte und abstraktiv übersetzte Einwirkung des Gegenstandes. Das Erkennen reproduzierte den Gegenstand seinem formalen Gehalt nach in der näherhin ungeklärten und wohl auch unklärbaren Weise der abbildlichen Adäquation. Mit dieser reinen Rezeptivität des Erkennens und mit dem Ursache-Wirkung-Schema überkommener Gestalt bricht Duns Skotus.[74] Das Subjekt hat eine inhaltliche Spontaneität *sui generis*; von der Gegenstandssphäre zum Erkennen gibt es keinen ›Übergang‹, keine ›Übersetzung‹. Aber die durchaus eigengearteten Bewußtseinsinhalte stehen in einer festen Zuordnung zur sinnlichen Wirklichkeitserfahrung. Diese Zuordnung, diese funktionale Abhängigkeit macht die Objektivität und damit den Erkenntnischarakter der Bewußtseinsinhalte aus. Wenn diese Inhalte ihre eigene, unableitbare Artung besitzen, dann kommt eine abbildliche Adäquation als Kriterium der Objektivität der Erkenntnis nicht mehr in Betracht; ›Ähnlichkeit‹ ist ein Verhältnis von Seinsbestimmungen an vorhandenen Seienden; sie kann nicht den Sinngehalt des erkenntnishaften Charakters der Bewußtseinsinhalte ausmachen, die nur den Gegenstand in der in sich verschlossenen und durchaus eigenstrukturierten Sphäre des Bewußtseins ›vertreten‹.[75] *Esse reale* [›reales Sein‹] und *esse intentionale* [›intentionales Sein‹] stehen zwar

74 Vgl. Reinhold Messner, Schauendes und begriffliches Erkennen nach Duns Skotus. Freiburg 1942.

75 Op. Ox. II d.3 q.9 n.13 [ed. Wadd. VI/1, 456]: *Similitudo naturalis in essendo non est per se ratio repraesentandi unius respectu alterius, quia hoc album quantumcumque simile sit alteri albo, non est ratio repraesentandi illud. Species autem, quae multo minus est in entitate naturali similis huic, est repraesentativa* [»Eine natürliche Ähnlichkeit im Sein ist nicht durch sich Grundlage der Vergegenwärtigung des einen hinsichtlich des anderen, weil dieses Weiße, wie immer es auch ähnlich sein mag zu einem anderen Weißen, nicht Grundlage dafür ist, jenes zu vergegenwärtigen. Aber ein Erkenntnisbild, das viel weniger in seiner natürlichen Seiendheit diesem ähnlich ist, ist vergegenwärtigend«].

in einer eindeutigen funktionalen Zuordnung; aber jenes ist nicht in dieses in der Weise des durch *phantasma* und *species* vermittelten Überganges zu übersetzen.[76] Damit ist erstmalig gegenüber Aristoteles der absolute Eigencharakter des Bewußtseins zur Geltung gebracht;[77] dessen Strukturen werden zwar nicht ausdrücklich zum Problem erhoben, aber eine derartige Untersuchung ist ihrem Recht nach zumindest freigegeben, nachdem die kosmologische Interpretation des Erkennens ausgeschlagen ist. Die *similitudo* [›Ähnlichkeit‹] ist nicht mehr der entscheidende Charakter des erkennenden Wirklichkeitsbezuges, sondern erweist sich als indifferent für das Erkenntnisproblem.[78] Das Erkenntnis›vermögen‹ kann nun aber auch nicht mehr als Potentialität im Sinne kausaler Bestimmbarkeit verstanden werden. Hier liegt ein für unsere Problemstellung entscheidendes Moment vor. Als Potenz war das Erkennen interpretiert auf die Rezeptivität der Formmomente hin, die ihrerseits als kategorial strukturierte Gestaltprinzipien der Gegenstände aufgefaßt waren; das mußte folgerichtig die Einschränkung des Erkennens auf die kategoriale Darstellung der Gegenstandssphäre bedeuten. Als äußerste Leistung war die Abstraktion auf die Gegenständlichkeit überhaupt, das ›reine unbestimmte Sosein‹, zu nehmen. | S. 46 |

Mit dieser grundsätzlichen Wendung ist dem aristotelischen Erkenntnisschema der Boden entzogen. Aristoteles benötigte vermittelnde Zwischenstufen des Erkenntnis›vorganges‹, weil für ihn das Seiende als solches nicht rein intelligibel war; zwischen Gegenstand und Erkennen war eine ontische Distanz zu überwinden. Das *phantasma* hält den Gegenstand gleichsam dem *intellectus agens* [›tätigen Intellekt‹] vor, und zwar immer noch in der den Gegenstand konstituierenden

76 Op. Ox. I d.3 q.4 n.17 [ed. Wadd. V/1, 488]: *Obiectum, inquantum habet esse in intellectu, non habet esse reale, sed intentionale* [»Ein Objekt, sofern es ein Sein im Intellekt hat, besitzt kein reales Sein, sondern ein intentionales«].

77 A. a. O., IV d.49 q.11 n.4 [ed. Wadd. X, 545]: *Per cognitionem obiectum est proportionatum naturae cognoscentis* [»Mittels der Erkenntnis ist das Objekt der Natur des Erkennenden angepasst«].

78 A. a. O., II d.9 q.2 n.36 [ed. Wadd. VI/2, 644]: *Proportionalitas non semper includit similitudinem, sed multoties dissimilitudinem magis* [»Angepaßtheit schließt nicht immer Ähnlichkeit ein, sondern oft mehr eine Unähnlichkeit«].

Verschränkung intelligibler und nichtintelligibler Komponenten, insofern die Gegenstandsform im Sinnesorgan genauso hyletisch gebunden ist wie in der Realität. Duns Skotus kritisiert die Auffassung, als sei die Sinnesvermittlung als Minderung der ›Distanz‹ zwischen Gegenstand und Erkennen zu verstehen, in einer Quaestio über die Erkenntnisfähigkeit der vom Leibe abgeschiedenen Seele.[79] Das phantasmatische ›Bild‹ ist dem Erkennen um nichts ›n ä h e r‹ als der Gegenstand selbst; so kann ihn die abgeschiedene Seele ohne phantasmatische Vermittlung erkennen. Das sinnliche *phantasma* ist also nur die in der leibseelischen Konstitution des Menschen begründete Weise, in der sich der Gegenstand dem Erkennen anbietet; die Sinnlichkeit gehört damit nicht mehr in das eigentliche Erkenntnisproblem hinein. Ontologisch bedeutet das die Aufhebung der im Übersetzungsschema gelegenen Verwischung des Problems der Seinsintelligibilität; der Gegenstand wird nicht erst durch die Sinne in einen ontischen Modus der noetischen Darstellungsfähigkeit übersetzt, sondern er hat diesen Modus in seinem Sein.[80] Es mag g n o s e o l o g i s c h unbedeutsam sein, von der Vorstellung eines sinnlichkeitsentbundenen Erkennens auszugehen; für das derartigen Fragestellungen zugrundeliegende Seinsverständnis ist eine solche typisch scholastische Erörterung ein wichtiges Kriterium. Wie denn überhaupt eine fruchtbare Erarbeitung der scholastischen Ontologie nicht von den ausdrücklich seinsphilosophischen Traktaten ausgehen darf, sondern auf das der ganzen Breite der Problemstellungen und Lehrentfaltung zugrundeliegende i m p l i z i t e Seinsverständnis gerichtet sein muß.

Die aristotelistische Lehre von der durch den *intellectus agens* aus dem

---

79 A. a. O., IV d.45 q.2 [ed. Wadd. X, 167-183]: Die Einschlägigkeit dieser Quaestio *Utrum anima separata possit acquirere cognitionem alicuius ignoti* [»Ob die (vom Leib) abgetrennte Seele die Erkenntnis von etwas Unbekanntem erlangen könne«] für unser Problem ist bezeichnend für die theologische ›Auslösung‹ ontologischer und gnoseologischer Fragestellungen in der Scholastik.

80 A. a. O., IV d.45 q.2 n.12 [vgl. aber ed. Wadd. X, 182]: *Nihil est in phantasmate propter quod sufficiat ad causandum speciem intelligibilem, quin eminentius sit in re, cuius est phantasma* [»Nichts ist im sinnlichen Vorstellungsbild, dessentwegen es zur Verursachung einer vernunftbestimmten Form genügt, weil sie in einem überragenderen Maße in der Wirklichkeit ist, von der das sinnliche Vorstellungsbild stammt«].

Sinnlich-Konkreten herauslösbaren allgemeinen Wesensform gipfelte in der Annahme, daß dieser tätige Verstand die in seiner sondernden Funktion gewonnene Form dem eigentlichen Erkenntnis›vermögen‹, dem *intellectus possibilis* [›passiven Intellekt‹], aufpräge und so aktuale Erkenntnis bewirke. Die aus dem *phantasma* herausgehobene Form wäre demnach die letzte Stufe der Vermittlung vom Gegenstand zum aktualen Erkenntnisbild; mit dieser Stufe des Übersetzungsschemas befaßt sich die scholastische Lehre von der *species*. Die von Duns Skotus vollzogene Wendung in der Erkenntnislehre entzieht der Funktion des *intellectus agens* den Boden. Das Seiende zerfällt nicht mehr in eine intelligible und eine nichtintelligible Komponente, deren Sondierung dem *intellectus agens* zufiele; auch die erste Materie ist noetisch darstellungsfähig, das heißt aber: das Seiende als Seiendes wird möglicher Erkenntnisgegenstand. Zugleich fällt die Vorstellung, daß im Erkennen der Gegenstand gleichsam in irgendeiner Weise in die Bewußtseinssphäre ›einginge‹; damit verliert das Erkennen seinen Charakter als ›Vorgang‹. Was ist mit alldem nun ontologisch gewonnen? Das Erkennen erweist sich dem Seienden in einem weiteren Maße als bis dahin gewachsen, das Seiende dem Erkennen ›näher‹ und angemessener; die Problematik einer Distanz von Sein und Erkennen, deren Überwindung durch das subtile Vermittlungsschema mehr als anfechtbar ist, aber deren ontologische Interpretation hinsichtlich dessen, worin sie eigentlich besteht, noch schwieriger wäre, entfällt. Freilich darf nicht der Eindruck entstehen, als sei die hier in ihren Konsequenzen angedeutete ›Destruktion‹ des aristotelistischen Erkenntnisbegriffes bei Duns Skotus derart bestimmend zur Durchführung gekommen; dazu war die Kraft der mittelalterlichen Bindungen zu groß. | S. 47 |
Für Thomas von Aquino war das dem Erkennen angemessene Objekt die stoffgebundene Wesensform oder Dingnatur,[81] die in der Leistung der Abstraktion rein herausgehoben und dem Erkenntnis›vermögen‹ abbildlich eingeprägt wurde. Duns Skotus hält es für unmöglich,

81 Summa theol. I q.84 a.7 c. [ed. Leon. V, 325b]: *Intellectus humani, qui est coniunctus corpori, proprium obiectum est quidditas sive natura in materia existens* [»Eigentümlicher Gegenstand des menschlichen Intellekts, der einem Körper verbunden ist, ist eine Wesenheit bzw. eine Natur, die in Materie existiert«].

daß das Erkennen absolut auf die abstraktive Vermittlung angewiesen sein könne und daß der Sinnlichkeit allein eine unmittelbare und nächste Seinsgegebenheit zugesprochen werden müsse; das höhere Vermögen, so argumentiert er typisch mittelalterlich, hätte dann einen Mangel an Positivität gegenüber dem niederen aufzuweisen, und das ist ein Widerspruch. Derart kommt Duns Skotus dazu, dem abstraktiven Erkennen *sub ratione quidditativa absoluta* [›auf einer absoluten quidditativen Grundlage‹] ein intuitives *sub ratione existentis* [Erkennen ›auf Grundlage eines Existierenden‹] als Wesensbestimmung des Intellekts zuzugesellen.[82] Es ist der christliche Wirklichkeitsbegriff, von dem her Duns Skotus zur Anerkennung der intuitiven Kraft des menschlichen Geistes gelangt; denn wenn der Mensch seiner innersten Bestimmung im christlichen Weltbild nach auf die ewige unmittelbare Anschauung Gottes gerichtet ist und dabei doch leibseelisches Wesen bleibt, dann kann die Bindung des Erkennens an die Sinnlichkeit nicht eine absolute und wesenhaft notwendige sein, und die Möglichkeit der unmittelbaren Erschließung muß zu dem Wesen des Intellekts gehören.[83] Soll der Erkenntnisbegriff wirklich ursprünglich aus dem christlichen Erfahrungshorizont heraus entwickelt werden, dann kann die *quidditas rei materialis* [›Wesenheit des materiellen Dinges‹] nicht das *obiectum primum et proprium* [der ›erste und eigentliche Gegenstand‹] des Intellekts sein, wie für den Aristotelismus. Freilich muß der futurische Zug im christlichen Bewußtsein hier beachtet werden: Die volle Entfaltung des menschlichen Erkennens ist *pro statu isto* [›für diesen (nach dem Sündenfall gegebenen) Zustand hier‹][84] gehalten, und mit der vollen Gotteserkenntnis ist auch die reine unmittelbare Seinserschlossenheit im eschatologischen Sinne vorbehalten: *Ipsum ens … erit primum obiectum intellectus nostri* [»Das Seiende selbst … wird der Erstgegenstand unseres Intellekts sein«].[85] Die Ganzheit der christlichen Wirklichkeitserfahrung ist nur eine eschatologische Möglichkeit; deshalb darf nicht übersehen werden, wie beherrschend

82 Quodlib. q.9 [ed. Wadd. XII, 226-234]; vgl. R. Messner, a. a. O., 78.
83 Prima Lect. I d.3 q.12 [ed. Barth 1947, 97, Anm. 36].
84 Vgl. u. a. Op. Ox. II d.3 q.9 n.9 [ed. Wadd. VI/1, 455].
85 Prima Lect. I, 3, 12 [ed. Barth 1947, 97, Anm. 38].

diese Möglichkeit in das christlich-mittelalterliche Seinsverständnis hineinspielt. Das zeigt exemplarisch der skotische Ansatz des Intuitionsproblems. Nicht weniger aber auch der Begriff des *obiectum voluntarium* [›willensbestimmter Gegenstand‹]; die Erkenntnis ist der Wirklichkeitserschließung nicht absolut mächtig; es gibt Wirklichkeit, die nur sich selbst erschließen kann, vorzüglich Gott.[86]

Hier kommt es nicht so sehr auf die erkenntnistheoretische Klärung des skotischen Intuitionsbegriffes an, als auf die sich darin kundgebende Modifizierung des Seinsverständnisses. Mit der unmittelbaren intuitiven Gewißheit der eigenen Bewußtseinsakte, die Duns Skotus der Gewißheit der *principia per se nota* [›durch sich selbst bekannte Prinzipien‹] ausdrücklich vergleicht, ist Unmittelbarkeit und Evidenz der Seinserschlossenheit in einer ausgezeichneten Weise erfahren; die aristotelistische Problematik der ›Distanz‹ von Sein und Erkennen wird zurückgedrängt durch die Einsicht in eine mögliche ›Nahstellung‹ von Sein und Bewußtsein.[87] Damit ist ein exemplarischer Modus von Seins-

---

86 A. a. O. [ed. Barth 1947, 98, Anm. 49]: *Deus enim est obiectum voluntarium, ideo quod ostendat se, non est a parte intellectus, sed ex parte obiecti, unde voluntarium est* [»Gott ist nämlich ein willensbestimmtes Objekt, daher (kommt der Umstand,) daß er sich offenbart, nicht seitens des Intellekts, sondern seitens des Objekts; daher ist es willensbestimmt«]; vgl. hierzu Tim. Barth, Erbsünde und Gotteser- | S. 101 | kenntnis. In: Philosophisches Jahrbuch 57 (1947), 70ff.

87 Op. Ox. I d.3 q.4 a.10 [ed. Wadd. V/1, 484]: *De actibus nostris dico, quod est certitudo de multis eorum, sicut de principiis per se notis … sicut est certitudo de vigilare, sicut de per se noto; ita etiam de multis aliis actibus, qui sunt in potestate nostra, ut de me intelligere, de me audire et sic de aliis, qui sunt actus perfecti. Licet enim non sit certitudo, quod videam album extra positum vel in tali subiecto vel in tali distantia, quia potest fieri illusio in medio vel in organo et multis aliis viis, tamen certitudo est, quod video, etiam si illusio fiat in organo* [»Von unseren Akten sage ich, daß es eine Sicherheit über viele von ihnen gibt wie über durch sich bekannte Prinzipien (…) so gibt es eine Sicherheit über das Wachsein wie über ein durch sich selbst Bekanntes, so auch über viele andere Akte, die in unserer Macht stehen, etwa darüber, daß ich mich verstehe, daß ich mich höre, und so über andere, die vollkommene Akte sind. Es mag nämlich sein, daß es keine Sicherheit gibt, daß ich etwas Weißes sehe, das außerhalb aufgestellt ist oder auf einem solchen Subjekt oder in solcher Distanz, daß eine Täuschung hinsichtlich des Mediums oder im Wahrnehmungsorgan oder auf vielen anderen Wegen auftreten kann, dennoch gibt es eine Sicherheit, daß ich sehe, auch wenn eine Täuschung im Wahrnehmungsorgan aufträte«].

gegebenheit herausgestellt, in dem das quidditative Moment sich nicht so ausschließlich vordrängt wie in der abstraktiven Erkenntnis. Die allein sinnliche Erfaßbarkeit der Existenz im aristotelistischen Erkenntnisbegriff ist durchbrochen und ›Existenz‹ ist mit ihrer intuitiven Zugänglichkeit ein noetisches Phänomen geworden.[88] Darin eröffnen sich neue ontologische Verständnismöglichkeiten.

Was kann es nach der Durchbrechung des erkenntnistheoretischen Vermittlungsschemas noch heißen, wenn der Seinsbegriff als Leistung der Abstraktion weiterhin genommen wird? Abstraktion kann nicht mehr bedeuten die Heraushebung eines intelligiblen und allgemeinen Formgehaltes aus der konkretisierenden hyletischen Verquickung, denn das Intelligible ist am Seienden nicht mehr ein | S. 48 | ›eingeschlossener‹ und erst zu eruierender Gehalt,[89] sondern das Seiende ist seiner Totalität nach noetisch darstellbar.[90] Es kann also durch die Abstraktion nicht mehr etwas gleichsam ›abfallen‹, was unerfaßbar ist und deshalb auch in seinem Anteil an der Konstitution des Seienden ontologisch unverstanden bleiben muß. In Konsequenz des Ansatzes bei Duns Skotus genommen, läßt sich der bleibende Sinn von Abstraktion zunächst negativ so charakterisieren, daß sie als letzten ›abstraktesten‹ Begriff keineswegs den eines reinen und unbestimmten Soseins erbringen kann. Das Moment des ›Absehens von‹, das im Begriff der Abstraktion not-

---

88 A. a. O., IV d.45 q.2 n.12 [ed. Wadd. X, 182]: *Talis autem cognitio, qui dicitur intuitiva, potest esse intellectiva; alioquin intellectus non esset certus de aliqua existentia alicuius obiecti* [»Aber eine solche Erkenntnis, die man ›intuitiv‹ nennt, kann eine intellektive sein; andernfalls wäre der Intellekt nicht sicher über irgendeine Existenz irgendeines Objekts«].

89 A. a. O., II d.3 q.1 n.8 [ed. Wadd. VI/1, 360]: *Apparet improbatio illius dicti, quod intellectus agens facit universalitatem in rebus per hoc, quod denudat ipsum ›quod quid est‹ in phantasmate existens* [»Offenbar ist die Widerlegung jener These, daß der tätige Intellekt die Allgemeinheit in den Dingen dadurch herstellt, daß er eben dieses in einem sinnenbezogenen Erkenntnisbild existierende ›Was etwas ist‹ enthüllt«].

90 A. a. O., II d.9 q.2 n.33 [ed. Wadd. VI/2, 638]: *Nec potest aliquid ita differre genere ab intelligibili, quasi sit in genere disparato; quia quodcumque ens quantumcumque sensibile est tamen intelligibile* [»Es kann auch nicht etwas durch sein Genus so verschieden von einem Verstehbaren sein, als sei es gleichsam in einem getrennten Genus; denn ein jegliches Seiendes, sei es auch sinnengebundener Art, ist gleichwohl verstehbar«].

wendig liegt, besteht hier im Absehen von der konkreten Existenz als solcher, das heißt je in ihrem Existenzmodus; darin bleibt der Seinsbegriff eben ›Begriff‹, daß er das begriffundierende Seinsverständnis nicht voll aufzunehmen vermag. Das bedeutet aber nicht, daß der Begriff in seiner auslassenden und verallgemeinernden Funktion auch ein ontisch ›Allgemeines‹ meint oder sogar nur meinen könnte. Indem es ein solches ontisch Allgemeines bei Duns Skotus nicht mehr gibt, muß der Begriff, sofern er noch etwas begreifen soll, alles am Seienden Begriffene als auf konkrete Existenz bezogen und in ihr fundiert meinen. ›Abstrakt‹ bleibt der Begriff dennoch notwendig darin, daß er nicht im Sinne der Adäquation ›darstellt‹, sondern ›bedeutet‹. Nur eine Verwechslung von Darstellungs- und Bedeutungsfunktion des Begriffes konnte zu der ontologisch folgenschweren Auffassung verleiten, im Begriff sei entsprechend seinem abstrakten Charakter ein ontisch ›Allgemeines‹ gemeint. Der Begriff vermag insbesondere die Leistung der Intuition, der sich das Seiende in existenzieller Gegenwärtigkeit und in der Ungeschiedenheit von ›Sein‹ und je diesem konkreten Seinsmodus darbietet, nicht aufzunehmen.[91]

91 A. a. O., I d.8 q.3 n.29 [zit. nach Barth 1942, 319; vgl. aber ed. Wadd. V/2, 746; ed. Vivés IX, 628b; Ord. I d.8 p.1 q.3 n.142 ed. Vat. IV, 224, Z. 9-17]: *Realitas, a qua accipitur* (scil. [add. H. B.] *ens*), ... *non accipitur ab aliqua realitate ut conceptus adaequatus realitati, ... sed ut diminutus et imperfectus; in tantum etiam quod illa realitas ... videretur perfecte et intuitive, intuens ibi non haberet distincta obiecta formalia, sc. realitatem* [*(ens)*: Barth 1942, om. H. B.] *et modum, sed idem obiectum formale; tamen intelligens intellectione abstractiva propter intellectionis illius imperfectionem, potest unum habere pro obiecto, licet non haberet alteram* [»Die Wirklichkeit, von der es (d. h. das Seiende) genommen wird, wird nicht genommen von irgendeiner Wirklichkeit wie ein Begriff, der der Wirklichkeit angeglichen ist, ... sondern als ein verringerter und unvollkommener (Begriff); insoweit nämlich vollends jene Wirklichkeit vollkommen und intuitiv gesehen würde, hätte derjenige, der intuitiv erkennt, dort nicht als verschiedene formale Objekte, nämlich die Wirklichkeit und die Weise, sondern als dasselbe formale Objekt; jedoch kann derjenige, der mittels abstraktiver Einsicht wegen der Unvollkommenheit jener Einsichtnahme intuitiv erkennt, eines als Objekt haben, mag er auch nicht ein anderes haben«].

(e) Überblick

Der komplexen Vielschichtigkeit der im Vorhandenheit-Begriff kritisch bezielten ontologischen Interpretationsweise entspricht die Vielfalt der Stoßrichtungen, in denen sich ein ursprüngliches Seinsverständnis gegen diese zur Geltung bringen kann. Es wurde versucht, zwei Hauptzüge der Radikalisierung darzustellen, die ihren Antrieb aus dem christlichen Erfahrungshorizont erhält. So hat im univoken Seinsbegriff die Durchbrechung der Grenzen des kategorialen Seinsverständnisses der aristotelischen Metaphysik ihren Niederschlag gefunden, der zwar noch nicht als ›Überwindung‹ angesprochen werden kann, aber doch die entscheidende und auf alle Konsequenzen schon verweisende Durchbruchsleistung darstellt. Sodann war auf die – meist unausdrücklichen – ontologischen Voraussetzungen der Kritik des aristotelistischen Erkenntnisschemas hinzuweisen sowie auf die ontologischen Möglichkeiten, die dessen Überwindung grundlegt. Als deren wesentliche deutete sich bereits die Entdeckung der ontologischen Relevanz des Existenzmomentes an, das im aristotelischen Erkenntnisschema notwendig noetisch unerfaßt bleiben mußte. Hier wird der Kern der Auseinandersetzung mit der Vorhandenheit-Auslegung berührt; der folgende Abschnitt nimmt daher in einem engeren, aber zentralen Aspekt das hier erörterte Problem wieder auf. | S. 49 |

§ 5. Die Interpretation des Seins als Wesenheit

(a) ›Existenz‹ als Kontrastbegriff

Die ausgezeichnete Stellung des Begriffes der ›Existenz‹ in der Philosophie Heideggers hat dem immer eiligen Bedürfnis nach Klassifizierung Veranlassung gegeben, diesen Begriff zum Titel des philosophischen Absehens bei Heidegger zu erheben. Wenn Heidegger selbst dagegen geltend macht, daß nicht die Frage nach der ›Existenz‹ als der Seinsweise des Menschen für ihn vordringlich sei, sondern das Seinsproblem als ganzes und solches,[1] dann liegt darin die Anweisung, auch den Vorrang des Begriffes der ›Existenz‹ in den ontologischen Gesamtzusammenhang eingeordnet zu betrachten. Indem der Ansatz der Seinsfrage bei Heidegger die radikale Scheidung des Seienden, nach dem gefragt wird, und des Seienden, das die Frage stellt, untersagt – also der ontologische Ansatz gerade derart ist, daß das fragestellende Dasein selbst infrage gestellt wird[2] –, wird die ›Existenz‹ als das Sein eben dieses fragestellenden und infrage gestellten Daseins der Leitfaden der Seinsuntersuchung.

›Existenz‹ als das Sein des ›Daseins‹ ist nicht zu verstehen als *Wesensbestimmung dieses Seienden ... durch Angabe eines sachhaltigen Was.*[3] Wenn also formuliert wird: *Das ›Wesen‹ des Daseins liegt in seiner Existenz,*[4] dann kann hier mit ›Wesen‹ nicht die feste und unverrückbare, nach Gattungs- und Artzugehörigkeit einzuordnende und in der Defi-

---

1 [Martin Heidegger, Lettre. In: Jean Wahl, Transcendence et subjectivité.] In: Bulletin de la société française de philosophie, 37e année, n° 5, oct.-déc. 1937, 193 [nachgedruckt in: Jean Wahl, Existence humaine et transcendance. Neuchâtel 1944, 135].

2 de Waelhens, a. a. O., 8.

3 SuZ, 12.

4 A. a. O., 42.

nition niederzulegende Bestimmtheit von Seiendem gemeint sein; vielmehr wird die Verwendung des ›Wesens‹begriffes anzudeuten haben, daß die ›Existenz‹ für das Dasein gerade das vertritt, was in einer als innerweltlich Vorhandene und das ›Dasein‹ vereinheitlichenden Begrifflichkeit mit ›Wesen‹ gemeint ist. Das will sagen: Für das ›Dasein‹ gibt es keine *allgemein*gültigen Bestimmungen, an ihm keine *feststellbaren* Eigenschaften.

Der Begriff der ›Existenz‹ ist also zunächst Kontrastbegriff, indem er das Sein des ›Daseins‹ kontrastiert gegen alles durch ›Wesenheit‹ bestimmte Seiende. Damit soll der ›Existenz‹begriff vor allem gegen den Gehalt seines Stammbegriffes, der scholastischen *existentia*, abgesetzt werden,[5] denn diese, als Dasein *von* Wesenheit interpretiert, ist gerade der Seinsbegriff des *Vorhandenen* als des ›fest‹stellbaren Seienden. Ist die Weiterverwendung des Wortes nur eine bewußt paradoxe Willkürlichkeit, oder zeigt sich darin eine sachgegründete Verbindung an? Das Ergebnis der folgenden Untersuchungen muß dafür einen Anhalt geben. Gegenüber der *existentia* als dem Seinsbegriff des Vorhandenen soll ›Existenz‹ das Sein eines Seienden ausmachen, das sich in der Weise der ›Sorge‹ ganz selbst aufgegeben ist; der Existenzbegriff vertritt die unter dem Titel der ›Sorge‹ begriffene Struktureinheit des ›Daseins‹, dessen ›Substanz‹ gleichsam die Existenz ist.[6]

Noch schärfer als gegen den traditionellen Gehalt der *existentia* kontrastiert Heidegger seinen Existenzbegriff gegen die *essentia*. Das geschieht durchweg in einer negativen Sprechweise, die auf Herauslösung aller festen und ›substanzialen‹ Momente des alten Wesensbegriffes ausgeht; derart erhält ›Existenz‹ den Charakter eines sachlich leeren und in Schwebe gehaltenen *Rest*begriffes. Erst so soll ein fundamentaler Seinsbegriff freigegeben sein; denn alles im Was-Fragen Bezielte gehört nicht zum Grundgehalt der Seinsfrage, vielmehr ist das sachhaltige Was erst Gegenstand der Natur- und Geisteswissenschaften, denen die Fundamentalontologie allererst ihren Boden zu geben hat. Diese | S. 50 | sekundäre und abgeleitete Stellung des Wesensbegriffes hängt aufs engste

5 de Waelhens, a. a. O., 27.
6 SuZ, 117.

zusammen mit Heideggers Kritik der rein theoretischen Zugangsweise zu den philosophischen Grundproblemen und dem Vorzug jener Haltungen, in denen sich der Mensch mit seiner Welt bereits eingelassen hat oder sich von ihr benommen vorfindet. Dieser Vorzug hat seine Zuspitzung gegen die methodische Position Edmund Husserls, die sich unter dem Titel der ›phänomenologischen Epoché‹ als Sistierung der Existenzgeltung der objektiven Welt kennzeichnen läßt,[7] um derart die Wesensgehalte und ihre Konstitutionsprobleme rein heraustreten zu lassen. Demgegenüber liegt für Heidegger im Wesensbegriff ein Moment der Künstlichkeit, das eine ursprüngliche Stellung der Seinsfrage unmöglich macht; für ihn ist – nach einer Formulierung von Jean Wahl – *dieser Anthropomorphismus eine der Ursünden aller Philosophie.*[8] An Husserls angestrebter ›Neutralität‹ zum Daseinsmodus des Seienden entzündet sich Heideggers aus dem Grundtrieb seiner philosophischen Haltung kommender Widerspruch, der im ›Existenz‹begriff seine terminologische Prägnanz erhält; *Heidegger betrachtet diese Neutralität als die Aufhebung der philosophischen Haltung überhaupt.*[9] ›Wesen‹ als das Allgemeine, *das im Begriff Zusammengezogene*, das Gemeinsame alles Besonderen, *ist immer das Gleichgültige, jenes ›Wesen‹, das niemals wesentlich werden kann.* Dagegen ist das *Wesentliche des Wesens* eben jenes, *was uns zur Entscheidung zwingt*, zu einem Ernstnehmen und Sich-in-einen-Machtbereich-Stellen.[10]

Offenbar erweisen sich im ›Existenz‹begriff bestimmte Weisen innerer Erfahrung für die Seinsfrage als beherrschend und das Verstehen führend, die in scharfer Absetzung gegen die Orientierung am anschaulich begegnenden Vorhandenen zu charakterisieren sind. In der Durchführung dieser Charakteristik zeigt sich, wie weitgehend die Möglich-

---

7 Edmund Husserl, Méditations Cartésiennes. Paris 1931, 22.

8 Jean Wahl, Realism, Dialectic and the Transcendent. In: Philosophy and Phenomenological Research IV (1944), 496-506. Dt. Übertr.: »Realismus, Dialektik und Transzendenz.« In: Wort und Tat. Internationale Monatsschrift I (1946), 15[-27, Zitat auf Seite 15].

9 de Waelhens, a.a.O., 16f. [Zitat auf Seite 17; Übers. H.B.].

10 Martin Heidegger, Hölderlin und das Wesen der Dichtung. München 1937, 4 [GA 4, 34].

keit der ontologischen Aussage auf das kontrastierende Abheben der Art beschränkt bleibt, die etwa im Neuplatonismus und in der Mystik als ›negative Theologie‹ hervortritt. Indem die Ontologie diesen Aussagemodus übernimmt, erweist sie, daß Aussage und Urteil nicht die zureichenden Mittel zur Aufnahme des im ursprünglichen Verstehen Erschlossenen sind und daß sie daher nicht als Darstellungsmedium, sondern nur in ihrer auf ursprüngliches Verstehen und Erleben verweisenden Bedeutungsfunktion anerkannt werden können. In dieser Erfahrung liegt die Kritik einer ausschließlich an den Urteils- und Aussagemodi orientierten Ontologie, die die Sprache als adäquate Darstellungssphäre des Seinsverständnisses nimmt.

Bei der Heraushebung von Zügen ursprünglicher Existenzerfahrung im mittelalterlich-scholastischen Seinsverständnis, die nun vorzulegen ist, wird daher eine Wegweisung durch das Vorkommen des Stichwortes *existentia* sich als wertlos erweisen. Vielmehr soll versucht werden, einige metaphysische Problemstellungen auch in ihrer schulmäßigen und traditionsgebundenen Verschalung als exemplarische Niederschläge bestimmter Existenzerfahrungen und ihrer durch ursprüngliche Antriebe geleiteten Modifikation darzustellen.

(b) Die Verschüttung des Existenzproblems in der Antike

Es ist überaus bezeichnend für die ontologische Ausgangssituation des Mittelalters, daß der von *esse* gebildete Substantivbegriff der *essentia* entsprechend der griechischen οὐσία [ousía] ausschließlich das Wesens- und Soseinsmoment am Seienden bezeichnete und daß aus anderem Wortstamm ein weiterer Begriff genommen werden mußte, um das Dasein des Seienden zu treffen. Darin zeigt sich der eindeutige Vorrang der quidditativen Bezogenheit des Seinsverständnisses; das metaphysische Interesse ist dem Erfragen des sachhaltigen Was und seiner Ursprünge verschrieben. Das ist im Endergebnis der antiken Metaphysik tief begründet. Wie schon gezeigt wurde, hatte | S. 51 | Aristoteles die Frage nach dem S e i n s g r u n d in ihrer radikalen Möglichkeit nicht aufgenommen, sondern nach der gestaltlich-wesenhaften Bestimmtheit des Seienden in ihrer Herkunft gefragt. Dabei waren Ansätze des griechischen Denkens zu einer fundamentaleren Problemstellung, die in der Ontologie des Parmenides gegeben sind, wieder verschüttet worden. Da die Unzulänglichkeit des antiken Seinsbegriffes für die Aufnahme des christlichen Seinsverständnisses hier ihren Grund hat, ist ein näheres Eingehen auf diesen Zusammenhang von Wert für die Erhellung der Schwierigkeiten, die sich einer ursprünglichen Ontologie im Mittelalter entgegenstellten.

Der Wirklichkeitsbegriff des Aristoteles ist unlöslich an das Bewegungsschema gebunden. Das Wirkliche ist das, ›worauf zu‹ der als Bewegung verstandene gestaltlich-wesenhafte Werdeprozeß des Seienden gerichtet war und was als dessen Jetzt-Phase gegenwärtig ist. Im Wirklichsein als Gewordensein ist das gegeben, was das Seiende in der Richtung seiner Werdebewegung immer schon werden konnte. Damit führt das Bewegungsschema Aristoteles zur ontologischen Geltung des Möglichkeitsbegriffes, die auch ganz im Zuge seines Begriffsrealismus liegen mußte. Möglichkeit wird – in Anlehnung an biologische oder künstlerisch-technische Grundvorstellungen vom Gestaltprozeß – als ontische Disposition des Werden-Könnens verstanden. Der Wirklichkeitsbegriff entspringt nicht aus dem – noch bei Parmenides spürbaren – Erstaunen, daß überhaupt Seiendes ist und nicht eher nichts ist; sondern er kennzeichnet die je gegenwärtige Seinsgestalt als noch unüberholte Phase dessen, was eben dieses als Bewegtes immer schon werden konnte. Es wird sogleich sichtbar, worin Verengung und Auslassung bei diesem Wirklichkeitsbegriff zu sehen sind; die als disponierte Vorphase des Bewegungszusammenhanges verstandene Möglichkeit ist schließlich als Potentialität genauso ›wirklich‹ wie die aktuierte Folgephase. Der Begriff der Wirklichkeit überspannt die Unterscheidung von Potentialität und Aktualität. Der Begriff der Wirklichkeit ist zwar doppeldeutig – einmal bezeichnet er die aktuale Phase des Bewegungsverlaufes, sodann aber das Seiendsein des Seienden, das als bewegtes potentiale und aktuale Phasen hat –, aber nur im zweiten Sinne hat er ontologische Bedeutsamkeit, und gerade in diesem Sinne ist er bei Aristoteles verschüttet, der Wirklichkeit als Aktualität versteht, die Wirklichkeit der Potentialität aber außer acht läßt. Doch gerade *dies Seinkönnen dessen, was das Seiende je gerade nicht ist, gehört mit zu dem, was es je gerade wirklich ist. Das Seiende ist als Seinkönnendes wirklich.*[11]

Die Verstellung des Existenzproblems bei Aristoteles ist sehr komplex und durchaus nicht auf einen Faktor zurückzuführen. Im Gegensatz zu Plato ist das Sein für Aristoteles immer Sein des konkreten Seienden und als konkretionsentbundenes, freischwebendes Sein nicht denkbar. Die Konkretion des Seienden ist πρώτη οὐσία [prṓtē ousī́a; ›erste Wesenheit‹]. Soll das Seiende als Seiendes den ›Gegenstand‹ der Metaphysik ausmachen, dann muß es in seiner Konkretion genommen werden. Dieser Folgerung entzieht sich Aristoteles; aus seiner Gleichschaltung von logischer und ontologischer Ordnung kommt er zu der Auffassung, daß der Allgemeinheit des Begriffes auch ein ontisch Universales, die Einheit der Gattungen und Arten Fundierendes entsprechen müsse. Das führt wiederum zu der methodischen Folgerung, daß die grundlegenden ontologischen Sachverhalte nur im ›Absehen‹ von der Konkretion zugänglich seien. Ist aber in dieser Konzeption nicht die Erblast der platonischen Metaphysik, die dem Konkreten gar kein ›Sein‹ im eigentlichen Sinne zugestand, wieder zum Zuge gekommen? Wird dagegen die aristotelische Problemvorgabe des Seienden als Seienden wirklich ernst genommen, | S. 52 | dann kann doch gerade und überhaupt nur ein volles und unverwandtes Hinsehen auf das Seiende in seiner Seinsweise der Konkretion dieses in seinem Sein zugänglich und verstehbar machen. Der als Darstellung des ontischen Sachverhaltes genommene Begriff in seiner abstrakten Allgemeinheit verleitet zur methodischen Rechtfertigung der Abstraktion als der angemessenen Zugangsart zu Seiendem in seinem Sein. Aber darin ist gerade die Existenzialität des Seienden das, wovon abstrahiert wird und was in der Weise des ›Absehens‹ verschüttet wird. ›Gegenstand‹ der Metaphysik wird derart die οὐσία [ousī́a] in ihrem zweiten abgeleiteten Sinne als das, was im Absehen von der konkreten Existenz verbleibt. Zwar weist Aristoteles ausdrücklich die nun naheliegende Auffassung zurück, das ›Sein‹ selbst entsprechend der Allgemeinheit seines Begriffes als substanzial Universales zu nehmen;[12] aber die Schwierig-

11 Bröcker, a.a.O., 80f.
12 Metaph. 998 b 22ff.

keit, die er hierfür als Begründung beibringt, daß nämlich die artbildenden Differenzen und das Arthafte nicht mehr als ›seiend‹ zu begreifen wären, wenn ›Sein‹ so etwas wie die oberste ›Gattung‹ alles Seienden wäre, ist doch wieder ontologisch vordergründig. Die Forderung des Hinblickes auf die volle und erstliche Konkretion des Seienden als seine nächste Selbstgegebenheit wird nicht gesichtet. Die aristotelische Ontologie setzt ihr Fragen bei der Wesenssubstanz ab; die Existenz des Seienden bleibt unbefragt und unfragwürdig.

Ein derart vernachlässigtes und zurückgeschobenes Grundphänomen muß sich aber in anderer Weise und an anderer Stelle erneut vordrängen und in seiner unerkannten Gegenwärtigkeit Verwirrung und weitere Unklarheit stiften. So scheinen sich ›Trümmer‹ des ausgelassenen Existenzmoments in den als ›übrige Kategorien‹ in der Metaphysik immer wieder beiseite geschobenen substanzinhärenten Seinsbestimmungen wieder anzufinden. In ihnen ist das Wie der vollen Konkretion auseinandergelegt in die vielerörterte Kategorientafel, die hinsichtlich der ›übrigen Kategorien‹ bei Aristoteles ontologisch gar nicht ausgewertet wird. Nur durch den vordergründigen ›Kunstgriff‹ der Analogie versucht er eine Einbeziehung der ›übrigen Kategorien‹ in die im Substanzproblem zentrierte ontologische Problematik zu bewirken.[13] Die *leitende Bedeutung* der Substanz[14] ist aber so beherrschend, daß nicht sichtbar wird, welches sachliche Fundament der analogischen Einheit der Kategorientafel zukommt; wie schon früher erweist sich die Analogie als verkappte Äquivokation, die in diesem Falle die ›übrigen Kategorien‹ für die Seinsfrage ausschließt.

Der eigentliche ›Unterschlupf‹ des verdrängten Existenzproblems scheint jedoch die ὕλη [hýlē, ›Stoff‹] der aristotelischen Metaphysik zu sein. Unter dem selbstverständlichen und unfragwürdigen, grundlosen Immer-schon-Vorhandensein des Urstoffes ist die Frage nach der Existenz als dem Überhaupt-sein verschüttet. Der Urstoff ist gekennzeichnet als bestimmungslose Bestimmbarkeit; von ihm ist also keine ›Aussage‹ möglich, er behält mit der Ineffabilität das Dunkel seiner mythischen Herkunft. In diesen Charakter der Unzugänglichkeit

13 Metaph. 1003 b 5 ff.
14 Bröcker, a. a. O., 43.

und Unbefragbarkeit wird das Existenzmoment selbst mit hineingezogen und in ihm der Onto›logie‹ entzogen. Die Metaphysik wendet sich zwar den Formprozessen an dieser Urmaterie zu, aber doch nur, insofern in ihnen Form verwirklicht wird; sie fragt nur nach dem Was des immer schon vorhandenen Etwas. Jedes Was-etwas-ist übernimmt gleichsam sein Daß-es-ist von diesem Urstoff, aus dem es ist. So wird die Existenz selbst zu dem unbesehenen ›Rohstoff‹, aus dem alles Seiende ›besteht‹. Der enge Zusammenhang zwischen Hergestelltheit-Interpretation und Auslassung der Existenzproblematik wird hier greifbar. Das *rationalistische Vorurteil zugunsten der Form*[15] entspringt in diesem Zusammen- | S. 53 | hang; es hat die ontologische Entwicklung bis in die neueste Zeit hinein belastet. Das Verständnis des *esse* hat gleichsam sein ›Effet‹ bekommen, gegen dessen Sichtung nur außerordentliche Antriebe werden aufkommen können. In der christlichen Metaphysik muß sich eine entscheidende Auseinandersetzung vollziehen; sie ist nun in einigen Hauptphasen und an einigen scheinbar schulmäßigen Problemen aufzuzeigen.

(c) Vorzeichnung der christlichen Existenzerfahrung

Für Aristoteles fiel der ontologische Bereich zusammen mit dem der Definition verfügbaren, substanzialen Sein als universalem Wesens- und Gestaltprinzip. Als immer Konkretes ist das Seiende doch gerade in seiner Konkretion nicht verstehbar; denn das ›Prinzip‹ dieser Konkretion ist das unvorstellbare Selbstverständliche, der Urstoff. Die Individuation ist ein ontologisch irrelevantes Erklärungsschema, das die im Grunde platonische Abgrenzung des substanzialen Wesensbereiches als ›eigentliches‹ Feld der Ontologie notdürftig wieder auf die thematische Vorgabe des Seienden als Seienden zurückbezieht. Das derart entstandene Problem der ›Individuation‹ hat in allen Richtungen der mittelalterlichen Metaphysik eine lebhafte und zentralgestellte Erörterung gefunden. Dieses zunächst rein schulmäßig anmutende Problem darf unsere Aufmerksamkeit beanspruchen, weil in ihm die Frage

15 Nicolai Hartmann, Zur Grundlegung der Ontologie. Berlin ²1941, 62.

nach der Existenz verdeckt mitgeführt ist und mit seiner kritischen Zersetzung erst wieder freigegeben sein wird. Wenn in der dargestellten Herkunft dieses Problems gerade ein Abgleiten des Seinsverständnisses von seinem ursprünglichen Anspruch gesehen werden mußte, dann wird mit Recht vermutet werden dürfen, daß in der Abwerfung des durch seine traditionelle Geltung autorisierten Bestandstückes der scholastischen Metaphysik wiederum ursprüngliche Erfahrungen zum Zuge kommen.

Nur die Verlegung des Schwergewichts des ontologischen Fragens vom wesenhaft-substanzialen Allgemeinen auf die volle Konkretion kann das Moment der Existenz in seiner Fragwürdigkeit wieder sichtbar machen. Nun ist aber dieses ›Schwergewicht‹ durchaus nicht willkürlich verschiebbar; seine Zentrierung ist bestimmt durch den geschichtlichen Wirklichkeitshorizont. So bleibt für Aristoteles bei aller Gespanntheit auf die eigene thematische Vorgabe des Seienden als Seienden die platonische Wesensmetaphysik unüberwindbar. Es ist letztlich die geschichtliche Gemeinsamkeit der Wirklichkeitserfahrung, die für beide Denker den Schwerpunkt und den Umkreis der Möglichkeiten ihres Fragens bestimmt. Und dieser Erfahrungshorizont ist – zumal die platonischen Durchbruchsversuche im Gesamt seines Werkes nicht zur Auswirkung kamen – beherrscht durch das kosmische Sein, das den griechischen Geist von Anbeginn so gefesselt hat, daß die Person erst eine der späten Entdeckungen der Griechen genannt werden kann.[16] Diesem kosmischen Seinsbereich aber ist der Vorrang des Wesensgestaltlich-Allgemeinen entnommen und angemessen. Die kosmologische Auslegung der Seinserfahrung erschöpft sich in der klassifizierenden Gliederung, in der Gewinnung von Art- und Gattungseinheiten, in denen die physische Formenfülle bis ins letzte wissenschaftlich verfügbar gemacht werden kann. Dieser ›unteren‹ Grenze des Wissenswerten und in der Erfahrung sich Abhebenden entspricht die Grenze des ontologisch Bedeutsamen. Methodisch führt bei der Erfassung des kosmischen Seins die Induktion voll zum Ziel, weil das Konkrete auch ontisch nur ›Fall‹ oder ›Exemplar‹ seiner Art zu sein scheint. Der aristotelische Begriff von Wissenschaftlichkeit ist an

16 Vgl. Bruno Snell, a. a. O.

diesem Seinsbereich gewonnen und beherrscht normativ alle anderen Verständnismöglichkeiten; er zielt auf die Herausarbeitung der in Definitionen niederlegbaren Wesensmomente und des in Gesetzen faßbaren Herleitungszusammenhanges der Gestaltungen des Seienden. Das Einzelne und Konkrete ist als ›Fall‹ | S. 54 | seiner Art und an einer ›Stelle‹ des Kausalzusammenhanges als solches gleichgültig und vertauschbar, es interessiert mehr als mögliches denn als wirkliches. Alles Fragen von wissenschaftlichem Anspruch richtet sich zwar an das beliebige Einzelne der Gattungen und Arten, aber nur insofern es diese repräsentiert.

Nur von einem radikal neuen Wirklichkeitserlebnis her, dem sich das Einzelne und Konkrete in seiner Positivität aufdrängte, konnte diese die Tradition tief bestimmende Konzeption erschüttert und aufgerollt werden. Nicht eine Erfahrung vom weltlich Begegnenden her vermochte das zu leisten; die Neuorientierung mußte vielmehr dort ihren Boden finden, wo das Einzelne sich als einzig und höchstgültig erweist: im Selbstverständnis des Menschen, der sich nicht als kosmisches Wesen unter Wesen, durch die Zugehörigkeit zu einer Formeinheit bestimmt, oder als Beziehungspunkt von Kausalzusammenhängen versteht, sondern als je einmalige und einzige Wirklichkeit, der es um sich selbst geht, die sich selbst zur Entscheidung aufgegeben ist. Der Antrieb zu solcher Neuzentrierung des Erfahrungshorizontes kam von der christlichen Sicht des Menschen in seiner Einzigkeit vor Gott und in seiner unvertauschbaren Heilssituation her. Das je eigene Heil, um das es dem Menschen geht, eröffnet ihm ein radikal neues Selbstverständnis, das für das Seinsverständnis bestimmend wird in der Ablösung einer kosmologisch orientierten Metaphysik durch eine *Metaphysik der inneren Erfahrung*.[17] Im augustinischen, gegen die akademische Skepsis gewandten *sum* [›Ich bin‹] kommt erstmals vollgewichtig diese entscheidende Wendung zum Ausdruck. Die Möglichkeit einer Individualmetaphysik der in ihrem Heil sich aufgegebenen Person wird hier sichtbar, in der die Existenz mit ihrer Entblößung von kosmologischer Verdecktheit sogleich über die Gefährdung durch

17 W. Windelband, Geschichte der Philosophie. Tübingen [5]1910, 230ff. [Hervorhebung H.B.].

eine Interpretation als Vorhandenheit des Vorhandenen hinausgehoben ist. Für die innere Erfahrung erweist sich die Einbringbarkeit der Phänomene in Gattungen und Arten, ja überhaupt ihre ›fest‹stellende Bestimmung nach Wesen und Eigenschaften als unbedeutsam. Die innere Erfahrung ist an keine ›Stelle‹ einzuordnen, sie geht nicht in einem Zusammenhang auf. So kann eine ›Wissenschaft‹ der inneren Erfahrung nicht an das aristotelische Ideal von Wissenschaftlichkeit gebunden bleiben. Die nächste Selbstgegebenheit der inneren Erfahrung, die durch das christliche Pathos der heilswirklichen Einzigkeit erweckt und vertieft ist, kann nicht mehr ›Wesenheit‹ und Substanzialität, sondern muß ein Seinscharakter schlechthin neuer und mit den überkommenen Kategorien unerfaßbarer Prägung sein.

Die Auslegung der neuerschlossenen inneren Erfahrung steht in engstem Zusammenhang mit der Glaubenserfahrung des personalen Gottes. Die ontologische Tragweite dieser Sicht wurde bereits bei der Erörterung des Problems des Seinsgrundes berührt. Daraus ergibt sich für das hier zu Erörternde: Herstellung begründet nicht die Existenz des Seienden, insofern sie immer schon Vorhandenes aufnimmt als das ›Woraus‹ des Herstellens, sondern gibt dem schon Vorhandenen lediglich Bestimmtheit, Formung und Gehalt. Dieser Auslegung entspricht der aristotelische Gottesbegriff des in sich verweilenden Selbstdenkens. Die Frage nach der Existenz stellt sich erst dort, wo der Seinsgrund als echte Spontaneität erfaßt ist und nicht in einem in sich verschlossenen Sich-selbst-Denken aufgeht. Daß etwas ist und nicht nichts ist, daß dieses und solches ist und nicht irgendwelches mögliche andere, kann nur in den Bereich der Fragbarkeit rücken, wo der Seinsgrund in einer Entscheidung, einer Setzung gesehen wird. Auf ein kosmisches Bewegungsprinzip hin lassen sich diese Fragen nicht aufwerfen; eine neue Weise entscheidender Bewegtheit muß in Sicht kommen, die von der inneren Erfahrung her als personal ausgelegt wird. Der | S. 55 | in der Glaubenserfahrung begegnete göttliche Wille entscheidet zwischen Daß und Daß-nicht; darin erst wird Existenz vom unbefragbar Selbstverständlichen zum Faktischen, Gegründeten und deshalb Fragwürdigen. Von dieser gläubigen Erfahrung des absoluten Willens und von der inneren Erfahrung des in seinem Heil aufgegebenen *sum* her wird das philosophische Fragen nach der Existenz in Atem gehalten. Es ist freilich nicht leicht, in der Starrheit der mittelalterlichen Schulformen und Denkschemen einer ursprünglichen Problembenommenheit wirklich gewahr zu werden; d a ß sie da ist, verrät nur die mühsame und die Last ihrer Tradition kaum bewältigende geschichtliche Bewegtheit des Denkens selbst.

›Individuation‹ ist ein aristotelisches Problem, weil die Frage nach der Existenz bei Aristoteles ausgelassen ist. Das Individuationsproblem ist ein ›Ersatz‹problem, in dem die Konkretheit des Vielen in ihrer A b l e i t u n g von der Einheit der Wesensform zum Thema wird. Die Konzeption der personalen Seinssetzung läßt es nicht zu, in ihr nur die allgemeinen Wesensformen entspringen zu lassen und die volle Konkretion aus einem eigenen Prinzip herzuleiten. Vielmehr liegt in diesem konkreten Bereich geradezu das Schwergewicht der göttlichen Willenskundgabe, wie die gläubige Erfahrung weiß, die göttlichen Anspruch, göttliche Vorsehung und Begnadung immer in der Zuwendung an das einzelne Selbst erlebt. Darin liegt eine völlige U m k e h r u n g der S i c h t; es kann nicht mehr infrage stehen, wie aus dem Allgemeinen sich das Konkret-Einzelne herleitet, sondern umgekehrt eher, mit welchem Recht das Einzelne unter einem Allgemeinen befaßt werden kann. Das Individuationsproblem hat damit seinen Boden verloren; göttlicher Wille und einzeln Konkret-Bestimmtes stehen sich gegenüber. Existenz und Individualität lassen sich mit ontologischem Recht nicht mehr trennen; das Seiende e x i s t i e r t ebenso, wie es i n d i v i d u e l l ist durch den gründenden und sich erst in der Fülle der Konkretion kundgebenden Willen Gottes. Die Zersetzung des Individuationsschemas ist also aus den Antrieben eines sich durchsetzenden ursprünglichen Seinsverständnisses zu interpretieren. Die konkrete Existenz wird von der Deutung als Produkt einer kompositorischen Mechanik befreit und in die Nähe der schöpferischen personalen Spontaneität Gottes gerückt. Das bedeutet eine entscheidende N ä h e r u n g des Seins an die Strukturen der Personalität, in der das aristotelische ›Distanz‹axiom erschüttert wird.

Die Vorzeichnung der christlichen Existenzerfahrung versichert sich des leitenden Hinblickes, unter dem die scholastische Entwicklung des Individuationsproblems auf die Transparenz ursprünglicher Antriebe und die Durchbrechung der Vorhandenheit-Interpretation hin zu untersuchen ist.

(d) Das Individuationsproblem bei Thomas von Aquino

Die Metaphysik der inneren Erfahrung und der personalen Seinssetzung stößt, ohne selbst eine angemessene Artikulation bereits gefunden zu haben, in der Hochscholastik mit dem nun in ausdrücklicher Autorität rezipierten Aristotelismus zusammen. In der Widersprüchlichkeit des dabei entstehenden Systemgefüges zeigt sich die Behauptung der ursprünglichen Antriebe an und liegt ebenso der Ansatz späterer Überwindung.

Die Problematik der aristotelischen Wesensontologie und des davon abhängigen Individuationsschemas zeigt sich bei Thomas von Aquino am deutlichsten in der Entwicklung einer Konzeption vom göttlichen Erkennen. Aristoteles konnte seinen ersten unbewegten Beweger in reinem Sich-selbst-Denken verschlossen sein lassen und die Weltbewegung aus dem Trieb des kosmischen Eros auf dieses | S. 56 | Prinzip zurückführen. Indem Thomas den aristotelischen ersten unbewegten Beweger mit dem christlichen Gott identifiziert, schließt er diese konsequente Konzeption aus. Es ist der schöpferische Liebeswille Gottes, nicht der auf ein in sich verschlossenes Prinzip gerichtete kosmische Eros, worin das Sein des Seienden für das christliche Verständnis gründet. Der christliche Gott e r k e n n t seine Schöpfung; das bereitet große Schwierigkeiten angesichts eines Erkenntnisbegriffes, der Erkennen als Verursachtwerden, also als Aktuierung einer Potentialität, nimmt und Gott als dem reinen *actus* damit widerspricht. Thomas hilft sich mit Heranziehung der platonisch-augustinischen Lehre von den exemplarischen Ideen im Geiste Gottes, in denen die Wesensgestalt der Welt gründet und nach dem Axiom *Cognita causa, cognoscitur eius effectus* [»Ist eine Ursache erkannt, erkennt man deren Wirkungen«][18] erkannt ist. Gott als *causa omnium rerum* [›Ursache aller Dinge‹] ist die Bedingung der Formwirklichkeit der von ihm geschaffenen Welt; er ›erkennt‹ diese Welt, indem er sich selbst in seinem ursächlichen Bedingung-Sein erkennt. Indem in aller Kausalität nicht nur ein energetischer, sondern auch ein eidetischer Zusammenhang gesehen wird, gelingt es, aristotelische und christliche Metaphysik des Weltprinzips zu vereinen.

---

18 Summa c. Gent. I, 50 [nr. 419; ed. Leon. XIII, 144a].

Aber dieser Harmonisierungsversuch hat seine Grenzen. Die eidetische Exemplarität des ersten unbewegten Bewegers ist die Bedingung der Wesensformen der wirklichen Welt, die aber erst in der Information der hyletischen Potentialität zu ihrer vollen konkreten Existenz gelangen. Damit aber ist das konkret Existierende der göttlichen Erkenntnis entzogen; die hyletisch gegründete Existenz ist den Wesensformen gegenüber das im genauen Wortsinn Zufällige, aus dem eidetischen Ursachzusammenhang nicht Herleitbare und damit in der göttlichen Exemplarität auch nicht Erkennbare. Für das Wirklichkeitsverständnis des Aristoteles ist die konkrete zufällige Existenz folgerecht unbedeutsam. Aber kann sie das auch für den christlichen Gott sein, der im gläubigen Bewußtsein nicht der ›Wesenheit‹ des Menschen im allgemeinen, sondern in Vorsehung, Gnade und Gericht jedem auf sich geworfenen Selbst zugewandt ist? Und sieht nicht der christliche Mensch gerade die Faktizität und Zufälligkeit der Welt und ihrer Erscheinungen aufgehoben in den Willenskundgaben Gottes? Die aristotelische Metaphysik ist diesem neuen Bewußtsein nicht gewachsen; ihr Gott ist über den Bereich des Wesenhaft-Notwendigen hinaus blind.

Thomas von Aquino muß die Schwere dieses Problems empfunden haben. Er versucht, den Begriff der göttlichen Erkenntnis noch von einem anderen Ansatz her zu entwickeln. Gott kann nur ein vollkommenstes Erkennen eignen; was aber als Allgemeines erkannt wird, ist nur seiner Allgemeinheit nach, aber nicht in seiner äußersten ›Perfektion‹ und eher in seiner Möglichkeit als in seiner Wirklichkeit erkannt – ein solches Erkennen kann nicht vollkommenstes genannt werden.[19] Hier ist ein entscheidender Neuansatz des Problems; aber wie soll er mit den Mitteln der aristotelistischen Metaphysik durchgehalten wer-

19 A. a. O., I, 50 arg. 4 [nr. 422; ed. Leon. XIII, 144b]: *Quod autem cognoscitur in communi tantum, non perfecte cognoscitur; ignoratur enim ea quae sunt praecipua illius rei, scilicet ultimae perfectiones, quibus perficitur proprium esse eius; unde tali cognitione magis cognoscitur res in potentia quam in actu* [»Was aber nur im Allgemeinen erkannt ist, ist nicht vollkommen erkannt. Es bleibt nämlich all das unerkannt, was das Besondere eines Dinges ist, nämlich die letzten Vollkommenheiten, durch welche das ihm eigentümliche Sein vollendet wird; daher wird auch durch eine solche Erkenntnis das Ding mehr der Potenz nach als im Akt erkannt«].

den? Mögliche Wesenheit und wirkliche Wesenheit haben zwar einen sinnlich faßbaren, aber keinen noetisch bedeutsamen Unterschied, insofern die konkretisierende Funktion bei dem bestimmungslosen hyletischen Substrat liegt. Es bleibt eben gerade ungeklärt, inwiefern die aktuale Wesenheit eine *ultima perfectio* [›letzte Vollkommenheit‹] gegenüber der potentialen Wesenheit darstellt; und damit ist die These, das göttliche Erkennen als notwendig vollkommenstes müsse auf das konkrete Seiende und nicht auf die allgemeine Wesensform gerichtet sein, ihrem ontologischen Fundament nach fragwürdig geworden. Das christliche Wirklichkeitsverständnis fordert eine ontologisch zureichende Klärung des *ultima perfectio*-Ranges der konkreten Wirklichkeit; das aristotelische Individuationsschema führt in die entgegengesetzten Konsequenzen. | S. 57 |

Thomas hält das Individuationsschema dennoch fest; eine göttliche Individualerkenntnis muß auch so zu begründen sein: Wenn die Wesensformen der Weltdinge den Stoff zur Bedingung ihrer Wirklichkeit haben, dann ist diese Bedingung ihnen schon wesentlich zugehörig und damit erkennbar.[20] Der Stoff wird also trotz seiner Arationalität als Bedingung der Wirklichkeit der Weltdinge von Gott erkannt; damit aber ist die individuierende *compositio* der göttlichen Erkenntnis zugänglich. Ist damit das Problem überwunden? Was hier den Charakter der Erkennbarkeit gewinnt, ist wiederum ein Allgemeines, nämlich der rein numerische Sinn der Vielfalt innerhalb der Arteinheiten; Gott würde nun die numerische Multiplikabilität der Wesensformen durch das hyletische Substrat erkennen. Es erhebt sich die Frage, wie eine rein numerische Konkretion als *ultima perfectio* aufgefaßt werden kann. Die aristotelistische Individuation ›individuiert‹ – sofern der Begriff überhaupt noch zutrifft – zu ›Exemplaren‹.

Die Unangemessenheit dieser Folgerungen hätte sich auch Thomas von den Gedanken her, die er über die Schöpfung entwickelt, aufdrängen müssen. Dort will er in der Gegenüberstellung von Einheit des Seins-

---

20 A. a. O., I, 51 [nr. 431; ed. Leon. XIII, 148a]: *formae rerum naturalium sine materia existere non possunt: cum nec sine materia intelligantur* [»Die Formen der Naturdinge können nicht ohne Materie bestehen, weil sie auch nicht ohne Materie erkannt werden«].

grundes und Vielheit des Seienden die Machtfülle der Schöpfung herausheben und ist deshalb gerade auf eine ontologisch positive Wertung dieser Vielheit bedacht. Was ein Seiendes zu diesem Seienden bestimmt, kann nicht darüber hinaus einem anderen Seienden zukommen; was also allem Seienden zukommt, nämlich das Sein, und was Substrat der Formen der Naturdinge ist, nämlich der Stoff, können demnach nicht ein Seiendes als dieses Seiende bestimmen.[21] Hier wird der legitime Ansatz für eine positive ontologische Konzeption der Individualität und die Überwindung der bloßen Vervielfältigung des Individuationsschemas aus christlichen Antrieben heraus sichtbar. Freilich liegt eine Vermengung numerischer und qualitativer Individualität vor; denn die Aufzeigbarkeit eines Seienden als ›dieses‹ beruht zunächst nur auf seiner numerischen Einzelheit und kann nicht als positive Bestimmtheit genommen werden, auf die es doch in diesem Gedankengang abgesehen ist; die pure *singularitas* [›Einzelhaftigkeit‹] kann nicht die *ultima perfectio* des konkreten Seienden ontologisch charakterisieren.[22]

Ein Versuch der positiven Charakteristik des Konkreten deutet sich auch darin an, daß Thomas die Aktualität als spezifizierende Differenz der Gattung interpretiert.[23] Aber dabei ist zwar der artlich-universale

---

21 A.a.O., II, 15 arg. 1 [nr. 923; ed. Leon. XIII, 294b-295a]: *Impossibile est autem aliquod unum duobus convenire et utrique secundum quod ipsum. Quod enim de aliquo secundum quod ipsum dicitur, ipsum non excedit … Esse autem dici-* | S. 102 | *tur de omni eo, quod est* [»Es ist aber unmöglich, daß ein und dasselbe zwei (verschiedenen Seienden) zukommt und beiden gemäß demselben. Was nämlich von etwas gemäß demselben ausgesagt wird, geht nicht über dieses hinaus. … ›Sein‹ wird aber von allem ausgesagt, was ist«].

22 A.a.O., I, 42 arg. 10 [nr. 345; ed. Leon. XIII, 119b]: *Nihil eorum, quae conveniunt huic signato, inquantum est hoc signatum, possibile est alii convenire: quia singularitas alicuius rei non est alteri praeter ipsum singulare* [»Nichts von den (Dingen), die diesem einen Bezeichneten zukommen, insofern es dieses Bezeichnete ist, kann einem anderen zukommen, da die Einzelhaftigkeit eines Dinges kein anderes besitzt außer diesem Einzelding«].

23 A.a.O., I, 42 arg. 8 [nr. 343; ed. Leon. XIII, 119a]: *Differentia specificans genus non complet generis rationem, sed per eam acquiritur generi esse in actu* [»Der Unterschied, der die Gattung zur Art hin bestimmt, vervollständigt nicht den Begriff der Gattung, sondern verschafft durch ihn der Gattung das Im-Akt-Sein«]; a.a.O., I, 65 [nr. 530; ed. Leon. XIII, 179a]: *Deus cognoscit alia, inquantum est*

Wesensgehalt des einzelnen Seienden getroffen, jedoch gerade darin, daß es dieses konkrete und faktisch Existierende ist, bleibt es unberührt. Aktualität als die an allen ›Exemplaren‹ einer Formeinheit aufweisbare Verwirklichungsweise eines Gestaltprinzips kennzeichnet das Seiende gerade nicht, insofern es faktisch dieses als einmalige Wirklichkeit ist, das heißt: in seiner Existenz. Der als erster unbewegter Beweger verstandene Gott ist auf Aktualität bezogen, der christliche Schöpfergott auf Existenz.

(e) Die Entwurzelung der Individuationsfrage

Die Universalität der Wesensform war für Aristoteles die Lösung des Problems der Möglichkeit induktiver wissenschaftlicher Erkenntnis. Die Individuation als ontologisches Thema hat nur insofern Sinn, als an dieser Universalität der Wesensformen als dem, was individuiert wird, festgehalten ist. Wenn nun auch in der augustinischen Denklinie des Mittelalters die Individuationsfrage aufgenommen worden ist, obwohl ihr die augustinische Fundierung der Allgemeingültigkeit der Erkenntnis in der illuminativen Teilhabe an den göttlichen exemplarischen Ideen und die daraus fol- | S. 58 | gende Aufhebung der Forderung universaler Formen den sachlichen Boden entzieht, so ist das bezeichnend für die Gebundenheit des Mittelalters an die Autorität der antiken Tradition. So müssen wir denn zu unserem Erstaunen bei Bonaventura, dem großen augustinischen Zeitgenossen des Thomas von Aquino, dem aristotelistischen Individuationsschema begegnen.[24] An

---

causa eis. Effectus autem Dei sunt res singulares. Hoc enim modo Deus causat res, inquantum facit eas esse in actu: universalia autem non sunt res subsistentes, sed habent esse solum in singularibus … Deus igitur cognoscit res alias a se non solum in universali, sed etiam in singulari [»Gott erkennt andere (Dinge), insofern er Ursache für sie ist. Die Wirkungen Gottes aber sind die Einzeldinge. Auf diese Weise verursacht nämlich Gott die Dinge, insofern er bewirkt, daß sie im Akt sind; die allgemeinen (Dinge) sind aber keine subsistierenden Dinge, sondern haben ihr Sein nur in den Einzeldingen (…) Gott erkennt also die Dinge, die von ihm verschieden sind, nicht nur im Allgemeinen, sondern auch im Einzelnen«].

24 II. Sent. d.18 a.1 q.3 c. [ed. Quar. II, 441b]: *Forma … universalis non est aliud quam forma totius, quae, cum de se nata sit esse in multis, universalis est; particu-*

anderer Stelle seines Sentenzenkommentars, wo er die verschiedenen Lehrmeinungen über die Individuation ausführlich referiert, deutet sich eine Auflockerung des traditionellen Schemas und eine eigenständigere Aufnahme des Problems an, indem zur ontologischen Charakteristik der Individualität der Begriff der Existenz herangezogen und von der Aktualität der Wesensform klar geschieden wird; dabei wird klar gesehen, daß die Aktualität von der Form her, die Existenz aber von der Materie her interpretiert werden muß.[25] Materie und Form erweisen sich als die an kosmologischer Orientierung gewonnenen Auslegungen von Überhaupt-sein und So-sein.

Die christliche Erfahrung der Existenz als des Schwerpunktes des göttlichen Schöpfungs-, Fügungs- und Heilswillens kommt in den mittelalterlichen Grenzen der Problemfähigkeit zu einer dem Anspruch ursprünglicher Interpretation weitaus mehr genügenden Auslegung in der Individualmetaphysik des Duns Skotus. Die Einzigkeit des Einzelnen ist nicht nur seine pure Aufzeigbarkeit als ›dieses‹ im Sinne der numerischen Singularität, die sehr treffend als *singularitas in communi* [›Singularität im Allgemeinen‹] bezeichnet ist, wobei das ›Allgemeine‹ in dem Exemplar-sein der nur numerischen Individualität – die diese

---

larizatur autem non per additionem ulterioris formae, sed per coniunctionem sui cum materia, ex qua coniunctione materia appropriat sibi formam, et forma materiam [»Die universale Form ist nichts anderes als die Form des Ganzen, die, weil sie von sich aus dazu geboren ist, in vielen zu sein, universal ist; sie wird aber nicht partikularisiert durch Beifügung einer höheren Form, sondern durch ihre Verbindung mit Materie; aus dieser Verbindung heraus eignet sich die Materie der Form, die Form der Materie zu«].

25 II. Sent. d.3 p.1 a.2 q.3 c. [ed. Quar. II, 109b-110a]: *dicendum quod individuum est hoc aliquid. Quod sit hoc, principalius habet a materia, ratione cuius forma habet positionem in loco et tempore. Quod sit aliquid, habet a forma. Individuum enim habet esse, habet etiam existere. Existere dat materia formae, sed essendi actum dat forma materiae. Individuatio igitur in creaturis consurgit ex duplici principio* [»Es ist zu sagen, daß ein Individuum ein ›dieses etwas‹ ist. Daß es ›dieses‹ ist, hat es nach höherem Grundsatz von der Materie, auf deren Grundlage die Form ihre Setzung in Ort und Zeit besitzt. Daß es ein ›etwas‹ ist, hat es von der Form. Hat nämlich ein Individuum ein Sein, hat es auch ein Existieren. Das Existieren gibt die Materie der Form, aber den Akt des Seins gibt die Form der Materie. Die Vereinzelung entsteht also bei den geschaffenen Dingen aus einem zweifachen Prinzip«].

Bezeichnung in sehr ungenauem Sinne trägt – gesehen werden muß. Vielmehr ist diese numerische Singularität selbst erst begründet in der jeweils einzigartigen Einheit der ontischen Bestimmtheit des Seienden, der *singularitas in speciali* [›Singularität im Besonderen‹]. Ist die Einzigkeit des Einzelnen als Einzigartigkeit seiner ontischen Bestimmtheit zu verstehen, dann ergibt sich auch sogleich die Unteilbarkeit – In-dividuum! – in Teile, die noch Teile ›dieses‹ der-artigen Seienden wären, positiv seine *unitas signata ut haec* [›als dieses bezeichnete Einheit‹].[26] Dieser Zusammenhang ist keineswegs von allgemeinverbindlicher logischer Stringenz, denn die numerische Singularität ist durchaus als indifferent zur artungsmäßigen Einzigkeit denkbar. Es lassen sich Seiende völlig gleichartiger ontischer Bestimmtheit denken, die nur im Zeigen als ›dieses‹ und ›jenes‹ unterschieden werden. Der Ausschluß dieser Möglichkeit liegt aber ohne weiteres in der inneren ›Logik‹ des christlichen Wirklichkeitsverständnisses, dem die Interpretation eines Seienden als ›Exemplar‹ fremd sein muß. Das Fundierungsverhältnis bei Duns Skotus ist also die Zurückführung der Einzigkeit auf die Einzigartigkeit, während im Aristotelismus zunächst die Einzigkeit je dieses Exemplares einer Artgestalt hergeleitet und erst dann, indem die ›Stelle‹ im kosmischen Zusammenhang als ontisches Bestimmungs-

26 Op. Ox. II d.3 q.4 n.3 [ed. Wadd. VI/1, 383; vgl. Ord. II d.3 p.1 q.4 n.76 ed. Vat. VII, 426, Z. 18-427, Z. 7]: *Primo expono, quid intelligo per individuationem, sive unitatem numeralem, sive per singularitatem, non quidem unitatem indeterminatam, secundum quam quodlibet in specie dicitur unum numero, sed unitatem signatam ut hanc, ita quod ... individuum impossibile est dividi in partes subiectivas; et quaeritur ratio impossibilitatis; ita dico, quod individuum est incompossibile, non esse hoc signatum hac singularitate, et quaeritur causa non singularitatis in communi, sed huius singularitatis in speciali signatae, scilicet ut est haec determinate* [»Zuerst lege ich dar, was ich unter Individuation oder numerischer Einheit oder unter Singularität verstehe. Ich verstehe (es) nicht (als) unbestimmte Einheit (wodurch ein jedes in seiner Art ein ›Eines der Zahl nach‹ genannt wird), sondern (als) eine bezeichnete Einheit (als ein ›Dieses‹), so daß es (...) für ein Individuum unmöglich ist, in subjektive Teile geteilt zu werden; und gesucht wird der Grund für die Unmöglichkeit; so sage ich, daß es für ein Individuum unvereinbar ist, nicht ein ›Dieses‹ zu sein, das durch diese Singularität bezeichnet ist, und gesucht wird nicht die Ursache für die Singularität im allgemeinen, sondern (die Ursache) ›dieser‹ Singularität, die im besonderen bezeichnet ist, nämlich wie es ein im determinierten Sinne ›Dieses‹ ist«].

stück genommen wird, eine innere Differenzierung angesetzt werden kann. Mit dieser Umkehrung des Fundierungszusammenhanges zwischen numerischer und qualitativer Konkretion wird ein ›Prinzip‹ der Individuation unhaltbar, das gehaltlich ›leer‹ und rein quantitativ ist wie die Materie.

Erst das Konkrete ist überhaupt seiende Wesenheit; es kann nicht gleichsam ›Produkt‹ einer universalen Wesensform und des ganz heterogenen hyletischen Prinzips sein. Die ontologische Auslegung des Seienden kann nur als Aufweis seiner vollen Einzigkeit angesetzt werden, das heißt: es darf nicht zunächst ein Wesensgehalt, der als allgemeine Artform aufgefaßt wird, angenommen und sodann zur Erklärung der Vereinzelung ein formfremdes Element eingeführt werden. Wenn ›Form‹ der Leitbegriff der Interpretation des Seinsgehaltes des Seienden ist, dann ist auch das Seien- | S. 59 | de als ›dieses‹ durch ›Form‹ konstituiert. Es gibt kein ›Absetzen‹ in der Strukturanalyse des Seienden an der Grenze der gattungs- und artmäßigen Definierbarkeit; dieser sichert zwar auch Duns Skotus ein sachliches Fundament in der *natura communis* [›allgemeine Natur‹], aber diese ist gerade nicht ›allgemein‹ im Sinne einer erst zu individuierenden ontischen Einheit, sondern sie ist nur hinsichtlich der Übereinstimmung von Grundbestimmtheiten von Seiendem ›gemeinsam‹ und findet erst im Begriff ihre ›Einheit‹.[27] Die Individualität ist zu verstehen als totale Differenzie-

27 A. a. O., II d.3 q.1 n.7 [ed. Wadd. VI/1, 357; vgl. Ord. II d.3 p.1 q.1 n.30-32 ed. Vat. VII, 402, Z. 11-403, Z. 10]: *Aliqua est unitas in re realis absque omni operatione intellectus, minor unitate numerali, sive unitate propria singularis; quae unitas est naturae secundum se; et secundum istam unitatem propriam naturae, ut natura est, natura est indifferens ad unitatem singularem; non ergo de se est sic una unitate illa, scilicet unitate singularitatis … Intellige, non est ex se una unitate numerali, nec plures, pluralitate opposita illi unitati, nec universalis actu eo modo quo aliquid est universale factum ab intellectu, non ut obiectum intellectus, nec est particularis de se; licet enim nunquam sit realiter sine aliquo istorum, non tamen est de se aliquod istorum, sed est prius naturaliter omnibus istis. Et secundum istam prioritatem naturalem est quod quid est, et per se obiectum intellectus, et per se ut sic, consideratur a Metaphysico, et exprimitur per definitionem* [»Es gibt in den Dingen unabhängig von jeder Tätigkeit eines Intellekts eine reale Einheit, geringer als die numerische Einheit bzw. als die eigentümliche Einheit eines Singulären; diese Einheit ist (die Einheit) der für sich genommenen Natur, und gemäß dieser eigentümlichen Einheit der Natur, insofern sie Natur ist, ist die Natur

rung der *natura*; zur *differentia specificans* [›spezifizierenden Differenz‹] tritt gleichsam eine weitere und letzte *differentia individuans* [›individuierende Differenz‹].[28] Damit ist die Individualität in den Bereich des ontologisch Bedeutsamen einbezogen; sie ist gegründet auf ein positives ontisches Prinzip, das der Artform gleichrangig ist, die *entitas singularis* [›singuläre Entität‹] oder *haecceitas*.[29]

In dem Gegensatz ihrer Lehre vom konkreten Seienden vertreten Aristoteles und Duns Skotus den Gegensatz ihrer Wirklichkeitsbegriffe.

---

indifferent gegenüber der Einheit der Singularität; sie ist daher nicht von selbst eine kraft dieser Einheit, d.h. der Einheit der Singularität. (...) Begreife: Es ist eine [Pferdheit] weder ›von sich aus eine‹ kraft einer numerischen Einheit, noch ist sie ›viele‹ kraft einer Vielheit, die jener Einheit entgegengesetzt sei; sie ist weder im Akt ›ein Universale‹, d.h. auf eine Weise, wie etwas als ein Gegenstand des Intellekts ein Universale ist, noch ist sie von selbst ›ein Partikulares‹. Mag es nämlich sein, daß ohne eine dieser Bestimmungen [die Pferdheit] nie ›realiter‹ existiert, ist sie von selbst keine von diesen, sondern sie geht von Natur aus allen vorher. Und gemäß jener natürlichen Priorität ist ›das, was etwas ist‹, ›per se‹ der Gegenstand des Intellekts und wird ›per se‹ als solche vom Metaphysiker in Betracht gezogen und in einer Definition ausgedrückt«].

28 A.a.O., II d.3 q.6 n.12 [ed. Wadd. VI/1, 408; Ord. II d.3 p.1 q.5-6 n.180 ed. Vat. VII, 479, Z. 19-21]: *ista realitas individui est similis realitati specificae, quod est quasi actus determinans illam realitatem speciei quasi possibilem et potentialem* [»Diese Realität eines Individuums ist ähnlich einer artmäßigen Realität, weil sie gleichsam ein Akt ist, der jene Realität der Art gleichsam als mögliche und potenzhafte bestimmt«].

29 A.a.O., n.9 [ed. Wadd. VI/1, 407; Ord. II d.3 p.1 q.5-6 n.170 ed. Vat. VII, 475, Z. 7-20]: *Omnis differentia differentium reducitur ad aliqua primo diversa ... Igitur praeter naturam in hoc et in illo sunt aliqua primo diversa, quibus hoc et illud differunt. ... Ista non possunt esse negationes ... nec aliqua accidentia ... Ergo erunt aliquae entitates positivae per se determinantes naturam* [»Jede Verschiedenheit bei (Seienden), die verschieden sind, ist zurückzuführen auf irgendwelche (Seiende), die von ihrem Ursprung her verschieden sind. (...) Also gibt es außer der Natur in ›diesem‹ und in ›jenem‹ irgendwelche von ihrem Ursprung her verschiedene Dinge, durch die ›dieses‹ und ›jenes‹ sich unterscheiden. (...) Diese können keine Negationen sein (...) noch irgendwelche Akzidentien (...). Also werden es irgendwelche positive Entitäten sein, die durch sich die Natur bestimmen«]; Report. Paris. II d.12 q.8 n.2 [ed. Wadd. XI/1, 331]: *Igitur aliquid intrinsecum individuo, sed extrinsecum naturae, et per se determinans naturam ad hoc individuum* [»Also (ist es) etwas Intrinsisches für das Individuum, Extrinsisches für die Natur, und durch sich (etwas), das die Natur zu diesem Individuum bestimmt«].

Denn derart extreme Gegenpositionen in der Lösung eines Problems deuten darauf hin, daß es gar nicht dieselbe ›Sache‹ ist, um die es beiden geht. Wenn in der Gleichschaltung von logischer und ontologischer Ordnung bei Aristoteles die logische Möglichkeit zum Anhalt der Ontologie werden kann, dann muß auch die vollste gehaltliche Seinsbestimmtheit noch als ›allgemeine‹ gedacht werden können, als in mehreren ›Fällen‹ vorkommend; das heißt: Der Artbegriff ist die unterste Grenze positiver Begrifflichkeit überhaupt, kein Begriff kann die konkrete Einzigkeit erreichen, weil er immer noch als individuierbar gedacht werden kann; was die Individualität ausmacht, kann also selbst keine positive Bestimmtheit sein, sondern ein Moment leerster Unbestimmtheit. Die Aufzeigbarkeit als ›dieses‹ läßt sich verstehen als inhaltloseste Allgemeinheit;[30] zu dieser bot sich Aristoteles der Urstoff als das aus der begriffsrealistischen Grundposition geforderte ontische Korrelat an. Gehaltliche Konkretion, die in der Art ihre untere Grenze hat, und Individuation fallen so ontologisch völlig auseinander.

Für Duns Skotus steht die ›Sache‹ selbst schon unter einem ganz anderen Aspekt. Der Wirklichkeitsbegriff ist nicht mehr an der logischen Denkbarkeit des Vorkommens orientiert, sondern von der Zuordnung alles Seienden zu einem personalen Willen durch und durch bestimmt. Die ›Stelle‹ im Realzusammenhang, die unter dem Aspekt der logischen Denkbarkeit dem Seinsgehalt zufällig ist, hat nun einen festen, im Schöpferwillen fundierten inneren Zusammenhang mit diesem Wesensein. So kann das Mittelalter Seinsgehalt und Welt›stelle‹ des Seienden ontologisch nicht trennen. Die pure Aufzeigbarkeit als ›dieses hier‹ trägt nichts mehr aus für den eigentlichen Ansatz des Problems der Individualität; sie bedeutet nur noch die äußere Indizierung des schon je Einzigen, weil Einzigartigen. Die Integration der Konkretion macht die Individualität schon aus.

Damit ist das traditionelle Problem einer ›Individuation‹ im genauen Verstande aufgehoben. Wenn Duns Skotus es als solches noch

30 Vgl. Hegel, Enzyklopädie [§ 20] (hrsg. Lasson), 55 [vgl. GW 20, 65, Z. 6-8]: *Wenn ich sage: das einzelne, dieses einzelne, hier jetzt, so sind das alles Allgemeinheiten; alles und jedes ist ein einzelnes.*

ernst nimmt, dann deshalb, weil er mit der Ablösung seiner Konzeption der *natura communis* [›allgemeine Natur‹] vom traditionellen Schema der ontisch universalen Substanz nicht zu voller Klarheit gelangt ist.[31] Ist dennoch im Sinne der Durchbrechung des ontologischen Vorranges der Wesenheit eine Wendung erreicht? Mag die *natura communis* noch immer nicht eindeutig von dem herkömmlichen Substanzbegriff gelöst sein, so ist doch ganz offenbar, daß das Schwergewicht des onto- | S. 60 | logischen Fragens nicht mehr in den Bezirk der ontisch universalen und definierbaren Substanz eingegrenzt ist, sondern jetzt gerade dort liegt, wo das Gattungs- und Arthafte zur Interpretation nicht mehr zureicht.[32] Das Individuum ist im eigentlichen Sinne das Seiende und in ausgezeichneter Weise ›substanzial‹;[33] das heißt: Wesenheit und Konkretion sind identisch. Damit hat sich eine Weise des Seinsverständnisses durchgesetzt, die nicht in der Gewinnung und Deutung des Allgemeinen, sondern in der Erschließung der ›Eigenart‹ als konkrete Existenz und Unableitbares sich erfüllt. Die Ursprünglichkeit der christlichen Innenerfahrung und die Konzeption des personalen Seinsgrundes waren die Antriebe dieser Wendung.

31 Op. Ox. II d.3 q.1 n.7 [ed. Wadd. VI/1, 357]: *ubi natura est cum singularitate, non est natura illa de se terminata ad singularitatem, sed est prior* | S. 103 | *naturaliter illa ratione contrahente ipsam ad singularitatem* [»Wo es eine Natur mit ihrer Singularität gibt, ist jene Natur nicht von sich aus zur Singularität bestimmt, sondern ist von Natur aus früher als jene Bestimmtheit, die genau sie zur Singularität zusammenführt«]; vgl. Reinhold Messner, a. a. O., 119ff.

32 Quaest. in. Metaph. VII q.13 n.15 [ed. Wadd. IV, 703 a; n.97 Op. Philos. IV, 251, Z. 9-12]: *et tamen praeter naturam specificam habent formas individuales, per quas distinguuntur formaliter, quae non pertinent ad definitionem speciei* [»Und dennoch haben außer ihrer spezifischen Natur individuelle Formen, durch die formell (die Dinge) unterschieden werden, die sich nicht auf die Definition der Art beziehen«].

33 A. a. O., n.17 [ed. Wadd. IV, 704b; n.119 Op. Philos. IV, 259, Z. 5f.]: *Individuum est verissime ens et unum … quod est maxima substantia …* [»Ein Individuum ist in wahrhaftigster Weise ein Seiendes und ein Eines (…), weil es im größten Maße Substanz ist (…)«].

(f) Aktualität als Auslegungsmodus von ›existentia‹

Die Neuzentrierung des Seinsverständnisses, die am Leitfaden der Umgestaltung des Individuationsproblems sichtbar gemacht werden sollte, eröffnet die Möglichkeit eines Ansatzes der Frage nach der Existenz. Diese Frage wird aus dem Horizont heraus, innerhalb dessen sie freigegeben ist, unter einen zweifachen Aspekt gestellt: Erstens bestimmt die christliche Konzeption des Seinsgrundes ›Existenz‹ als den Begriff des Überhaupt-seins des Seienden, des *aliquid potius existere quam nihil* [›daß etwas eher existieren (sollte), als daß nichts (ist)‹], der radikalen Enthobenheit aus dem Nichts; zweitens wird im Existenzbegriff die Auslegung der ursprünglichen Erfahrungen des christlichen Bewußtseins möglich, in denen es sich als abkünftig aus dem Nichts und zukünftig auf die Ewigkeit des Seins, je als einzelnes in die Aufgegebenheit des eigenen Heils hineingestellt, erschlossen ist. Es ist sogleich offenbar, daß dieser zweite Zug der Existenzfrage, überführt in einen radikal anderen Horizont der Erfahrung, unmittelbar auf Heideggers ›Existenz‹ verweist. Freilich wird man sich gerade für diese Linie der Existenz-Auslegung nichts von dem Stichwort *existentia* eines imaginären Gesamtregisters des mittelalterlich-scholastischen Schrifttums versprechen dürfen. Im Gegenteil: Um die ursprüngliche Leistung, die in der Zuspitzung und Selbstaufhebung des Individuationsproblems dargestellt wurde, noch zu verdeutlichen, empfiehlt es sich, gerade den Bedeutungsgehalt des Begriffes *existentia* heranzuziehen, um zu sehen, wie sich hier die Problemunfähigkeit der traditionellen Ontologie für die Existenzfrage unverwandt behauptet. Seine auffälligste Herausstellung hat der Begriff der *existentia* in der vielumstrittenen Lehre von der realen Geschiedenheit von *essentia* und *existentia* erfahren.

Die *distinctio realis* hat ihren letzten Ursprung wohl in dem platonischen Seinsverständnis mit seinem Chorismos von eigentlichem Sein und methektischem [›teilhabendem‹] Sein, der von Augustinus zwischen göttlichem Sein und weltlichem Sein wiedergefunden wird. Die Notwendigkeit Gottes und die Zufälligkeit der Welt fordern eine angemessene ontologische Interpretation; diese bietet sich an aus der realistisch gewendeten logischen Einsicht des Aristoteles, daß dem Notwendigen die Einheit und dem Zufälligen die Zusammengesetztheit zukomme – im Urteil wie in der Sache! Die platonisch-augustinische Konzeption, nach der das weltliche zufällige Seiende dadurch i s t , daß es am göttlichen notwendigen Sein teilhat, wird im Zusammentreffen mit der aristotelischen Reallogik in ein immanentes Deutungsschema überführt und als ontische *compositio* verstanden. Bei Boethius ist die Lehre von der *distinctio realis* [›realen Unterscheidung‹] grundgelegt in der noch wesentlich platonischen Deutung, daß durch die Teilhabe am reinen und eigentlichen göttlichen Sein zu dem, w a s etwas ist, h i n z u tritt, d a ß es ist. Daß-sein und Was-sein sind ontisch unterschieden, denn das Was-sein kann nicht aus sich sein Daß-es-ist haben; also muß es an anderem teilhaben, letztlich | S. 61 | an dem, was nicht mehr durch Teilhabe, sondern als sein Sein selbst ist.[34] Mag auch erst die arabische Strömung des Aristotelismus die volle Begrifflichkeit für die *distinctio realis* liefern, so ist doch hier ihr Fundament bereits gelegt. Diese Konzeption ist deshalb von besonderer Wichtigkeit, weil sie – in Aufnahme eines christlichen Grundanliegens, der ontologisch zurei-

---

34 Boethius, Quomodo substantiae in eo quod sint, bonae sint, cum non sint substantialia bona, liber (De hebdomadibus) (ed. Migne [PL 64, Sp. 1311B-C; vgl. ed. Moreschini, 187, Z. 26-188, Z. 34, 37-43]): *Diversum est esse et id quod est; ipsum enim esse nondum est; at vero quod est, accepta essendi forma, est atque consistit. Quod est participare aliquo potest; sed ipsum esse nullo modo aliquo participat. Fit enim participatio, cum aliquid iam est, est autem aliquid cum esse susceperit. Id quod est, habere aliquid praeterquam, quod ipsum est, potest; ipsum vero esse nihil aliud praeter se habet admixtum. … Omne quod est* [*quod est:* om. Moreschini], *participat eo quod est esse, ut sit; alio vero participat, ut aliquid sit; ac per hoc, id quod est, participat eo quod est esse ut sit; est vero ut participet alio quolibet. Omne simplex esse suum et id quod est, unum habet. Omni composito aliud est esse, aliud ipsum est.* [»Verschieden ist das Sein und ›das, was ist‹; denn das Sein selbst *ist* noch nicht, aber dagegen, ›was ist‹, weil es die Form ›zu sein‹ empfangen hat, *ist* und besteht. ›Was ist‹, kann an irgend etwas (anderem) teilhaben, aber das Sein selbst hat auf keine Weise an irgendeinem ›Etwas‹ teil. Teilhabe nämlich geschieht, wenn ein ›Etwas‹ bereits ist; es ist aber ein ›Etwas‹, wenn es ›Sein‹ empfangen hat. ›Das, was ist‹, kann etwas (anderes) haben außer dem, was es selbst ist; das Sein selbst aber hat nichts außer sich beigemischt. (…) Alles, ›was ist‹, hat teil an dem, was Sein ist, damit es ist; an einem anderen aber hat es teil, um ein ›Etwas‹ zu sein. Und dadurch hat das, ›was ist‹, um zu sein, teil an dem, was Sein ist; es ist aber, um an irgendeinem anderen teilzuhaben. Alles Einfache hat sein Sein und das, ›was es ist‹, als eines. Für jedes Zusammengesetzte ist das Sein das eine und ein anderes das ›Selbst-sein‹«].

chenden Interpretation der Transzendenz Gottes – allen Auslegungsweisen des weltlichen Seins den Boden bereitet, die es als Zusammensetzung, als Gefügtes verstehen wollen; damit erweist sie sich als Halt für die wieder vordringende Hergestelltheit-Interpretation. Die von Heidegger kritisch festgestellte Bedeutung der *existentia* als Vorhandenheit schafft sich hier Einlaß in die mittelalterliche Ontologie.

Es liegt nahe, daß die Interpretation des weltlichen Seienden als zusammengesetzten sich alsbald des hylomorphischen Schemas bedient und so auf die kosmologische Auslegung eines dem theologischen Transzendenzbewußtsein entspringenden Problems zurückfällt. Auch das tut schon Boethius, indem er die Identität von Wesenheit und Existenz in Gott darauf zurückführt, daß Gott Form ohne Materie sei, während alles übrige Seiende sein Sein eben aus der Zusammenkunft von Form und Materie habe und – so folgert Boethius – gerade deshalb mit dem Was-sein noch nicht sein Daß-sein haben könne.[35] Das zweifache *est* in dem *non est id quod est* hat auch einen zweifachen Sinn; das Seiende hat sein Sein nicht kraft seines Was-seins seiner Form, sondern aus der *compositio* von Form und Materie. Die hier angelegte Verquickung ontologischer und hylomorphisch-kosmologischer Strukturen und Verständnisweisen wird die ganze Scholastik überschatten.

Bei Thomas von Aquino findet sich kein Hinausgehen über das in diesem Ansatz Eingebrachte, sondern nur dessen systematische Durchführung. Auch er sieht die ontologische Charakteristik der Notwendigkeit des Seins in logischer Orientierung am analytischen Urteil in der Identität, die der Kontingenz des Seins, entsprechend dem synthetischen Urteil, in der *compositio*.[36] Die reale Scheidung von Was-sein und

---

35 De Trinitate II (ed. Peiper[, 153, Z. 28-36; ed. Moreschini, 170, Z. 92-95, 99]): *Sed divina substantia sine materia forma est atque ideo unum et est id quod est. Reliqua enim non sunt id quod sunt. Unumquodque habet esse suum ex his ex quibus est, id est ex partibus suis … Igitur non est id quod est* [»Die göttliche Substanz aber ist Form ohne Materie und deshalb ein Eines, und sie ist ›das, was ist‹. Die übrigen (Seienden) nämlich sind nicht ›das, was sie sind‹. Ein jedes nämlich hat sein Sein aus denen, aus denen es ist, d. h. aus seinen eigenen Teilen; (…) also ist es nicht ›das, was ist‹«].

36 Summa c. Gent. I, 22 arg. 2 [nr. 206; ed. Leon. XIII, 68a]: *Unumquodque est per*

Daß-sein dient ihm aber vor allem zur ontischen Begründung des Kausalzusammenhanges alles Seienden: was nicht notwendig aus sich eines ist, das ist zusammengefügt, und zwar durch ein Zusammenfügendes.[37] Verursachung ist also charakterisiert als Hinzutun von etwas zu etwas. Das erfaßt Thomas nach dem Schema von Potenz und Akt: Das, dem Wirklichkeit als ihm aus sich nicht Mögliches zukommt, ist Potentialität.[38] Indem das Sein des Seienden als Gewordensein, als verursachte Aktualität einer Potenz verstanden wird, entgeht das mit der ursprünglichen Konzeption der radikalen Seinsgründung entdeckte Moment der Existenz dem fragenden Zugriff.
Die Vorherrschaft der Aktualität als Auslegung des Seins des Seienden verdeckt der Scholastik das Problem der Existenz. Denn dieses in jener Auslegung irgendwie mit ›aufgehoben‹ sehen zu wollen, beruht auf Unschärfe der Fragestellung; das schließt zudem schon die Herkunft des *actus*-Begriffes aus einem die Frage nach dem Grund von Sein auslassenden Seinsverständnis aus. Das wird deutlich bei Wilhelm von Auvergne, der die *distinctio realis* recht eigentlich in der Scholastik heimisch gemacht hat. Gott ist das ›Sein‹ von allem Seienden, aber nicht in dem Sinne des *quod sunt* [›was sie sind‹], sondern des *quo sunt* [›wodurch sie sind‹].[39] Wenn dieses *quo sunt* als ›Existenz‹ des Seienden ausgelegt wird,[40] dann verrät sich darin das Mißverständnis der Exi-

---

suum esse. Quod igitur non est suum esse, non est per se necesse esse. Deus autem est per se necesse esse. Ergo Deus est suum esse [»Jedes Seiende ist durch sein eigenes Sein. Was also nicht sein eigenes Sein ist, ist nicht durch sich seinsnotwendig. Gott aber ist durch sich seinsnotwendig. Folglich ist Gott sein eigenes Sein«].

37 A.a.O., I, 22 arg. 3 [nr. 207; ed. Leon. XIII, 68b]: *Omne autem quod convenit alicui quod non est de essentia eius, convenit ei per aliquam causam* [»Alles aber, was einem zukommt und nicht zu seinem Wesen gehört, kommt ihm durch irgendeine Ursache zu«].

38 A.a.O., I, 22 arg. 4 [nr. 208; ed. Leon. XIII, 68b]: *Si ergo divina essentia est aliud quam suum esse, sequitur quod essentia et esse se habeant sicut potentia et actus* [»Wenn also das göttliche Wesen etwas anderes wäre als sein eigenes Sein, würde folgen, daß Wesen und Sein sich verhielten wie Potenz und Akt«]; a.a.O., arg. 5 [nr. 209; ed. Leon. XIII, 68b]: *omnis res in qua est aliud essentia et aliud esse, est composita* [»Jedes Ding, in dem das eine das Wesen ist, ein anderes das Sein, ist zusammengesetzt«].

39 De trinitate c. 7 (zit. bei Cl. Baeumker, Witelo. Münster 1908[, 314]).

40 Clemens Baeumker, a.a.O., 314.

stenz als eines ontisch ›Allgemeinen‹, Abstrahierbaren. Weil | S. 62 | Existenz gerade das je eigene und einzige Seiendsein ist, kann dieses *quo sunt* nur auf ein formgebendes, ›aktuierendes‹ Kausalprinzip hin verstanden werden, das dem Seienden gleichsam zur Erreichung seiner Werdemöglichkeit verhilft. An dieser Lehre und ihrer Fehlinterpretation zeigt sich deutlich, daß im Begriff der Aktualität keineswegs eine Auslegung des Existenzproblems gesucht werden darf.

Die vermeintliche Gleichbedeutung von *actus* und *existentia* geht wohl auch zurück auf die aristotelische Einsicht, daß es reine Potentialität nicht ›gibt‹, sondern daß Potentialität immer an einem Seienden als einem zumindest minimal Aktualen hängt;[41] insofern ließe sich die *existentia* mit dem *actus* identifizieren, wie es etwa auch in dem früher dem Witelo zugeschriebenen »Liber de intelligentiis«[42] geschieht: *quod actum non habet, nullo modo est* [»was keinen Akt hat, ist auf keine Weise«]. Umgekehrt liegt in der Potentialität die Nichtigkeit des Seienden beschlossen, aber doch nur in Hinsicht auf ein privatives Nichts.[43]

Wenn das Seiende als Zusammengesetztes verstanden werden kann, dann liegt es nahe, das Sein des Seienden im Zusammenhalt, im Bestand zu sehen. Es wurde bereits darauf hingewiesen, daß in dem transzendentalen *unum* eine derartige Interpretation zur Geltung kommt. Schon bei Augustinus ist ein Ansatz dazu aufzuzeigen, wenn auch hier noch die platonische Bedeutung des Einen dominiert.[44]

---

41 Aristoteles, Metaph. 1049 b.

42 ([Ps.-]Witelo), Liber de intelligentiis (ed. Baeumker)[, 18, Z. 23 f.]. Abschließende Stellung Baeumkers zur Verfasserfrage des Traktates in: Festschrift Franz Ehrle. Rom 1924 [erschienen unter dem Titel: Zur Frage nach Abfassungszeit und Verfasser des irrtümlich Witelo zugeschriebenen Liber de intelligentiis. In: Scritti di storia e paleografia. Miscellanea F. Ehrle. Rom 1924, Bd. 1, 87-102].

43 De intellig. [ed. Baeumker], 19[, Z. 24]: *quare quod est in potentia, de se possibile est ut non sit ens* [»Deshalb ist für das, was in Potenz ist, von sich aus möglich, daß es kein Seiendes ist«].

44 De moribus Manichaeorum II, 6[, 8] [ed. Migne PL 32, Sp. 1348; CSEL 90, 94, Z. 15-21]: *nihil est autem esse, quam unum esse. Itaque inquantum quidque unitatem adipiscitur in tantum est. Unitatis est enim operatio, convenientia et concordia, qua sunt, quantum sunt ea, quae composita sunt; nam simplicia, per se sunt quia una sunt; quae autem non sunt simplicia, concordia partium imitantur uni-*

Für Thomas von Aquino besagt das *unum* [›Eine‹] der Transzendentalientafel geradezu die *indivisio* [›Ungeteiltheit‹] als den Zusammenhalt und Bestand dessen, dem Zerfall als mögliche Richtung bevorsteht.[45] Diese Interpretation kann ihre Orientierung am Naturdinglichen nicht verleugnen. Der Zerfall, als dessen Negation hier das Sein des Seienden begriffen wird, offenbart den hyletischen Charakter des ›Nichts‹, dem dieses ›Sein‹ enthoben ist; das hyletische ›Nichts‹ ist das Nichts der Aktualität. Die ursprünglichen Möglichkeiten der Radikalität, mit der im christlichen Horizont die ontologischen Begriffe angesetzt werden können, sind hier verfehlt. Indem die ›Bestand‹einheit des kosmischen, hylomorphischen Seienden und die Einheit des Seins des Seienden überhaupt schon im Ansatz des Problems nicht auseinandergehalten werden, wird der transzendentale Bereich gar nicht angegangen, in dem die Rechtfertigung der Bedeutungseinheit des Seinsbegriffes gesucht werden muß.

Auf dem Hintergrund dieser nur angedeuteten Darstellung der Verfehlung der Fragemöglichkeit nach der Existenz wird der Ertrag der Verfolgung des Individuationsproblems durch das scholastische Denken

---

tatem et in tantum sunt, inquantum assequuntur [»›Sein‹ ist nichts anderes als ›Eines-Sein‹. Inwieweit deshalb etwas Einheit erlangt, insoweit ist es. Kennzeichen der Einheit ist nämlich Tätigkeit, Übereinstimmung und Einklang, wodurch die Dinge, die zusammengesetzt sind, ihr Sein haben, insoweit sie es haben; denn einfache Dinge sind durch sich, weil sie eins sind; die Dinge, die aber nicht einfach sind, ahmen durch Zusammenstimmen der Teile die Einheit nach und sind insoweit, als sie diese erreichen«].

45 Summa theol. I q.11 a.1 c. [ed. Leon. IV, 107a]: *Unum enim nihil aliud significat quam ens indivisum. Et ex hoc ipso apparet quod unum convertitur cum ente. Nam omne ens aut est simplex aut compositum. Quod autem est simplex, est indivisum et actu et potentia. Quod autem est compositum, non habet esse, quamdiu partes eius sunt divisae, sed postquam constituunt et componunt ipsum compositum. Unde manifestum est quod esse cuiuslibet rei consistit in indivisione* [»Das ›Eine‹ bezeichnet nämlich nichts anderes als ein ungeteiltes Seiendes. Und dies wird eben aus ihm selbst klar, weil das ›Eine‹ mit dem ›Seienden‹ austauschbar ist. Denn jedes ›Seiende‹ ist entweder einfach oder zusammengesetzt. Was aber einfach ist, ist sowohl aktuell als auch potenziell ungeteilt. Was aber zusammengesetzt ist, besitzt kein Sein, solange dessen Teile noch geteilt sind, (besitzt dann erst) aber (Sein), nachdem (diese Bestandteile) eben dieses Zusammengesetzte erstellen und zusammenfügen. Daher ist offenbar, daß das Sein eines jeden Dinges in seinem Ungeteilt-sein besteht«].

bis zu Duns Skotus um so bedeutsamer erscheinen. Von dem Blickwinkel des dort Erreichten aus erweist sich die ganze der Lehre von der *distinctio realis* zugrundeliegende Problemstellung als unangemessen. Das wird abschließend ganz deutlich zu machen sein an einem Zitat aus dem unter den Werken des Duns Skotus vorfindlichen, neuerdings aber Heinrich Bate zugeschriebenen[46] Kommentar zu den aristotelischen »Analytica Posteriora«: *Intelligendum est quod esse existere non consequitur essentiam primo, sed primo consequitur individuum. Individuum enim per se et primo existit* ... [»Man muß einsehen, daß das Sein als Existieren nicht zuerst der Wesenheit folgt, sondern zuerst dem Individuum folgt. Denn das Individuum existiert durch sich und zuerst«].[47]

(g) *Substanz und Faktizität*

Die Behauptung der ›Existenz‹ als ›Wesen‹ des ›Daseins‹ richtet sich gegen die traditionelle Deutung des menschlichen Wesens als Substanz. Substanzialität ist für Heidegger der ausgezeichnete Modus der Vorhandenheit-Interpre- | S. 63 | tation. ›Existenz‹ bedeutet die äußerste Entleerung des ›Wesens‹ von allen statisch-gehaltlichen Momenten. ›Faktizität‹ ist die genaue Verfassung dieses ›Wesens‹ des Daseins; so gehört sie der Struktureinheit der die ›Existenz‹ charakterisierenden ›Sorge‹ an. Der innere Zusammenhang der Faktizität mit der Zeitlichkeit des Daseins drängt sich unmittelbar auf und muß durchaus nicht als ein vorgreifendes Bestimmen der phänomenalen Basis auf die metaphysische Konzeption hin verstanden werden.[48] Aus der konstitutiven Verflochtenheit des Daseins in seine nächste, als Zeugwelt gekennzeichnete Umwelt ergibt sich für Heidegger exemplarisch die Ungültigkeit des Substanzschemas für die Interpretation des Daseins. Was sich bei dieser Analyse ergibt, ist treffend bezeichnet als *identification de l'homme*

46 Nach der von Martin Grabmann (Mittelalterliches Geistesleben, Bd. I. München 1926, 309f.) mitgeteilten und als gut begründet erachteten Meinung Ephrem Longprés.

47 Duns Skotus, Sup. libr. Analyt. Poster. II q.4 n.4 [ed. Wadd. I, 420a].

48 Gegen de Waelhens, a.a.O., 244.

à sa fonction.[49] Das ist freilich eine Auslegung, die ganz dem modernen Wirklichkeitshorizont zugehört.[50] Aber gibt es nicht auch in der ursprünglichen christlichen Wirklichkeitserfahrung Momente, die den Substanzbegriff in seinem verfestigten aristotelistischen Sinne als unzureichende, ja verfälschende Deutung des menschlichen ›Wesens‹ abweisen? Die Behandlung dieser Frage erforderte eine Darstellung der mittelalterlichen Anthropologie *in extenso*; hier müssen wenige Hinweise genügen.

Die Substanz als das Wesenhaft-Allgemeine von seienden ›Exemplaren‹ erwies sich uns als die angemessene Auslegungsweise eines kosmologisch orientierten Seinsverständnisses. Mit dessen Ablösung durch eine Metaphysik der inneren Erfahrung muß auch der Substanzbegriff infrage gestellt sein. In der Tat läßt sich die augustinische Metaphysik als starker Vorstoß gegen das substanziale Seinsverständnis gerade in den Zügen ansprechen, in denen die Ursprünglichkeit der christlichen inneren Erfahrungen zur Geltung kommt. War die kosmische Substanz das Klassifizierbare und in der Definition endgültig ›Festzustellende‹, das in seiner Stabilität als Projektion logischer Strukturen genommen werden muß, so wird nun eine Art von ›Wesen‹ erfahren, das radikalen Metakinesen ausgeliefert sein kann und darin seine konstitutive Faktizität offenbart. Dafür sind die paradigmatischen christlichen Erfahrungen ›Sünde‹ und ›Bekehrung‹. Das immer Einzige und je Eigene dieser Erfahrungen und zugleich die neue, in der Bezogenheit auf die Heilssituation liegende existenzielle Bedeutsamkeit derselben entziehen sich jeder substanzialen Interpretation.

Mit erstaunlicher ursprünglicher Kraft setzen sich diese Erfahrungen bei Augustinus gegen die Erblast des platonischen Denkens und seiner Kategorien durch. Zwar läßt er den neuplatonischen *mundus intelligibilis* [›intelligible Welt‹] in den schöpferischen Geist Gottes selber einrücken und gewinnt so der idealen Exemplarität ihren Boden in dem neuen Wirklichkeitshorizont; aber der Mensch in seiner geschichtlichen und heilsgeschichtlichen Eigenstellung tritt aus der Allbezogenheit auf den innergöttlichen Ideenkosmos in bezeichnender Weise her-

49 de Waelhens, a.a.O., 44.
50 Vgl. etwa die subtilen Analysen in Ernst Jüngers »Der Arbeiter«.

aus. Augustinus gibt dem christlichen Pathos der Geschichtlichkeit des Menschen Raum; dieses Pathos ist gespeist aus der Mächtigkeit der inneren Erfahrung, der sich nicht eine unverwandte, von Idealität her deutbare und mit logischer ›Endgültigkeit‹ zu bestimmende Wesenheit als die je eigene offenbart, sondern eine Weise des Existierens, in der der Mensch – wie in der Sünde – sein kann, was er nicht war, und – wie in der Bekehrung und Gnade – nicht das sein wird, was er ist. Die von Sünde und Gnade beherrschte augustinische Sicht der Geschichte ist die Außenwendung der in solcher je eigenen und einzigen Erfahrung eröffneten Wirklichkeitsstrukturen. Augustinus *läßt* | S. 64 | *sich bei seiner Beschreibung der Natur und des Menschen allzeit von seiner entscheidenden persönlichen Erfahrung leiten, von der Erfahrung seiner Bekehrung.*[51] So erweisen Sündigkeit und Bekehrung Faktizität als die Grundverfassung des menschlichen ›Wesens‹.

Die derart zutage kommenden Strukturen befaßt Augustinus unter dem Begriff der *mutabilitas* [›Veränderbarkeit‹]; sie ist der Inbegriff der Abkünftigkeit des weltlichen Seienden, der diese kennzeichnet als *a Deo, sed non de Deo, ex nihilo* [›durch Gott, aber nicht aus Gott, aus dem Nichts‹].[52] Das *mutari posse* [›das Verändert-werden-Können‹] ist Index der Geschöpflichkeit,[53] ist der ontische Grund von Faktizität, Zeitlichkeit und Geschichtlichkeit des Seienden.[54] Wenn im platonischen Sinne gerade die *incommutabilitas* [›Unveränderbarkeit‹] den entscheidenden Charakter des Seins ausmacht, dann muß sich diese Verständnisweise als unzureichend für die neu eröffneten Erfahrungen herausstellen; denn eine Verschiebung des ›eigentlichen‹

---

51 Étienne Gilson, Introduction (vgl. Anm. 50 zu § 3), 398.

52 Vgl. De natura boni c. 1 [vgl. ed. Migne PL 42, Sp. 551; CSEL 25/2, 855, Z. 5 f.: *omnia bona non nisi ab illo sunt, sed non de illo*; »Alle Güter sind einzig durch ihn, nicht aber aus ihm«]. | S. 104 |

53 Epist. XVIII, 2 [ed. Migne PL 33, Sp. 85; CSEL 34/1, 45, Z. 15 f.]: *Quod hic insinuavi quoquo modo mutabile, creatura dicitur* [»Was ich hier als in jeglicher Weise veränderlich vorstellte, heißt ›Geschöpf‹«].

54 De Trinitate V, 2[, 3] [ed. Migne PL 42, Sp. 912; CCSL 50, 208, Z. 12-14]: *Quod enim mutatur, non servat ipsum esse, et quod mutari potest, etiamsi non mutetur, potest quod fuerat non esse* [»Was sich nämlich verändert, bewahrt nicht sein eigenes Sein, und was verändert werden kann, auch wenn es sich nicht veränderte, kann (das), was es gewesen war, nicht (mehr) sein«].

Seins in das Jenseits des Chorismos und die Überlassung der hiesigen Erfahrung an eine ungeklärte Nichtigkeit ist nunmehr ausgeschlossen, da diese hiesige Wirklichkeit sich als zum ›Heil‹ und zur ›Ewigkeit‹ bestimmt erwiesen hat. Augustinus weiß sich, zwischen der Autorität Platos und der Erfahrung der *mutabilitas* [›Veränderbarkeit‹] stehend, nicht anders zu helfen, als daß er die Faktizität als einen Umschlag von Sein zu Sein erklärt: *quae mutantur, desinunt esse quod erant, et incipiunt esse quod non erant* [»Die Dinge, die sich verändern, verlieren das Sein, das sie waren, und fangen an zu sein, was sie nicht waren«].[55]

Als Metaphysik seiner eigenen Bekehrung bleibt Augustins Lehre die Metaphysik der Bekehrung schlechthin.[56] Derselbe ontologische Grundzug bekundet sich auch in der Sündenlehre und ihren Folgerungen für die Anthropologie. Das ›Wesen‹ des Menschen ist auch hier nicht das Ein-für-allemal der Substanz aristotelischer Prägung. *Soweit wir wissen, findet man bei ihm nirgends näher definiert, was alles in der metaphysischen Wesenheit des Menschen enthalten ist und also seiner Natur gleichsam rechtens zugehört. Augustin stellt sich ständig auf einen gewissermaßen historischen und rein faktischen Standpunkt.*[57] Das in der Spontaneität des göttlichen Willens gründende Sein der Schöpfung ist nicht ein endgültig in sich Beruhendes und für sich Abgesetztes; vielmehr bleibt es dem strafenden oder begnadenden Willen Gottes ebenso verfügbar wie den letzten heilsträchtigen Entscheidungen der menschlichen Freiheit. Das wird in der Erfahrung der Sünde exemplarisch offenbar. Die reine Gnadenhaftigkeit des schöpfungsnahen ›Urstandes‹ des menschlichen Seins beläßt dieses den richtenden Verfügungen Gottes in einem radikalen Sinne, wie es der ›Fall‹ des menschlichen Wesens durch die Ursünde erweist, gegen den sich kein metaphysischer Anspruch auf ›Bestand‹ behauptet.[58]

Die untangierbare, aus der logischen Notwendigkeit der Definition ge-

---

55 Sermo VII, 7 [ed. Migne PL 38, Sp. 66; CCSL 41, 75, Z. 159f.; Hervorhebung H.B.].

56 Gilson, a.a.O., 399.

57 A.a.O., 256.

58 Vgl. J.B. Kors, La justice primitive et le péché originel d'après S. Thomas. Le Saulchoir 1922.

deutete Wesenssubstanz entstammt einer Metaphysik der äußeren, kosmologischen Erfahrung. Daß sie mit der Rezeption des Aristotelismus in der Hochscholastik zur nahezu unangefochtenen Herrschaft in Gestalt einer Wesensontologie kommen konnte, ist wohl nicht nur in den Zusammenhängen der Rezeption und dem Gewicht des antiken Erbes begründet; vielmehr bot auch der christliche Glaubensinhalt selbst manche Züge, die in ihrer systematischen Ausbildung die Herbeiziehung wesensontologischer Kategorien begünstigten. Das läßt sich schon bei Augustinus beobachten, etwa in der Handhabung des Substanzbegriffes innerhalb der trinitarischen Spekulation.[59] | S. 65 |

(h) Überwindung der Wesensontologie?

Es will uns letzten Endes scheinen, als sei mit der Aufspürung geschichtlicher und sachlicher Gründe für die Behauptung, ja das Wiedervordringen der Wesensontologie im christlich-mittelalterlichen Seinsverständnis noch nicht alles getan. Deutet sich nicht vielleicht in dem Abgleiten der Auslegung ursprünglicher Erfahrungen in einen wesensontologischen Modus eine Grenze der Möglichkeiten des Seinsverständnisses überhaupt an? Ist die Forderung jener Gespanntheit, die in dem Anspruch eines stets auf volle Konkretion und faktische Existenz gerichteten Denkens liegt, nicht letztlich unerfüllbar? Die Verfestigung zu ›allgemeinen‹ Bestimmungen, die Abgrenzung von ›Wesens‹gehalten scheint eine Art ›Kunstgriff‹ zur Erleichterung jener Anspannung zu sein.

Auch Heidegger zeigt diese Grenze in der Erfüllung seines thematischen Anspruches, die Analyse der Existenz als je meiniger durchzuhalten. An entscheidenden Stellen seiner Existenzialanalyse wird so etwas wie ein ›Wesen‹ von Dasein sichtbar, das die die äquivoke Verwendung des Begriffes anzeigenden Anführungsstriche nicht mehr zu Recht führt. Die hier sich einschleichende Doppeldeutigkeit der thematischen Leitbegriffe hat de Waelhens wie folgt charakterisiert: *L'équi-*

59 Enarr. in Ps. LXVIII, [serm. I,] 5 [ed. Migne PL 36, Sp. 844-846; CCSL 39, 905, Z. 1-907, Z. 75].

voque [*plus*: om. H. B.] *fondamentale entre le* Dasein *comme idée de l'existence humaine et le* Dasein *comme exprimant le fait concret que* moi j'existe.[60]

Oder hebt der Anspruch auf diese Gespanntheit existenzieller Seinsinterpretation, der sich uns als mit der Idee von Ursprünglichkeit verbunden erweist, das philosophische Verhalten in seinen Möglichkeiten selbst auf? Nimmt er der Onto›logie‹ die Möglichkeit des Logos? Wo die von ihrer Faktizität benommene Erfahrung beginnt, das ihr erschlossene Sein verstehend auslegen zu wollen, muß sie sich schon von dieser Benommenheit freimachen; philosophisches Verhalten ist unmöglich ohne das Heraustreten aus dieser letzten Unmittelbarkeit. Die entscheidende Frage ist, ob in jenem Vollzug der Existenz selbst, in dieser Benommenheit und Verflochtenheit überhaupt schon ein Seinsverständnis waltet oder ob nicht jenes Heraustreten allererst dessen Voraussetzung gibt. Wie die Antwort auch lauten müßte, die Ausdrücklichkeit und Artikulation, die der philosophische Anspruch für dieses Seinsverständnis fordert, wird niemals dessen Darstellung selbst sein können, sondern stets nur Verweisung auf ursprüngliche Erfahrung und ihre Strukturen. Die Forderung der Ursprünglichkeit drängt auf die Dichte dieser Verweisung; aber in die volle Unmittelbarkeit und schlechthinnige Benommenheit zurückdrängend, würde sie sich als philosophischen Anspruch selbst aufheben. Hier ist die ›Grenze‹: in dieser Distanz und den in ihr waltenden Spannungen, der ursprünglichen Näherung und der auf Artikulation gerichteten Absetzung. Die Idee der Ursprünglichkeit kann keinen festen Punkt in diesem Spannungsfeld markieren; sie bleibt vielmehr der Spannung tragende immanente Anspruch selbst. Die Wesensontologie kann niemals ›endgültig‹ überwunden, die Existenzialontologie nicht vollends ›erreicht‹ werden.

Das Mittelalter ist dieser ›Grenze‹ der Möglichkeiten des Seinsverständnisses innegewesen; es hat sie auf den *status iste* [›diesen (nach dem Sün-

60 de Waelhens, a. a. O., 138[, Anm. 3]; vgl. auch a. a. O., 8, Anm. 1: ... *on apercevra de mieux en mieux que toute la pensée de Heidegger s'efforce d'étendre au* Dasein *en général.* Und ebda.: *Il y a chez Heidegger une oscillation de sens constante entre le* Dasein *désignant telle existence humaine déterminée (...) et d'autre part le* Dasein *en tant que désignant* l'être de l'existence humaine en général.

denfall gegebenen) Zustand (des Unheils)‹] des Menschen bezogen und ihm damit die Fülle der Seinserschlossenheit aufbehalten, nicht abgesprochen. Diese Scheidung von faktischem und möglichem Seinsbezug ist in ihrem Sinn an den Wirklichkeitshorizont gebunden, in dem der Mensch seine eigentlichen Möglichkeiten n o c h n i c h t gewonnen hat. | S. 66 |

§ 6. Die Interpretation des Seins als Gegenständlichkeit

(a) ›Welt‹ als ursprünglichstes Problem der Ontologie

Die ursprünglichere Ausarbeitung der Idee der Ontologie und damit der Metaphysik als das Abzielen des Heideggerschen Neuansatzes der Seinsfrage hängt aufs engste an der radikaleren und universaleren Fassung des Wesens der Transzendenz.[1] Wie ist das zu verstehen? ›Radikaler‹ meint das vertiefende Zurückgehen hinter die traditionelle Auffassung der erkenntnistheoretischen Transzendenz als des erfassenden Hinausgreifens des Subjektes auf ein äußeres Objektives. Insofern der Begriff des Gegenstandes die Konzeption eines Gegenüber von Subjekt und Objekt impliziert, muß der radikalere Ansatz des Transzendenzproblems ihn beiseite lassen. Das ›Universaler‹ schließlich will besagen, daß in dem traditionellen Transzendenzbegriff eine Verengung insofern vorliegt, als der Inbegriff des objektiven Worauf-zu des Transzendierens als ein Gesamt möglicher Erkenntnisgegenstände genommen und ohne den Anflug einer Fragwürdigkeit allen erkenntnistheoretischen Überlegungen zugrunde gelegt wird. Nun ist aber ›Gegenstand‹ das spezifische Korrelat eines schon abgeleiteten und unter eine verengte Zielsetzung gestellten Seinsverständnisses, nämlich des wissenschaftlichen. Indem Heidegger ›Vergegenständlichung‹ als die Ermöglichung wissenschaftlicher Erkenntnis, gleichsam als die fundamentale Leistung des wissenschaftlichen Verhaltens ansieht,[2] muß er im Gegenständlichen den Ausdruck eines schon modifizierten Seinsverständnisses, das nicht mehr als radikale und universale Phänomenbasis einer ursprünglichen Ontologie gelten kann, erblicken. Niederschlag der gegenständlichen Auffassungsweise ist der Begriff; aber Seinsbegreifen setzt voraus, daß das Seinsverständnis sich selbst

1 WdGr, 82f. [GA 9, 140].
2 A.a.O., 77 [GA 9, 132f.].

ausgebildet und das in ihm verstandene, überhaupt entworfene und irgendwie enthüllte Sein eigens zum Thema und Problem gemacht hat.[3] Begriffliche Artikulation kann nicht das Erste und Ursprüngliche sein; ihr zuvor und für sie muß ihr Worüber schon immer erschlossen sein. Erst aus dieser vorprädikativen Offenbarkeit von Seiendem kann Gegenständlichkeit abgeleitet werden.[4] Dinge und Gegenstände begegnen nur innerhalb eines stets schon Offenbaren;[5] daraus ergibt sich: *mit der Nennung von Dingen als dem ›zunächstgegebenen‹ Seienden geht man ontologisch fehl.*[6]

Die Radikalisierung des ontologischen Ansatzes wird also das *noch nicht zum Begriff gekommene Seinsverständnis,*[7] das unvergegenständlichte *Worin* der Dinge ins Auge fassen müssen. Indem so eine Ontologie *im weiteren Sinne*[8] angestrebt wird, ergibt sich auch eine *universalere Fassung* des Transzendenzproblems. Der Titel, unter dem dieses immer schon Offenbare und Vorerschlossene befaßt wird, heißt *Welt. Welt* ist das, *›worin‹ das Dasein als Seiendes je schon* war, *worauf es in jedem irgendwie ausdrücklichen Hinkommen immer nur zurückkommen kann.*[9] Alles Umgehen mit Zuhandenem und alles Anschauen von Vorhandenem geschieht stets schon *auf dem Grunde einer Vertrautheit mit Welt.*[10] Aus der Interpretation des Weltphänomens folgt eine Konzeption der Transzendenz des Daseins *nicht als eine unter anderen mögliche, zuweilen in Vollzug gesetzte Verhaltungsweise, sondern als vor aller Verhaltung geschehende Grundverfassung dieses Seienden.*[11] Während also Vorhandenes auch nicht vorhanden sein oder nicht gesehen werden kann, Gegenstände gegeben und auch nicht gegeben sein können, ist das In-der-Welt-sein die nicht auszulassende fundamentale Verfassung des Daseins. | S. 67 |

---

3 A. a. O. [GA 9, 132f.].
4 A. a. O., 76 [GA 9, 130f.].
5 SuZ, 63.
6 A. a. O., 68.
7 WdGr, 77 [GA 9, 132].
8 A. a. O. [GA 9, 132].
9 SuZ, 76.
10 A. a. O.
11 WdGr, 81 [GA 9, 137].

Welt ist somit *das ursprünglichste ›Etwas‹*.[12] Sie ist nicht *dieses und jenes andrängende und bedrängende Seiende selbst*,[13] auch nicht das Gesamt des Vorhandenen, sondern die Offenbarkeit des Seienden im Ganzen für das diese Ganzheit *vorgreifend-umgreifende Verstehen*[14] des Daseins. Von dieser radikalen und universalen Phänomenbasis aus löst Heidegger das Transzendenzproblem in dem Sinne, daß die Weltganzheit als Entwurf-Leistung des Daseins ihren Grund hat.

Es ist bereits auf die in der Idee der Ursprünglichkeit bei Heidegger gelegene kritische Zuspitzung gegen die phänomenologische Position Edmund Husserls hingewiesen worden. Hier, in der Wendung gegen die Gegenständlichkeit als Grundinterpretation des Seins, enthüllt sich vollends, daß Heideggers Fundamentalontologie auf die Überwindung des methodischen Ansatzes der Husserlschen Phänomenologie gerichtet ist. Die Intentionalität, als der Konstitutionsmodus von Gegenständen, fordert eine radikalere Fragestellung, indem sie erst möglich wird *auf dem Grunde der Transzendenz*,[15] also *innerhalb* von Welt. Das Primat von Welt gegenüber den in ihr ermöglichten ›Akten‹ gilt auch für die gegenstandskonstitutiven Akte selbst: *il faut expliquer les objets par le monde et non le monde par ses objets.*[16] Es ist hier nicht das objektive Recht der Heideggerschen Wendung gegen Husserl zu untersuchen, also zu fragen, ob das Problem der Fundierung der gegenstandskonstitutiven Intentionalakte bei Husserl wirklich ausgelassen ist; jedenfalls weisen die Entwicklung des ›Horizont‹-Begriffes und die Unterbauung der eidetischen durch die transzendentale Reduktion in fundamentaler Richtung über die rein gegenständliche Seinsinterpretation hinaus. Das Selbstverständnis des Heideggerschen Ansatzes ist zweifellos von dem Bewußtsein der Unzulänglichkeit der Husserlschen Phänomenbasis bestimmt. Der gemeinsame Ausgangspunkt des Fragens nach einem ursprünglichen Weltbegriff führt zu einer differenten Auffassung des Begründungszusammenhanges von

12 SuZ, 187.
13 WdGr, 84 [GA 9, 142].
14 A.a.O., 96 [GA 9, 156].
15 A.a.O., 78 [GA 9, 135].
16 de Waelhens, a.a.O., 41.

Welt und Gegenständlichkeit.[17] *Die Idee des Seins ist nicht ausschließlich zu begreifen durch die Idee des Gegenstandes, wie er in der Mannigfaltigkeit seiner intentionalen Artungen zum Leitfaden für die konstitutiven Analysen wird. Für Husserl ist in der Tat Sein = Gegenstand sein. Und eben diese Gleichsetzung ist es, gegen die sich Heidegger wendet.*[18]

Mit der Unterschreitung des gegenständlichen Bereiches stellt sich sogleich die Frage nach der Gegebenheitsweise dieser fundamentalen Sphäre, die ›Welt‹ heißt. Kein Zweifel, daß Erkennen und kategoriale Prädikation, der gesamte Bereich der ›theoretischen‹ Haltungen, hier nicht in Betracht kommen; ihnen gibt erst die ›Vergegenständlichung‹ das Feld frei, das heißt: sie erweisen sich als abgeleitete und sekundäre Weisen des Seinsverständnisses. ›Welt‹ ist gerade dort erschlossen, wo *›nichts‹ zu sehen* ist;[19] sie offenbart sich in außertheoretischen Weisen von Zugänglichkeit, die von einem an die gegenständliche Interpretation gebundenen Verstehen als ›konfuse‹ Schwundstufen des Erkennens charakterisiert werden konnten, die sich aber nun unter einem radikaleren Aspekt als die fundamentalen und alle ›distinkte‹ Erkenntnis erst ermöglichenden Erschließungsmodi herausstellen. Heidegger bestimmt sie folgendermaßen: *Das ontische Offenbaren selbst aber geschieht im stimmungsmäßigen und triebhaften Sichbefinden inmitten von Seiendem und in den hierin mitgegründeten strebensmäßigen und willentlichen Verhaltungen zum Seienden.*[20]

Obwohl es sich bei den Fragen nach dem Phänomen der ›Welt‹ | S. 68 | und nach den außertheoretischen Zugangsweisen um einen sehr komplexen Problembezirk handelt, soll doch versucht werden, in diesem und dem folgenden Abschnitt die beiden Fragen zum Leitfaden gesonderter Untersuchungen zu nehmen. Freilich dürfen die Erwartungen bezüglich der möglichen Ergebnisse hier nicht hoch gespannt werden; je fundamentaler die Fragestellungen, die sich aus der leitenden Idee

---

17 Vgl. Ludwig Landgrebe, Husserls Phänomenologie und die Motive zu ihrer Umbildung. In: Revue Internationale de Philosophie I (1939), 277ff.

18 A.a.O., 316.

19 SuZ, 189.

20 WdGr, 76 [GA 9, 131].

von Ursprünglichkeit ergeben, werden, um so radikaler ist einerseits die Lösung von der Tradition, die sie voraussetzen und die dem Geist des Mittelalters unvollziehbar bleibt, um so schärfer wird andererseits auch jene Angespanntheit auf eine unmittelbare, theoretisch nicht distanzierte Hingegebenheit an die Lebensbewegung in ihrer gedanklich noch unbewältigten Eigentlichkeit, die hier gefordert ist und die ebenso dem auf kontemplative Abständigkeit gerichteten Sinn des Mittelalters zuwiderläuft. Es werden daher sehr eigene, nicht leicht anzuerkennende Gestalten dieser ontologischen Grundprobleme aufzuführen sein.

(b) Weltphänomen und ›ontische Illumination‹

Die Weltlichkeit der Welt, ihre gegenständlich noch nicht ›zerstückelte‹ Einheit und Ganzheit, ist bei Heidegger fundiert in ihrem Grund als *Weltentwurf*[21] – wobei dieser Entwurf als ›überwerfend‹ gekennzeichnet ist, also eine Art hyletischen Substrates voraussetzt. Entscheidend für die Gewinnung des leitenden Momentes ist hier, daß Welt nicht eine Zusammenfügung eines Gewühles von Phänomenen zu einem strukturierten Ganzen ist, sondern die Einheit und Ganzheit eines Entwurfes, der das Auftreten gegenständlicher Phänomene erst ermöglicht. Für einen ursprünglichen Ansatz der Seinsfrage wäre demnach zu fordern, daß er die Seinshaftigkeit des Seienden nicht im Hinblick auf den gegenständlich-kategorialen Bereich festlegt, sondern versucht, die Einheit, die sich schon im Begriff des ›Seins des Seienden‹ kundtut – und die in einer Gegenstandsontologie nur als das abstraktive *esse commune* [›allgemeines Sein‹] verstanden werden kann –, in ihrem metaphysischen Recht zu begründen. Es zeigt sich, daß hier das mit der Seinsunivozität des Duns Skotus aufgegebene metaphysische Problem seine Weiterführung und Klärung erfahren kann; die Sprengung des kategorialen Bereiches wäre nun als die Freigabe einer positiven Aufweisung dessen, worauf der univoke Seinsbegriff verweist, zu nehmen.

21 A.a.O., 103 [GA 9, 166].

Es hilft uns in unsere Untersuchungen hinein, daß sich ein Verständnis von Heideggers ›Entwurf‹ als Projektion von ontologischer Erhellung, von Licht, sogleich nahezulegen scheint. So hat de Waelhens die Lichtprojektion in einem mehr als metaphorischen Sinne zur Charakteristik des ›Entwurfes‹ herangezogen;[22] der Weltentwurf ist ein *tendre sur le chaos un réseau de lumière.*[23] Die Geschichte der Metaphysik zeigt diese Nahstellung von Seinsauslegung und Lichtlehre von ihren Anfängen an. Und immer scheint es darum zu gehen, für einen letzten kategorial nicht mehr faßbaren Sachverhalt eine angemessene Verweisung zu finden. Wenn hier der Aufnahme und Weiterbildung dieser Lichtmetaphysik im Mittelalter in Kürze nachgegangen wird, dann geschieht es deshalb, weil der transzendente Sachverhalt, auf den die Lichtchiffre verweist, und das ontologische Weltphänomen nicht ohne Beziehung zueinander zu sein scheinen.

Bei Plato ist die Auffassung der Idee des Guten als Sonne zwar noch veranschaulichende Metapher. Aber was dieser Metapher ihr Recht gibt, ist doch schon der Ansatz eines bestimmten Seinsverständnisses: Was die Sonne für das Auge leistet, die helle Ansichtigkeit der Weltdinge, das leistet die Idee des Guten für | S. 69 | die Vernunft in der Erschlossenheit der idealen Seinssphäre. Der metaphorische Vorbehalt ist bei Philo zuerst aufgegeben;[24] hier kann mit vollem Recht von einer metaphysischen Lichtwirklichkeit im Unterschied von der physischen gesprochen werden. Bei Plotin wird die Lichtlehre vollends zum Prinzip der Weltdeutung; die Einheit des Seins des Seienden ist als Einheit der Lichtprojektion verstanden. Dabei sind physisches und ontisches Licht nicht radikal heterogen, sondern das physische ist eine der Manifestationsweisen des ontischen Lichtes. Derart rücken sinnliche und noetische Anschauung wieder enger zusammen; die Anblickhaftigkeit des Seienden wird als eine und homogene erfaßbar. Der Urquell der Seinswelt gleicht nicht nur dem Lichte, er ist Licht.[25] Die Vernunft nimmt in ausgezeichneter Weise an der Lichthaftigkeit des Seins teil; sie ist nicht

22 de Waelhens, a.a.O., 171, 172, 249, 314.

23 A.a.O., 314.

24 Vgl. Darstellung und Belege bei Cl. Baeumker, a.a.O., 363.

25 Enneaden V, 3, 12 [§§ 106-118, in: Schriften, hrsg. Harder-Beutler-Theiler, Bd. IVa, 262-267].

nur erleuchtet und offen für Erleuchtetes, sondern auch selbst erleuchtend.[26]

Den Gedanken des ontischen Urlichtes überträgt Augustinus auf den christlichen Gott. Gott ist nun das Licht, durch das alles Seiende der Vernunft als Erhelltes vernehmbar und erschlossen ist.[27] Aber die Vernunft nimmt selbst teil an dieser Lichthaftigkeit, *qua res quaeque manifesta est* [»durch die jedes Ding offenbar ist«].[28] ›Licht‹ ist also hier der Inbegriff für die Erschlossenheit des Seienden in seinem Sein, ›Licht‹ ist das Sein des Seienden selbst. Diese ›ontische Illumination‹ ermöglicht eine einzigartige Nahstellung von Sein und Vernunft; der Lichtcharakter eint Sein und Ansichtigkeit. Sehen ist hier als eine *primär geistige Funktion*[29] verstanden.

Die neuplatonische Lichtmetaphysik geht bei den arabischen Philosophen eine Verbindung mit dem Aristotelismus ein. Der Lichtcharakter des Seins wird jetzt mit der Form als dem Gestalt- und Wesensprinzip identifiziert. Damit tritt auch das Abstraktionsschema in Kraft, das von dem Axiom der ›Distanz‹ von sinnlichem Sehen und geistig vernehmender Anschauung getragen ist. Bei Avencebrol[30] ist die Form reines Licht.[31] Diese arabischen Lehren referiert Albertus Magnus der Scholastik.[32] Die erste Ursache ist wirkend als ein *lumen intellectuale* [›intellektuales Licht‹]; aber auch die Weltdinge sind *lumina illuminantia* [›erleuchtende Lichter‹], insofern sie verursachend aufeinander einzu-

26 Enneaden V, 5, 7 [§§ 46-52, in: Schriften, hrsg. Harder-Beutler-Theiler, Bd. IIIa, 86-89].

27 Soliloq. I, 1, 3 [ed. Migne PL 32, Sp. 870; CSEL 89, 5, Z. 13-15]: *Deus intelligibilis lux, in quo et per quem intelligibiliter lucent quae intelligibiliter lucent omnia* [»Gott, geistiges Licht, in dem und durch den geistig leuchtet, was geistig leuchtet insgesamt«].

28 De Gen. ad litt. lib. imp. V, 5,24 [ed. Migne PL 34, Sp. 229; CSEL 28/1, 474, Z. 19].

29 Peter Wust, Das augustinisch-franziskanische Denken in seiner Bedeutung für die Philosophie in unserer Zeit. In: Wissenschaft und Weisheit I (1934), 4.

30 Baeumker, a. a. O., 387.

31 Fons vitae IV, 14 (ed. Baeumker. Münster 1892/95 [recte: Baeumker, Witelo. 1908, 385, Anm. 3: *forma est lumen purum*]).

32 In dem Traktat »De causis et processu universitatis« (zit. nach Baeumker, Witelo[, 389, Anm. 2]) [vgl. nun Albertus Magnus, De causis et processu universitatis, lib. 2, tract. 1, cap. 2. Op. omn. Colon. XVII/2 (1993), 62a-63a; lib. 2, tract. 2 cap. 1, a. a. O., 92a-94b; lib. 2, tract. 5, cap. 24, a. a. O., 189b-192b].

wirken und darin Form mitzuteilen vermögen. Die Lichtprojektion der ersten Ursache ist eine *influentia constitutionis ad esse* [ein ›Gründungseinfluß (des Lichts der Ersten Ursache) zum Sein (der übrigen Dinge)‹].

Es zeigt sich sogleich, daß die Verschmelzung der metaphysischen Lichtlehre mit dem aristotelischen Formbegriff die ursprüngliche Konzeption verdeckt. Die Konzeption, in der die fundamentale Einheit des Seins des Seienden Ausdruck suchte, wird zum Erklärungsschema der gestalthaften Gegenständlichkeit und ihrer kausalen Zusammenhänge. Den ursprünglichen Sinn bringt reiner Wilhelm von Auvergne zur Geltung, wenn er gerade nicht die Formhaftigkeit in der Weise der Lichtprojektion aus dem göttlichen Sein hervorgehen läßt: *Est autem ipsum esse omnibus esse q u o sunt, non autem q u o d sunt ...* [»Das Sein selbst ist aber für alle Dinge das Sein, w o d u r c h sie sind, nicht jedoch, w a s sie sind«].[33] Das Sein des Seienden versteht Wilhelm als den W i d e r s c h e i n des aus seinem Urquell strahlenden Lichtes: *et hac impletione sive perfusione faciens ad se relucere omnia. Et hoc est eis esse, relucere scilicet ad ipsum ...* [»und durch dieses Ausfüllen oder auch Durchströmen macht es, daß auf eben dieses hin alle Dinge zurückleuchten. Und darin besteht deren Sein, dass sie nämlich auf eben dieses zurückleuchten«].[34] Seiendes ist in seinem Sein nicht ein von seinem Grund her Abgesetztes, für sich und an sich Bestehendes, das erst in einem Z u g r i f f der Vernunft – gewissermaßen g e g e n sein In-sich-Bestehen – erschlossen würde; sondern sein Sein ist schon seine Erschlossenheit als Widerschein des seinsgründenden Lichtes. | S. 70 |

Während die Verbindung der Lichtmetaphysik mit dem Aristotelismus einerseits die ursprüngliche Konzeption einer ›ontischen Illumination‹ entstellt, führt sie doch andererseits zu einer bedeutsamen Auflockerung des Aristotelismus. Albertus Magnus referiert die Meinung der Araber, daß die erste lichthafte Ursache als *intellectus universaliter agens* [›universal tätiger Intellekt‹] zu verstehen sei.[35] Hier fällt die Um-

33 De Trinitate c. 7 (zit. nach Baeumker, a.a.O., 392[, Anm. 3; Hervorhebung H.B.]).

34 A.a.O.

35 De causis et proc. univ. I tr.2 c.1 [zit. nach Baeumker, Witelo, 408, Anm. 5; vgl. nun Op. omn. Colon. XVII/2 (1993), 26a, Z. 45-26b, Z. 53].

wandlung des aristotelistischen *intellectus agens* aus einem erkenntnistheoretischen Prinzip in ein ontisches auf. Albert hebt diese Umwandlung sorgfältig hervor, denn während der von den Arabern hypostasierte erkenntnistheoretische *intellectus agens* für das christliche Denken unannehmbar war, läßt sich in dem *intellectus illustrans super omne quod est* [›Intellekt, der leuchtet über allem, was ist‹] sehr wohl die schöpferische Aktivität Gottes wiedererkennen. Der göttliche Seinsgrund ist in der ›ontischen Illumination‹ gerade deshalb angemessen charakterisiert, weil das illuminative Sein keinen in sich festen und abgelösten Selbstand hat, sondern in der Lichtprojektion selbst besteht. Man muß sehen, wie weitgehend in dieser ›funktionalen‹ Auffassung des Seins des Seienden der peripatetische Substanzbegriff entfestigt ist.

Die ›ontische Illumination‹ muß als ein Ansatz zur Durchbrechung der kosmologischen Orientierung der Ontologie und zugleich zu einer ontologischen Fundierung der Kosmologie gewertet werden. Mag, gemessen an unseren so viel subtiler gewordenen technischen Mitteln der Darstellung, die schematische und vom Abgleiten in die Metaphorik ständig bedrohte Anwendung des Lichtgedankens als dem metaphysischen Problem inadäquat angesehen werden; die in diesem Ansatz liegende Leistung darf deshalb nicht verkannt werden. Die neuzeitliche Auswertung der mittelalterlichen Philosophie hat in dem Gesamtkomplex der Illuminationslehre fast ausschließlich die erkenntnistheoretische Rezeption beachtet, beeinflußt durch die moderne Vorrangstellung der Erkenntnistheorie innerhalb des philosophischen Denkens. Demgegenüber verdient herausgestellt zu werden, daß die Illumination als Ermöglichung seinserschließender Wahrheit selbst auf dem Boden der Auffassung der Illumination als seinskonstitutiver Projektion steht und nur aus der Einheit dieser Konzeption verstanden werden kann.

Im »Liber de intelligentiis« [»Buch über die Intelligenzen«][36] wird die Gegenstellung des Gedankens der ontischen Illumination gegen die aristotelische Gegenstandsontologie gerade darin deutlich, daß der Traktat beide Interpretationsweisen zu harmonisieren versucht, daß aber

36 Vgl. oben Anm. 42 zu § 5.

im Verlauf des Buches das aristotelistisch-morphologische Verständnis sich immer eindeutiger durchsetzt und die Lichtkonzeption völlig verdrängt. Aber während bis dahin in der Scholastik das neuplatonisch-augustinische Illuminationsschema mehr eine untergeordnete und ornamentale Rolle gespielt hatte, wird es hier – zumindest in der thematischen Vorgabe – das Prinzip des systematischen Durchdenkens der metaphysischen Probleme. Dabei wird ausdrücklich eine doppelte Weise des Verständnisses der Welt unterschieden: Einmal der Hinblick auf die *entia naturalia* [›naturhaft Seiende‹], insofern sie Eigenschaften (*qualitates*) haben, von denen her sie klassifizierbar und als ›Exemplare‹ einer Art als einzelne unbedeutsam sind – das heißt: insofern an ihnen eine substanziale Wesensform herausgehoben werden kann. Diese Sichtweise ist nicht im Gedanken der ontischen Illumination auslegbar. Sodann aber können die *entia naturalia* in ihrer Einbezogenheit in den *ordo universi* [›Ordnung des Universums‹] betrachtet werden, die ursprünglicher ist und der gegenüber das substanziale Ver- | S. 71 | ständnis erst ein herausgrenzendes Abheben sein kann. Diese Welteinbezogenheit des Seienden wird unter dem Begriff der *influentia* [›Einfluß‹] gefaßt, die aber – und das ist entscheidend – nicht dem *agere et pati ad invicem* [›gegenseitiges Tun und Erleiden‹] des gegenständlichen Kausalzusammenhanges gleichzustellen ist. Wie diese letztere thematische Vorgabe freilich durchgeführt werden könnte, nachdem das Materie-Form-Schema wieder beherrschend herangezogen ist, bleibt ungeklärt; vielmehr bleibt der Traktat ganz der zuerst gekennzeichneten Sichtweise des Seienden verhaftet.[37] Entscheidend bleibt,

37 ([Ps.-]Witelo), Liber de intelligentiis (ed. Baeumker), 10, Z. 20-28: *Et dico quod lux est perfectio omnium eorum quae sunt in ordine* | S. 105 | *universi, quia substantiae naturales, sicut elementa, dupliciter possunt considerari: aut inquantum entia naturalia sunt transmutabilia ad invicem – et sic perfectio eorum non est lux, sed qualitates contrariae per quas agunt et patiuntur ad invicem –; vel in quantum sunt partes in ordine universi, et una influentiam recipit ab altera. sic lux est eorum perfectio; et hoc modo unum est sicut forma et alterum sicut materia, unum sicut locus, reliquum sicut locatum* [»Und ich sage, daß das Licht die Vollkommenheit all der Dinge ist, die es in der Ordnung des Universums gibt, da naturhafte Substanzen, wie die Elemente, auf zweifache Weise betrachtet werden können: entweder insofern sie als naturhafte Seiende einander veränderlich sind –

daß auf dem Boden der ontischen Illuminationslehre die Forderung der Unterschreitung der Gegenständlichkeit-Interpretation ausdrücklich in den Blick gebracht ist und daß in der Lichtprojektion die fundierende Einheit der Weltdinge aufgewiesen werden soll. Das ontische Licht wird im »Liber de intelligentiis« als selbstvervielfältigende Einheit gedeutet. Daraus folgt ein Weltbegriff, in dem nicht primär vorhandene Gegenstände zu einer abstrakten Einheit ›Welt‹ zusammengenommen werden, sondern in dem ›Welt‹ die ursprüngliche fundierende Einheit und Ganzheit sekundär heraushebbarer Gegenständlichkeiten ist.
Der Gedanke der ontischen Illumination ist beherrschend bei einem anderen Denker der Hochscholastik, bei Robert Grosseteste.[38] Auch bei ihm sind Selbstdiffusion und Selbstdifferenzierung die Kennzeichnungen der von der Gottheit ausgehenden Lichtprojektion.[39] Ausdrücklich wird der Lichtgedanke als Lösung des metaphysischen Problems der ursprünglichen Einheit und der gegenständlichen Vielfalt der Dinge angesprochen.[40] Bedeutsam ist der Versuch – der schon im »Liber de intelligentiis« angedeutet war –, die kosmische Räumlichkeit in der ontischen Illumination zu begründen. Aber letzten Endes kommt auch

---

und so ist deren Vollkommenheit nicht Licht, sondern gegensätzliche Eigenschaften, durch die sie einander tun oder leiden –; oder insofern sie Teile in der Ordnung des Universums sind und zusammen Einfluß empfangen vom anderen. So ist das Licht deren Vollkommenheit; und auf diese Weise ist das eine wie die Form und das andere wie die Materie, das eine der Ort, das Übrige wie ein Hingestelltes«].

38 Vgl. L. Baur, Die philosophischen Werke des Robert Grosseteste. Münster 1912; ders., Die Philosophie des Robert Grosseteste. Münster 1917.

39 De Luce (ed. Baur[, 51, Z. 23-52, Z. 1]): *Atqui lucem esse proposui, cuius per se est haec operatio, scilicet se ipsam multiplicare et in omnem partem subito diffundere* [»Nun aber habe ich behauptet, daß es ein Licht gibt, dessen Eigenschaft durch sich diese Wirksamkeit ist, nämlich sich selbst zu vervielfachen und in jedes Teil plötzlich zu verströmen«].

40 A. a. O.[, 57, Z. 5-8]: *Et in hoc sermone forte manifesta est intentio dicentium »omnia esse unum ab unius lucis perfectione« et intentio dicentium »ea, quae sunt multa, esse multa ab ipsius lucis diversa multiplicatione«* [»Und in dieser Rede ist vermutlich die Absicht derjenigen offenbar geworden, die sagen, daß alle Dinge eines seien durch die Vollkommenheit eines einzigen-einen Lichtes, und die Absicht derjenigen, die sagen, die Dinge, die viele sind, seien viele durch die unterschiedliche Vervielfachung eben dieses Lichtes«].

Robert Grosseteste nicht los von der aristotelistischen Formmetaphysik und legt seine Lichtkonzeption in ihrem Schema aus.
Das gilt schließlich auch für Bonaventura, der zudem noch den Analogiebegriff in die Konzeption der ontischen Illumination hineinnimmt.[41] Auch der Einfluß der Abstraktionslehre, aus der der Seinsbegriff des *esse commune* [›allgemeines Sein‹] herzuleiten ist, macht sich bemerkbar, wenn das Licht als *natura communis* [›gemeinsame Natur‹] der Dinge bezeichnet wird.[42] Die fundierende Bedeutung des Lichtes wird ausgelegt als primäre, unspezialisierte Form, als *forma et natura omnis alterius corporalis formae conservativa et dans ei agendi efficaciam* [»Form und Natur jeder anderen körperhaften Form, die erhält und ihr eine Wirksamkeit des Tuns gibt«].[43] Bonaventura ist schwankend in der Scheidung von physischem und ontischem Lichtbegriff; es scheint überall eine ängstliche Meidung jeder Mißverständlichkeit im pantheistischen Sinne hemmend auf seine Konzeptionsfreiheit einzuwirken.
Der Vorstoß auf eine universale Ontologie der Weltlichkeit des Seins, der in der ›ontischen Illumination‹ gewisse Ansätze zeitigte, fand seine Grenze an den Kategorien des antiken, zumal des peripatetischen Seinsverständnisses. Dies mehr als die nicht auszuschließende Gefahr des metaphorischen Abgleitens der Lichtmetaphysik hat es bei den Ansätzen und diese im Unbestimmten und Ungeklärten gelassen.

(c) Die Einheit ontischer und intellektualer Illumination

Die Lichtmetaphysik nimmt die dreifache Entfaltung des Begriffes des Grundes, wie sie Aristoteles gegeben hatte,[44] auf und wird so zu einer einzigartigen ontologischen Gesamtkonzeption. Nicht nur das Woher des Seins und des Werdens seiner Gestaltenvielfalt ist in der projek-

41 II. Sent. d.13 a.2 q.1 ad 4 [ed. Quar. II, 318b]: *Lux spiritualis est communis creatori et creaturae secundum analogiam* [»Das übersinnliche Licht ist dem Schöpfer und dem Geschöpf gemäß der Analogie gemeinsam«].

42 A.a.O., d.12 a.2 q.1 arg. 4 [ed. Quar. II, 302b].

43 A.a.O., d.13 a.2 q.2 ad 5 [ed. Quar. II, 321b].

44 Vgl. oben, 21 [in dieser Edition: 48-50].

tiven Seinskonstitution gedeutet, sondern auch das Woher des Erkennens | S. 72 | aus der illuminativen Ansichtigkeit des Seienden. Das Licht ist das einheitliche Prinzip der ontischen wie der intellektualen Illumination. Diese Einheit ist unvereinbar mit der dem Aristotelismus zugrundeliegenden Grundvorstellung von der ›Distanz‹ des sinnlich Faßbaren und des noetisch Vernehmbaren; das Sein des Seienden ist vielmehr dessen noetische Ansichtigkeit selbst. Nur eine der ursprünglichen Einheit dieser Konzeption angemessene Auslegung macht den wirklichen Rang der Lichtmetaphysik deutlich; das Verwalten der gnoseologischen Interessiertheit und ihres Aspektes hat zu einem verengten Verständnis der Lichtontologie geführt.

Im »Liber de intelligentiis« ist das Licht das eigentliche Prinzip der Seinserschlossenheit, aus der heraus alles erkennende Verhalten erst möglich wird. Licht ist die noetische Ansichtigkeit auftuende ›Kraft‹, die *virtus exemplaris* [›urbildliche Kraft‹], die erst der *virtus cognoscitiva* [›Erkenntniskraft‹] ihre Möglichkeiten eröffnet.[45] Das zielt nicht auf die durch physische Helligkeit gewährte sinnliche Sichtbarkeit, also auf das aristotelistische *posse recipi* [›Wahrgenommen-werden-Können‹], sondern auf das noetische Überhaupt-erscheinen-Können des Seienden in seinem Sein, auf das *posse apparere* [›Erscheinen-Können‹].[46] Die Auffassung des Erkennens als Abbildlichkeit der Wesensgestalt wird radikalisiert auf die Frage, wie das allererst ›Bild‹ sein kann, was im Erkennen ›ab-bildlich‹ repräsentiert wäre.[47] Nicht die Frage, wie Erkennen sich denn vollzieht, erweist sich als fundamental, sondern die, wie es überhaupt möglich ist, daß Seiendes einem erkennenden Verhalten je schon erschlossen

45 ([Ps.-]Witelo), Liber de intellig., prop. X [ed. Baeumker, 14, Z. 8-10, 15]: *Proprium et primum principium cognitionis est lux. Si autem exordium cognitionis inspexerimus, dicemus: lux est ipsa virtus cognoscitiva … Cuius ratio est virtus exemplaris* [»Das eigentümliche und erste Prinzip der Erkenntnis ist das Licht. Wenn wir aber den Anfang der Erkenntnis betrachtet haben, werden wir sagen: Das Licht ist die eigentliche Erkenntniskraft. (…) Deren Grundlage ist die Urbildkraft«].

46 Zu *apparere* vgl. a.a.O., prop. XI (15, Z. 4, 11); prop. XVII (22, Z. 23-23, Z. 1); prop. XXVII (33, Z. 11).

47 A.a.O., prop. X (14, Z. 15-17): *virtutem exemplarem appello secundum quod in ea rerum species possunt apparere* [»›urbildliche Kraft‹ nenne ich es, insofern in ihr die Erkenntnisformen der Dinge erscheinen können«].

ist. Es ist bedeutsam, daß in dem Traktat unter dem Begriff der *virtus exemplaris* sowohl die Vor-Bildlichkeit des göttlichen Seinsgrundes als auch die Ab-Bildlichkeit des menschlichen Intellekts befaßt wird;[48] es deutet sich hier eine letzte ungeklärte Konsequenz der Lichtmetaphysik an, daß Seinsgrund und Erkenntnisgrund identisch sind, gleich wie Sein und Ansichtigkeit des Seienden.[49] Mit diesen Problemstellungen wird in »De intelligentiis« nun keineswegs das menschliche Erkennen von der sinnlichen Rezeptivität unabhängig gemacht; aber es wird deutlich, daß über aller Erörterung und spekulativen Interpretation der Modalitäten einer ›Vermittlung‹ der Gegebenheit des Seienden die Grundfrage nicht einfach außer acht gelassen werden darf, wie denn Gegebenheit überhaupt möglich wird.

Bonaventura hat, in Entfaltung augustinischer Lehrelemente, die Methode der *resolutio* [›Analyse, Zergliederung‹] als Selbstbefragung des Erkennens nach seiner Gründung und Möglichkeit entwickelt, gleichsam eine Methode der radikalen Reflexion also. Die *resolutio* steht der *apprehensio* [›Erfassung‹] gegenüber als dem gegenständlichen Erfassen des Vorhandenen, das die Fragen nach den ursächlichen Zusammenhängen der Dinge einleitet. Die *resolutio* ist in ihrem vollen Sinne, als *resolutio plena* [›vollständige Analyse‹], das Fragen nach der Möglichkeit des im menschlichen Bewußtsein von ›Wahrheit‹ angezeigten Erschlossenseins von Seiendem. Was analysiert werden soll, ist eben dieses Wahrheitsbewußtsein, das in seinem Evidenzcharakter für ein von der Endlichkeit des Menschen durchdrungenes Denken eben als Phänomen eines endlichen Bewußtseins unverstehbar sein mußte. Die Analyse stößt auf den Grund alles gegenständlich-prädikativen Erfassens, als auf ein selbst nicht Gegenständliches; Bonaventura nennt es *primum ens* [›erstes Seiendes‹].[50] Dieses charakterisiert er als *ens per se* [›das durch sich

48 A. a. O., prop. XX (26, Z. 12-14): *primum autem* (sc. *principium* [Ergänzung H. B.]) *solum est rerum exemplar, et propter hoc eadem in ipso est potentia activa cum exemplari* [»aber das erste (Prinzip) allein ist Urbild der Dinge, und deswegen gibt es in ihm selbst dieselbe tätige Kraft mit dem Urbild«].

49 Vgl. unten § 8.

50 I. Sent. d.8 p.2 a.un. q.2 c.4 [ed. Quar. I, 167b; *recte*: I, d.28 dub. 1, ed. Quar. I, 504b]: *Intellectu autem resolvente perfecte, non potest intelligi aliquid, primo ente*

Seiende‹], denn seine ungegenständliche Gegebenheit ist nicht herbeigeführt durch sinn- | S. 73 | liche Rezeptivität oder durch die Spontaneität des Intellekts, vielmehr gewährt es selbst erst den rezeptiven und aktiven Verhaltungen des Intellekts die Möglichkeit von ›Wahrheit‹, das heißt: daß in ihnen Seiendes in seinem Sein erschlossen ist.[51] Kein Seiendes erschließt sich in seinem kategorialen Gehalt für den Intellekt, ohne daß diesem das *primum ens* als wahrheitsgründend ›bei-steht‹. Dieses *primum ens* nun kann für Bonaventura nur das *ens purissimum* [›das reinste Seiende‹] und *ens simpliciter et aeternum* [›das ewige Seiende schlechthin‹], nämlich Gott als der Seinsgrund selbst, sein.[52] Nur der Bei-Stand des göttlichen Seins kann die Durchbrechung der Endlichkeit des eigenen menschlichen Seins im absoluten Wahrheitsbewußtsein begründen.[53] Das wird interpretiert durch den Begriff der *perluciditas*; diese Durchhelltheit des Seienden von seinem Seinsgrund her

---

non intellecto [»Wenn der Intellekt aber vollkommen analysiert, kann nicht irgend etwas eingesehen werden, ohne daß dabei das erste Sein erkannt wird«].

51 Itinerar. mentis III, 3 [ed. Quar. V, 304a]: *Nisi igitur cognoscatur, quid est ens per se, non potest plene sciri definitio alicuius specialis substantiae* [»Wenn also nicht (das) erkannt wird, was das durch sich Seiende ist, kann nicht vollständig die Definition irgendeiner besonderen Substanz gewußt werden«]. Das *primum ens* ist hier als exemplarische Substanzialität gefaßt; der entsprechende Wahrheitsbegriff ist der definitorische.

52 A. a. O. [ed. Quar. V, 304a]: *Non venit intellectus noster ut plene resolvens intellectum alicuius entium creatorum, nisi iuvetur ab intellectu entis purissimi, actualissimi, completissimi et absoluti: quod est ens simpliciter et aeternum, in quo sunt rationes omnium in sua puritate* [»Unser Verstand kommt nicht dahin, daß er den Sinn (*intellectus*) irgendeines der geschaffenen Dinge vollständig analysieren kann, wenn ihm nicht durch die Einsicht in das reinste, wirklichste, erfüllteste und absolute Seiende geholfen wird: Dies ist das ewige Seiende schlechthin, in dem die Wesensgründe aller Dinge in ihrer Reinheit enthalten sind«].

53 A. a. O. [ed. Quar. V, 304b]: *Scit enim, quod veritas illa non potest aliter se habere; scit igitur, illam veritaten esse incommutabilem. Sed cum ipsa mens nostra sit commutabilis, illam sic incommutabiliter relucentem non potest videre nisi per aliquam lucem omnino incommutabiliter radiantem, quam impossibile est esse creaturam mutabilem* [»(Der Verstand) weiß, daß jene Wahrheit sich nicht anders verhalten kann; sie weiß also, daß jene Wahrheit unveränderlich ist. Aber wenn unser Geist veränderlich ist, kann er jene so unveränderlich wiederscheinende (Wahrheit) nicht sehen außer durch ein gänzlich unveränderlich strahlendes Licht, bei dem es unmöglich ist, daß es ein veränderliches Geschöpf ist«].

hat eben die ›Wahrheit‹ des Erkennens als solche. Diese Durchhellung darf aber nicht als eine dem Bewußtsein äußerliche, an einem ›An-sich‹ der Gegenstände sich abspielende, also gleichsam ›kosmische‹ aufgefaßt werden; sie ist vielmehr die innerste Gegenwärtigkeit des Erkennens selbst, insofern das *primum ens* die *ratio omnium rerum et regula infallibilis et lux veritatis, in qua cuncta relucent* [»der Wesensgrund aller Dinge, die unfehlbare Regel und das Licht der Wahrheit, in dem alle Dinge widerleuchten«][54] ist. In der durchhellenden Gründung von Wahrheit ist die Gegenwärtigkeit des *primum ens* ein Letztes und Unrückführbares; das meint hier der – in der aristotelistischen Scholastik in ganz anderem Sinne genommene – Satz: *esse igitur est quod primo cadit in intellectu* [»Folglich ist es das Sein, was zuerst in (unseren) Verstand eintritt«].[55]

Wie nun ist dieser ›Bei-Stand‹, diese Gegenwärtigkeit des ersten und alles Seiende durchhellenden Seins zu verstehen? Vor allem bedeutet dies nicht: Es ist der ersterkannte Gegenstand oder das in aller Rezeption zuerst aufgenommene gegenständliche Etwas-Sein als solches. Auch wenn als Absehen der *resolutio* das *cognosci quid est ens per se* [»erkannt werden (dessen), was ›ein durch sich Seiendes‹ ist«] angegeben wird, darf dieser – wie sich zeigen wird – ungenaue Ausdruck nicht im Sinne einer gegenständlichen Erkenntnis interpretiert werden. Bonaventura macht die treffende Unterscheidung zwischen der ›*cognitio*‹ als dem kategorialen Erkennen und der ›*notitia*‹ als einer diesem vorgegebenen ›Vertrautheit‹.[56] Was Bonaventura damit näherhin meint, wird deutlich, wenn er auf die Grundvorstellung des Aristotelismus von der *tabula rasa*, dem *in anima nihil scriptum* [»in der Seele (ist) nichts geschrieben«], eingeht. Bonaventura gibt das Recht dieses Axioms in Hinsicht auf die kategoriale *cognitio* zu, aber er nimmt davon aus die fundamentale *notitia*;[57] der ermöglichende Lichtgrund von Wahrheit ist konstitutiv für das Erkenntnis›vermögen‹. Dieser Grund kann niemals reine Potentialität sein, sondern das Erkennt-

54 A.a.O., II, 9 [ed. Quar. V, 302a].
55 A.a.O., V, 3 [ed. Quar. V, 308b].
56 II. Sent. d.39 a.1 q.2 concl. [ed. Quar. II, 902b-903b].
57 A.a.O.

nis›vermögen‹ ist das *ens purissimum* [›das reinste Seiende‹] selbst. Das meint Bonaventura, wenn er davon spricht, daß in dieser Wahrheit gründenden und seinserhellenden *coniunctio* [›Verbundenheit‹] Gott *intimior animae quam ipsa sibi* [»innerlicher der Seele als diese sich selbst«] sei.[58] Die Gegenwärtigkeit des Seinsgrundes gibt der Seele erst ihr eigentliches Selbst.[59]

So ist das gegenständliche Erkennen nicht die primäre und gründigste Weise, in der Sein dem Menschen gegenwärtig und bekannt ist. Die radikale Analyse – die *resolutio plena* – aller Erkenntnishaltung, die sich prädikativ und insbesondere definitorisch (auch hier die Auszeichnung dieses Modus von ›Wahrheit‹!) expliziert, führt auf ein fundamentales Faktum: die gründende *c o n i u n c t i o*, die ursprüngliche ›Berührung‹;[60] Erkennen ist nicht auf ein primär ›leeres‹, rein potentielles und erst radikal zu aktuierendes bloßes ›Vermögen‹ zurückführbar. Nicht erst die vermittelte sinnliche Rezeptivität, das ausgreifende Erfassen eröffnet die Zugänglichkeit des | S. 74 | Seins, sondern der Intellekt ist in der Konstitution seiner eigenen Möglichkeit als ›Ort‹ von Wahrheit nur als *intellectus coniunctus* [›(mit der göttlichen Wahrheit) verbundener Intellekt‹][61] zu verstehen. Aber diese *coniunctio* oder *praesentia* als die fundierende Gegenwärtigkeit des Seinsgrundes kann nicht vergegenständlicht werden; die ganze Kontroverse um den sogenannten ›Ontologismus‹ und die Möglichkeit, die Illumination als ›intuitive Gotteser-

58 I. Sent. d.1 a.3 q.2 concl. [ed. Quar. I, 41a]: *Solus enim Deus est qui perfectissime coniungitur. Nam coniungitur secundum veritatem et intimitatem. Solus enim Deus propter summam simplicitatem et spiritualitatem illabitur animae, ita quod secundum veritatem est in anima et intimior animae quam ipsa sibi* [»Allein Gott ist es, der in vollkommenster Weise verbunden ist. Denn er ist gemäß der Wahrheit und der Innerlichkeit verbunden. Denn allein Gott senkt wegen seiner höchsten Einfachheit und Geistigkeit in die Seele sich ein, so daß er gemäß der Wahrheit in der Seele ist und der Seele innerlicher ist als sie sich selbst«].

59 I. Sent. d.3. p.1 a.un. q.1 s.c.3 [ed. Quar. I, 68b]: *Deus est unitus ipsi animae per praesentiam: ergo Deus verius cognoscitur quam alia, quae cog-* | S. 106 | *noscuntur per similitudinem* [»Gott ist mit der Seele selbst geeint durch seine Gegenwart. Folglich wird Gott wahrer erkannt als andere Dinge, die gemäß der Ähnlichkeit erkannt werden«].

60 De scientia Christi IV, 4 [ed. Quar. V, 23b, 24b]: *attingere aliquo modo* [»auf irgendeine Weise berühren«].

61 Itinerar. mentis III, 3 [ed. Quar. V, 304b].

kenntnis‹ zu interpretieren, hat in diesem Mißverständnis ihre Wurzel. Das *verum evidentissimum et praesentissimum* [»das offensichtlichste und gegenwärtigste Wahre«][62] ist zwar Grund der Möglichkeit aller wahren Erkenntnis, aber als solches kann es nicht in einer *intuitio* vorgestellt werden, sondern nur in der Weise der *contuitio*, als das alle wahre Erkenntnis Fundierende in dieser miterfaßt und in ihr erschlossen werden. Deshalb geht Bonaventura in der *resolutio* vorzüglich von der Definition aus als dem für ihn exemplarischen Niederschlag des Wahrheitsbewußtseins. Die ursprüngliche *notitia* ist von illuminativem Charakter; in ihr ist Gott als *lux summe intellectum nostrum complens* [»das Licht, das unseren Intellekt im höchsten Maße erfüllt«],[63] und *nihil potest intelligi, quin ipse sua aeterna veritate immediate illustret intelligentem* [»nichts kann eingesehen werden, wenn nicht er mit seiner eigenen ewigen Wahrheit unmittelbar den Einsehenden erleuchtet«].[64] Es hat sich eine zusammenschließende Einheit des Illuminationsgedankens ergeben, deren verschiedene ›Aspekte‹ gleichsam ontische und intellektuale Illumination sind. Die ›Erleuchtung‹ des Erkennens als Möglichkeit seiner Wahrheit ist nichts anderes als die ›Helle‹ des göttlichen schöpferischen Seinsentwurfes selbst. Der Seinsgrund ist ›Licht‹: das Sein des Seienden und seine Ansichtigkeit haben darin ihr absolutes Woher. Es mag schwierig sein, im mystischen Enthusiasmus des Bonaventura die von uns thematisch vorgezeichneten Fragestellungen zu gewahren; vielleicht kann die weitere Verfolgung der augustinischen Denklinie bis zu dem nüchterneren Duns Skotus rückweisend noch deutlicher machen, was bei Bonaventura tatsächlich in den Blick gefaßt sein *konnte*.

(d) Leistung und Gefährdung des Illuminationsgedankens

Die Lehre von der Illumination steht mit in der Gefährdung der ganzen platonischen Denklinie: das *Sein* des Seienden selbst *als Seiendes*

62 De myst. Trinit. I, 1 ad 7 [ed. Quar. V, 50b].
63 I. Sent. d.3 p.1 a.un. q.1 concl. [ed. Quar. I, 69a].
64 De scientia Christi IV, 4 contra 24 [ed. Quar. V, 19b].

zu interpretieren. Hat die Ontologie aber das Sein des Seienden zum ›Gegenstand‹, so kann kein Hinblick auf Seiendes in seiner gegenständlichen Vereinzelung – und mag diesem auch ideale Transzendenz zugesprochen sein – ihren Fragehorizont in seiner Totalität abgeben. Dennoch darf nicht übersehen werden, wie weit Bonaventura die ontologische Problemstellung über Plato hinaus vorgetrieben hat. Die ursprüngliche Vertrautheit mit dem Sein ›im Ganzen‹ als Gründung der Möglichkeit von Seinserschlossenheit – bei Plato in der Lehre von der Anamnesis der Ideenschau gedeutet – ist hier in dem Modus der Illumination ausgelegt und klar gegen die kategoriale Gegebenheit abgegrenzt. Aber von seinem Ansatz her wird es Bonaventura nicht möglich, die Scheidung von Seiendem und Sein des Seienden rein durchzuführen; so nimmt er die Transzendenz Gottes als Transzendenz des Seins des Seienden, die illuminative Seinsvertrautheit als Präsenz Gottes. Die bestimmte Ausschließung des Gedankens, Gott sei als Sein des Seienden zu verstehen, wird nur ein überkategorialer, univoker Seinsbegriff leisten können, der auch das Sein Gottes eindeutig umgreift. Das muß keineswegs die für das Mittelalter unumstößliche Grundposition antasten, daß Gott der Seinsgrund und damit auch der Grund der Illumination im vollen Sinne ist.

Der Aristotelismus hat es mit dieser Gefährdung nicht zu tun. Im Ausgang vom empirisch Gegebenen gewinnt er durch fortschrei- | S. 75 | tende Abstraktion schließlich den Begriff eines letzten, leersten Gemeinsamen alles Seienden, des *esse commune*. Aber da alle Abstraktion die Formmomente des Seienden heraushebt, kann dieses abstrakteste *esse commune* nur als allgemeinste und unbestimmteste Form gedacht werden. Das heißt: Sein ist interpretiert als Gegenständlichkeit überhaupt, als mögliches Korrelat der Prädikation.[65] Derart ist das Sein die ›oberste Gattung‹ der Gegenstände; wie die Gattungseinheit ist es nur Leistung der Abstraktion: *Quod est commune multis, non est aliquid praeter multa nisi sola ratione … Multo igitur minus et ipsum esse commune est aliquid praeter omnes res existentes nisi in intellectu solum* [»Was vielem gemeinsam ist, ist nicht etwa außerhalb des vielen, es sei

65 Thomas von Aquino, I. Sent. d.19 q.5 a.1. ad 1 [ed. Vivès VII, 255a; ed. Mandonnet I, 488].

denn lediglich dem Begriffe nach ... Viel weniger noch ist das allgemeine Sein etwas außerhalb aller seienden Dinge, es sei denn nur im Verstand«].[66] Hier ist eine Hypostasierung des Seins des Seienden und vollends deren Identität mit Gott ausgeschlossen: *Si igitur Deus sit esse commune, Deus non erit aliqua res nisi quae sit in intellectu tantum* [»Wenn also Gott das allgemeine Sein ist, wird Gott nicht irgendein Ding sein, außer es wäre nur im Verstand«].[67] Hier ist zwar eindeutiger als bei Bonaventura die Gefahr eines Abgleitens in die Interpretation des Seins des Seienden als Seiendes ausgeschlossen; aber nichtsdestoweniger ist der Seinsbegriff bei Thomas von Aquino nur der Begriff von Gegenständlichkeit überhaupt. Die Ontologie kann hier keine fundamentale Bedeutung haben, denn ihr ›Gegenstand‹, das Sein, ist nur der Grenzbegriff der im Erfassen der Sinnenwelt zu leistenden Abstraktion und die allgemeinste und leerste Einheit, unter die der Intellekt seine Gegenstände noch zu befassen vermag. Der aristotelistische Erkenntnisbegriff, der nur die Überführung substanzialer Gegenständlichkeit in die noetische Repräsentation in den Blick faßt, läßt eine außerkategoriale, aber nichtsdestoweniger wahrheitskonstitutive Berührtheit des Erkennens gar nicht in Betracht kommen. Zwar ist auch hier die Rede von einem *intellectus coniunctus* [»(mit der göttlichen Wahrheit) verbundenen Intellekt«], aber die allein infrage stehende und die ganze Problemfähigkeit befangende *coniunctio* ist die mit dem Leibe. Diese allein ist bestimmend für die Frage nach der Möglichkeit der Seinserschlossenheit für den Menschen: *intellectus autem humani, qui est coniunctus corpori, proprium obiectum est quidditas sive natura in materia corporali existens* [»der dem menschlichen Verstand, der mit dem Leib verbunden ist, eigentümliche Gegenstand ist die in der körperhaften Materie existierende Washeit oder Natur«].[68] Wie das beherrschende ontologische Problem die Verquickung von Form und Materie, so ist das gnoseologische Zentralproblem die leibliche Gebundenheit des Intellekts. In der Darstellung des ›Vorganges‹ der Erfassung der sinnlichen Gegebenheit und ihrer Repräsentation

---

66 Summa c. Gent. I, 26 arg. 4 [nr. 241; ed. Leon. XIII, 81a-82b].
67 A. a. O. [ed. Leon. XIII, 82b].
68 Summa theol. I q.84 a.7 [c.; ed. Leon. V, 325b].

im Intellekt geht die Frage nach der Möglichkeit von Wahrheit voll und ganz auf.

Der Gegensatz der Positionen der beiden Zeitgenossen der Hochscholastik, Thomas von Aquino und Bonaventura, läßt sich damit kurz so charakterisieren: Für Thomas ist das Metaphysische das Letzterreichbare, aus einer äußersten Zuspitzung der abstraktiven Erkenntnisleistung und der Zurückführung des Kausalzusammenhanges sich Ergebende; es hat Grenzbedeutung. Für Bonaventura ist der Begriff des ›Meta‹-Physischen ungenau, denn er meint gerade das Erstvertraute und Bestgewisse – wenn auch nicht kategorial Explizierbare; es hat Fundamentalbedeutung. ›Sein‹ in seiner primären ungegenständlichen Vertrautheit ist für Bonaventura die konstitutive Ermöglichung von Wahrheit; für Thomas gleichsam ein übergreifendes ›Gehäuse‹, in das alle Gegenstände noch eingebracht werden können.

(e) Das Sein als ›primum obiectum‹ bei Duns Skotus

Es scheint, daß auch Duns Skotus über die Seinsinterpretation als Gegenständlichkeit nicht hinauskommt, wenn er die Frage nach dem *primum obiectum* [›Erstgegenstand‹] des Erkennens stellt.[69] In seinem *Intellectus noster habet ens pro primo obiecto communi* [»Unser Verstand hat das Seiende als seinen ersten allgemeinen Gegenstand«][70] werden | S. 76 | wir die bereits herausgestellte Bedeutung des Satzes bei Bonaventura *non potest intelligi aliquid, primo ente non intellecto* [»Nichts kann eingesehen werden, wenn nicht vorher das erste Seiende eingesehen worden ist«][71] nicht wiedererkennen wollen, vielmehr uns auf das abstrakte *esse commune* verwiesen fühlen. Aber wenn bei Duns Skotus das *ens* als *obiectum* bezeichnet wird, so ist darin nicht nur die sinnlich-abstraktiv vermittelte Gegenständlichkeit gemeint, denn ausdrücklich ist in diesem *ens* als *primum obiectum* auch das Sein Gottes eindeutig

69 Op. Ox. I d.3 q.3 n.24 [ed. Wadd. V/1, 466].

70 Reportatio Magna, prol. q.3 (zit. nach T. Barth, Die Stellung der univocatio[, 237]).

71 Vgl. oben Anm. 50 [zu diesem § 6].

mitbefaßt.[72] Dieses *ens* kann nicht jene allgemeinste und unbestimmteste ›Gattung‹ der Gegenständlichkeit überhaupt sein, denn in der Weise der Gegebenheit dieses Primärobjektes ist eine Gegenwärtigkeit Gottes möglich, deren Erschlossenheit Duns Skotus ›intuitiv‹ nennt.[73] Bei diesem durch die Tradition reich und vieldeutig belasteten Terminus ist davor zu warnen, sogleich eine feste Bedeutung heranzutragen; der Zusammenhang des Duns Skotus mit der augustinischen Denklinie legt es nahe, daß unter diesem Begriff jene ungegenständliche primäre Berührung der Illumination, die *notitia* Bonaventuras, wieder aufgenommen sein könnte. Der Begriff der *cognitio intuitiva* ist bei Duns Skotus vor allem durch das Moment der unmittelbaren Gegenwärtigkeit charakterisiert. Zwar hat Duns Skotus für das Verständnis einer ungegenständlichen Gegebenheit keine besondere Form ausgebildet oder übernommen, wie es die Illuminationslehre ist; aber eine solche Gegebenheitsweise ist gerade hier zu erschließen, da das *ens* des *primum obiectum* das überkategoriale univoke Sein ist.[74] Wenn Duns Skotus sagt: *Intellectus noster habet ens pro primo obiecto communi ad Deum et creaturas* [»Unser Verstand hat das Seiende als den ersten Gegenstand, allgemein für Gott und die Geschöpfe«],[75] dann kann hier eben nur der nicht kategorial eingeschränkte, die Bedeutung von abstrakter Gegenständlichkeit transzendierende univoke Seinsbegriff gemeint sein. Dieser aber ist nicht zu ›vergegenständlichen‹, er ist *obiectum* nur in sehr ungenauem und übertragenem Sinne, nämlich in der Weise, die Bonaventura mit den Begriffen der *coniunctio* und *contuitio* gekennzeichnet hatte und die der Illuminationsgedanke interpretieren will. Obwohl also Duns Skotus die Illumination aus der augustinisch-franziskanischen Tradition nicht ausdrücklich aufgenommen hat, ist doch die on-

72 Rep. Magna, a. a. O. [ed. Barth 1938, 237]: *Deus sub ratione Deitatis, ut est in se, est contentum sub ente* [»Gott unter dem Begriff der Göttlichkeit, wie er in sich ist, ist enthalten im Seienden«].

73 A. a. O. [ed. Barth 1938, 238]: *Possibilis nobis est aliqua cognitio Dei intuitiva quae est eius, ut praesens existeret* [»Möglich ist uns eine intuitive Erkenntnis Gottes, die von dessen Natur ist, wie er aktuell existiert«].

74 Vgl. oben § 4 c.

75 Rep. Magna, a. a. O. [ed. Barth 1938, 238].

tologische Leistung dieser Konzeption bei ihm nicht verlorengegangen. Im Gegenteil erlaubt ihm der gewonnene univoke Seinsbegriff eine uneingeschränktere Auswertung dieser Leistung.

Es war bereits auf das Problem des ›realen Fundamentes‹, das heißt: der ontologischen Relevanz des univoken Seinsbegriffes hingewiesen worden;[76] dabei erwies sich der Begriff des *fundamentum imperfectum* als bezogen auf das gegenständliche Seinsverständnis. Erst jetzt wird vollends deutlich, daß der univoke Seinsbegriff jene ungegenständliche ›Realität‹ meint, die in dem Illuminationsgedanken ihre Auslegung fand und die nun bei Duns Skotus unter dem Titel des ›Primärobjektes‹ erscheint. *Das Problem, dessen Lösung Duns Skotus verfolgt, ist hier wirklich kein anderes als das augustinische der Illumination, gefaßt in die dem Aristotelismus entnommene Terminologie.*[77]

Die Gefährdung, die dem Illuminationsgedanken aus der Hypostasierung des Seins des Seienden erwuchs, trifft die Position des Duns Skotus nicht. Zwar ist Gott in seinem Sein enthalten im univoken Seinsbegriff, in dem die wahrheitgründende Erstvertrautheit des Intellekts, das ›Primärobjekt‹, gemeint ist; aber es ist diese Univozität des Seins nicht in Gott aufgegangen und mit ihm identifiziert. Insofern ist der Kritik des Thomas von Aquino an der Illuminationslehre Raum gegeben worden. Aber der | S. 77 | univoke Seins›begriff‹, der eben wegen der Ungegenständlichkeit seines Korrelates nur in einem sehr ungenauen Sinne ›Begriff‹ im traditionellen Verstande heißen darf, dessen Bedeutung eher mit der *notitia* Bonaventuras getroffen würde, nimmt doch die echte Leistung des Illuminationsgedankens auf: die Konzeption der Fundierung von Seinserschlossenheit in einer aller gegenständlichen Erkenntnis vorgegebenen und sie in ihrer Möglichkeit erst be-

---

76 Vgl. oben, 42f. [in dieser Edition: 95-98].

77 Étienne Gilson, Avicenne et le point de départ de Duns Scot. In: Archives d'histoire doctrinale et littéraire du Moyen-Âge II (1927), 116f. [Übers. H.B.]. Gilson weist die Beziehungen der Lehre von der Univozität des Seins zur Metaphysik Avicennas auf. *Der verborgene Neuplatonismus in der Metaphysik des Avicenna erlaubt es Duns Skotus, das, was nach der thomistischen Kritik der besonderen Illumination – deren Folgerungen er sich anschließt – von der augustinischen Lehre noch gerettet werden kann, zu erhalten* [a.a.O., 117; Übers. H.B.].

gründenden Vertrautheit des Seins ›im Ganzen‹. Insofern sind die Voraussetzungen der Kritik des Thomas von Aquino an der Illumination, nämlich die absolute Gründung der Erkenntnis auf die abstraktive Repräsentation der Gegenstandsformen, nicht anerkannt; die fundamentalere Fragestellung des augustinischen Denkens ist aufgenommen und in gewissem Sinne vollendet. Der Ansatz zur Durchbrechung der Interpretation des Seins als allgemeinster Gegenständlichkeit ist gewonnen.

(f) Weitere Fragemöglichkeit

Wenn Heidegger die thematische Grundfrage der Ontologie als die Frage nach dem ›Sinn von Sein‹ formuliert, so ist aus der Entwicklung der Leitideen der vorliegenden Untersuchung ohne weiteres klargeworden, daß diese Sinnfrage nicht auf ein ›Was‹ des Seins des Seienden gerichtet sein kann. Die Überwindung der gegenständlichen Interpretation in der Ontologie bedeutet zugleich die Überholung der Was-Frage als vermeintlicher letzter Fragemöglichkeit. Eine in den Grenzen der Substanzialität sich beschränkende ontologische Fragestellung wird an dem ›Was‹ und dem ›Woher des Was‹ ihr Genügen und die Erschöpfung ihrer Möglichkeiten finden. Erweist sich Substanzialität aber als sekundärer und eine Vertrautheit des Sein ›im Ganzen‹ schon immer voraussetzender Gegebenheitsmodus, dann eröffnet sich ein weiteres Feld von Fragemöglichkeiten.

Aber wie ist der weitere Vollzug dieser Fragemöglichkeiten zu verstehen? Wie kann gefragt werden, nachdem die Was-Frage sich als unzureichend für ontologische Fundamentalität erwiesen hat? Die Darstellung der Überwindung der gegenständlichen Seinsinterpretation in der Scholastik ergab, daß alles Erkennen fundiert ist durch eine ursprüngliche Vertrautheit des Seins in seiner un›vergegenständlichten‹ Ganzheit. In der Charakteristik dieses ontologischen ›Urphänomens‹ blieb es bei einer bloßen Namengebung; ›Vertrautheit‹, ›Berührung‹, ›Bei-Stand‹ waren die Namen, die auf das Phänomen nur ungenau verweisen konnten. Hier eröffnet sich ein Durchgang für das weitere Fragen: Ist es sachlich unangemessen, nach dem Was der ontologischen

Fundamentalvertrautheit zu fragen, so bleibt doch die Möglichkeit, nach dem Wie zu fragen. Derart ergibt sich ein letzter vorbereitender Problemschritt, um der Frage nach dem ›Sinn von Sein‹ ihren radikalen und universalen Boden zu gewährleisten. | S. 78 |

§ 7. Das außertheoretische Fundament der Seinsinterpretation

(a) Radikalisierung des ontologischen Phänomenbegriffes

Gegenständliche Seinsinterpretation und ontologischer Vorrang des Erkennens, verstanden im Sinne des bei Aristoteles entwickelten theoretischen Vernehmens, sind einander fest zugeordnet. Das der theoretischen Haltung angemessene und allein mögliche Seinsverständnis findet seinen Niederschlag in der thematischen Auszeichnung der substanzialen Wesenheit als definitiv ausgegrenzter und definitorisch verfügbarer Gegenständlichkeit. Konnte für das mittelalterliche Seinsverständnis der Ansatz zur Durchbrechung der gegenständlichen Interpretation aufgezeigt werden, so muß sich als Freigabe dieser Leistung auch eine Überwindung der Verbindlichkeit des theoretischen Erkenntnisideals nachweisen lassen. Für diesen Nachweis kann es uns weniger auf die ausdrücklichen ›Theorien‹ der Erkenntnishaltung ankommen, als auf die Bezeugung ursprünglicher Möglichkeiten und Antriebe.

Bei der Einführung seines ›Phänomen‹begriffes umschreibt Heidegger die im *Modus des Phänomens* gemeinte ursprüngliche *Begegnisart des Seins und der Seinsstrukturen* in betonter Gegenstellung zu der Weise, des theoretischen Begegnens. *In der Idee der ›originären‹ und ›intuitiven‹ Erfassung und Explikation der Phänomene liegt das Gegenteil der Naivität eines zufälligen, ›unmittelbaren‹ und unbedachten ›Schauens‹.*[1] Die Analyse der ›Zeug‹umwelt, die zwar *auf das leitende Ziel hin angesehen von untergeordneter Bedeutung ist* und nur eine *erste Kennzeichnung des Weltphänomens* vorbereitend für das *transzendentale Problem der Welt* zu leisten hat,[2] erweist paradigmatisch, daß das theoretische Verhalten als *unumsichtiges Nur-Hinsehen*, als *Nur-Begaffen*[3]

1 SuZ, 36f. [gegenüber dem Original von H. B. umgestellt].
2 WdGr, 95, Anm. 2 [GA 9, 155, Anm. 55]
3 SuZ, 69.

die ursprünglichen *Bezüge zum Seienden im Ganzen*[4] – das aber heißt: zur übergegenständlichen Weltlichkeit des Seins – nicht aufzunehmen vermag. Auch Heidegger stellt den – uns von Bonaventura her schon geläufigen – Fundierungszusammenhang von Bekanntsein und Erkanntsein fest.[5] Das *immer schon irgendwie Bekannte* geht in das *ausdrückliche Erkennen* implizit ein, ohne daß der *primäre Modus des In-der-Welt-seins* als solcher begriffen, ohne daß das *ontisch Erfahrene* ontologisch zugänglich wird.[6] Das Heideggersche *In-der-Welt-sein* verweist hier auf eben jenes fundamentale Phänomen, das Bonaventura als *coniunctio* bezeichnet hatte. Der Vorzug des theoretischen Verhaltens bedeutet die Entrückung der ursprünglichen Seinsvertrautheit. *Das In-der-Welt-sein wird – obzwar vorphänomenologisch erfahren und gekannt – auf dem Wege einer ontologisch unangemessenen Auslegung unsichtbar.*[7] Das Welt-Erkennen vertritt das ›In-Sein‹, jene primäre Vertrautheit, exemplarisch und führt den ›Vorrang des Erkennens‹ und seiner anschaubaren Gegenständlichkeit herauf.[8] Das Primat des Erkennens kann als ›gewaltsam‹ angesprochen werden, es beruht auf einer ›Defizienz‹ des ursprünglichen Begegnens; dessen Struktur wird in der Charakteristik des ›Zu-tun-habens‹ und ›Besorgens‹ gewissermaßen vorgezeichnet. Erkennen ist also nicht ein Allererst-Ausgreifen, ein heranbringendes Erfassen, die Herbeiführung einer Subjekt-Objekt-Beziehung – so die Grundvorstellungen der traditionellen Erkenntnistheorie! –, sondern es ist nur ein ›Zurückkommen‹ auf die *je schon entdeckte Welt.*[9]

Wie nun ist dieses ursprüngliche Begegnen als fundamentale | S. 79 | Eröffnung des Welthorizontes in seiner Art von Gegebenheit näherhin zu charakterisieren? Heidegger hat die ›Befindlichkeit‹ als ausgezeichneten Modus dieser ursprünglichen Erschlossenheit gewählt. Die Gestimmtheit ist der tragende Boden aller Weisen von Seinserschließung. So kann beispielsweise in der Gestimmtheit sich das Sein

4 WdGr, 95 [GA 9, 155].

5 SuZ, 58f.

6 A.a.O. [gegenüber dem Original von H.B. modifiziert].

7 A.a.O., 59.

8 A.a.O.

9 A.a.O., 62.

als Last offenbaren.[10] Solche Gestimmtheit ist einem auf Erklärung bedachten Fragen, das auf gegenständliche oder von Gegenständlichem herleitende Verdeutlichung abzielt, nicht zugänglich, weil die *Erschließungsmöglichkeiten des Erkennens viel zu kurz tragen gegenüber dem ursprünglichen Erschließen der Stimmungen.*[11] In welcher Weise nun können Stimmungen erschließen? Sicherlich nicht in der Weise des Hinblickens und wahrnehmenden Vorfindens, aber als *An- und Abkehr.*[12] In der Schrift »Vom Wesen des Grundes« wird nicht nur diese Kennzeichnung der Befindlichkeit noch erweitert zum *stimmungsmäßigen und triebhaften Sichbefinden* und den *hierin mitgegründeten strebensmäßigen und willentlichen Verhaltungen*, sondern es ist ein Hinzielen auf eine weitere und letzte Radikalisierung dieses phänomenalen Bodens bemerkbar, indem der in der Befindlichkeit geschehenden ›ontischen‹ Offenbarkeit eine diese wiederum *schon immer zuvor* erleuchtende (!) und führende *Enthülltheit des Seins* vorangestellt wird, die nun *ontologische* Wahrheit heißt.[13] Hier nun ist Heidegger unmittelbar an sein Transzendenzproblem herangekommen.

In der Befindlichkeit ist die ganzheitliche Struktur des In-der-Weltseins in der *gleichursprünglichen Erschlossenheit von Welt, Mitdasein und Existenz*[14] offenbar. Damit erst ist der Boden für gegenständliches Erkennen und gerichtetes Wollen gegeben: *Die Stimmung hat je schon das In-der-Welt-sein als Ganzes erschlossen und macht ein Sichrichten auf … allererst möglich.*[15] Der Horizont möglicher theoretischer und praktischer Vergegenständlichung wird konstituiert in einer ganzheitlichen Vertrautheit des Seins in seiner Weltlichkeit. Diese fundamentale ›Weltoffenheit‹ ist im Bewußtsein angezeigt in der Weise der Affektivität. *La capacité* explicative *de la connaissance est inférieure à la capacité* révélatrice *du sentiment.*[16] Die Affektivität ist *une relation, obscurcie peut-être mais réelle, avec la totalité de l'être et de nous-*

10 A.a.O., 134.
11 A.a.O.
12 A.a.O, 135.
13 WdGr, 76 [vgl. GA 9, 131; gegenüber dem Original von H.B. umgestellt].
14 SuZ, 137.
15 A.a.O.
16 de Waelhens, a.a.O., 81.

mêmes.[17] Erst innerhalb dieses Bezuges auf das weltlich Ganze kann ein Fragen nach und ein Sichrichten auf dieses und jenes und auf Zusammenhänge einsetzen. ›Welt‹ als Ganzheit läßt sich also kennzeichnen durch ihre gegenständliche ›Leere‹ und Unbestimmtheit; dieser Charakter der Weltlichkeit begründet den ausgezeichneten ›welt‹anzeigenden Rang der Angst in Heideggers Befindlichkeitsanalyse. In der Angst ist der Aufweis von einem ursächlichen Etwas, einem Woher der Ängstigung unmöglich, *das Wovor der Angst ist völlig unbestimmt; in der Angst begegnet nicht dieses oder jenes, mit dem es als Bedrohlichem eine Bewandtnis haben könnte.*[18] Tritt aus dem in der Angst angezeigten Ganzen der Bedrohung ein Bestimmtes und Bezeichenbares hervor, so ist sogleich der Modus des Affektes verändert; die Anzeige bestimmter, in ihrem Woher zu sichtender Bedrohung ist die Furcht, die als ›Vergegenständlichung‹ der Angst angesprochen werden könnte. Insofern ist die Angst für Heidegger die exemplarische Befindlichkeit, als sich in ihr die Möglichkeit aller Begegnung mit Gegenständlichem, aller innerweltlichen Richtungnahme, die Welt als das *ursprünglichste ›Etwas‹*[19] auftut. Die Welt als Welt aber ist das Grundproblem der Ontologie; nicht anders als durch ein Beachten vor- | S. 80 | theoretischer Erfahrungen und Verhaltungen kann es in angemessener Weise aufgenommen werden.

Hintergrund der Auszeichnung der vortheoretischen Begegnisweisen bei Heidegger ist wiederum die Auseinandersetzung mit der Grundposition Edmund Husserls, deren methodischer Inbegriff in der Rückführung aller Gegenständlichkeit auf intentionale Bewußtseinsleistungen gesehen wird;[20] die derart in der Phänomenologie zu begründende Ontologie könnte nur reine Gegenstandsontologie sein. Es ist zur Verdeutlichung des ganzen Problemzusammenhanges von wesentlichem Interesse, auch die Reaktion Husserls auf den kritischen Standpunkt Heideggers kennenzulernen. In einem Manuskriptpart aus seinem Nachlaß,[21] der

17 A.a.O., 120.

18 SuZ, 186.

19 A.a.O., 187.

20 Zum »objektiven« Recht dieser Sicht der phänomenologischen Reduktion vgl. das oben S. 67 Gesagte [in dieser Edition: 150f.].

21 Vf. durch Herrn Prof. Landgrebe zugänglich gemacht [veröff. unter dem Titel:

aus dem Jahre 1931 stammt und der Frage *was sinnvoll besagen kann: Frage nach dem Sein des Seienden* am Leitfaden einer *natürlich naiven Einstellung* in Richtung auf das Problem der Welt – *der fraglose universale Seinsboden, auf den sich alle erdenklichen Fragen beziehen* – nachgeht, findet sich ein Abschnitt mit der Handnotiz *das ist gegen Heidegger*, den man als Verteidigung der theoretischen Haltung bezeichnen könnte. Jedes im weitesten Sinne wissenschaftliche Bemühen ist *ein Vorgehen in konsequentem theoretischen Interesse*, wobei sich die theoretische Einstellung der *Natürlichkeit des praktischen Lebens vortheoretischer Stufe überlagert. Wissenschaftlichkeit* fordert die Haltung eines *unbeteiligten, rein auf das, was da ist, gerichteten Zuschauers*. Freilich kann mit der Forderung theoretischer Einstellung nicht gemeint sein, eine bestimmte Sonderart theoretischer Wissenschaftlichkeit solle exemplarisch genommen werden, wie es in der *naturalistischen Verabsolutierung der Welt der Naturwissenschaft* geschehen ist. Gerade dem tritt die Phänomenologie durch die Herausstellung eines ›natürlichen Weltbegriffs‹, in dem jeder Wirklichkeitsbezirk entsprechend seiner Selbstgegebenheit auf seine spezifische Konstitutionsweise zurückgeführt werden kann, entgegen. *Es gehören besondere Motive dazu, um theoretische Einstellung möglich zu machen, und gegenüber Heidegger will es mir scheinen, daß ein ursprüngliches Motiv liege, für Wissenschaft wie für Kunst, in der Notwendigkeit des Spieles und speziell in der Motivation einer spielerischen, das ist nicht aus Lebensnotdurft, nicht aus Beruf, aus Zweckzusammenhang*

»Betrachtungen im Ausgang von der angeblichen Frage nach dem Sein des Seienden. Dann Überlegung im Ausgang von der ontologischen Frage und Reflexion auf das Bewusstseinsleben – des Menschen,– dann die Schwierigkeiten. Endlich transzendentale Reduktion« (Mai 1931). In: Zur phänomenologischen Reduktion. Texte aus dem Nachlass (1926-1935), Nr. 17, hrsg. von S. Luft (Husserliana XXXIV). Dordrecht 2002, 264-278, dort 277, Z. 2f.; handschriftliche Notiz »Das ist gegen Heidegger«. Mskr. 1931 [veröff. unter dem Titel: »Wissenschaftliche Beschreibung setzt eine theoretische Einstellung auf das allen praktischen Interessen Identische voraus« (Mai 1931). In: a.a.O., Nr. 16, Beilage XV, hrsg. von S. Luft (Husserliana XXXIV). Dordrecht 2002, 259-261, dort 259, Anm. 1; 259, Z. 17f., 19f., 20f. (»unbeteiligten«: bei E.H. in Doppelanführungszeichen, »Zuschauer«: Hervorhebung E.H.; 60, Z. 1f., 25-32; »Motive«: Hervorhebung H.B.; »Heidegger«: Hervorhebung bei E.H.; »spielerischen«: Hervorhebung H.B.; »Neugier«: Hervorhebung H.B.; »nichts angehen«: Hervorhebung H.B.)].

der Selbsterhaltung entspringenden ›theoretischen Neugier‹, die sich die Dinge ansehen, sie kennen lernen will, Dinge, die sie nichts angehen. Und nicht ›defiziente‹ Praxis soll hier vorliegen.

Wir glauben nicht, daß in diesen Überlegungen Heideggers Ansatz wirklich getroffen ist. Wie auch überwiegend in der sonstigen Auseinandersetzung mit Heidegger ist die nur vorbereitende und einem weiteren Absehen untergeordnete Analyse des in die Zeugwelt und ihre Zusammenhänge verwobenen Daseins hier als Ergebnis selbst der Radikalisierung genommen. Jedoch ist nicht ›Praxis‹ der Inbegriff der vortheoretischen fundamentalen Gegebenheit von ›Welt‹ als Sein im Ganzen. In der Frage des ontologischen Ansatzes kann nicht etwa die anthropologische Konzeption des *homo sapiens* [des ›wissenden Menschen‹] oder des *homo ludens* [des ›spielenden Menschen‹] gegen die des *homo faber* [des ›Menschen als Handwerker und Techniker‹] ausgespielt werden. Vielmehr geht es hier allererst um die Möglichkeit solcher anthropologischen Alternativen selbst, die schon die Erschlossenheit von Welt als dem ›Raum‹ praktischen, theoretischen oder spielenden Verhaltens, als dem Horizont von Verhaltung überhaupt voraussetzen.

Diese im Exkurs gewonnene Klärung des Begriffes einer außer- | S. 81 | theoretischen Fundierung des Seinsverständnisses wird uns in die Lage versetzen, in einem völlig andersgearteten Erfahrungshorizont nach ähnlich radikalen Fragemöglichkeiten und einer diesen angemessenen Problemfähigkeit zu suchen. Dabei ist von vornherein klar, daß in diesem den letzten Grund des Wirklichkeitserlebnisses angehenden Unternehmen die mittelalterliche Haltung keine Gemeinsamkeiten mit der in Heideggers Analysen repräsentierten modernen hergeben kann. Auf das Herzeigen solcher ›Parallelen‹ kommt es uns in diesen Untersuchungen – wie sich gezeigt haben dürfte – auch keineswegs an; vielmehr geht es um die Radikalität und Universalität des Ansatzes der Seinsfrage innerhalb des geschichtlichen Wirklichkeitshorizontes.

(b) ›Weisheit‹ als Totalität des Seinsbezuges

In der Erblinie der peripatetischen Philosophie werden wir kaum einen nennenswerten Ertrag für die leitende Fragestellung erwarten dürfen.

Hier wird die gegenständliche ›Leere‹ des unaktuierten Erkenntnis›vermögens‹ absolut genommen. Die der Sinnenwelt abstraktiv entnommenen Wesensformen setzen die umfassenderen Strukturen und die umfassendste Struktur der ›Welt‹ erst zusammen; ›Welt‹ ist ein begriffliches Grenzergebnis des Erkennens. Der ›Seinsboden‹ ist gewissermaßen summiert aus der Fülle der gegenständlichen Erfahrung. Gerade die äußerste Leere des abstrakten Seinsbegriffes gewährleistet, daß er alle wirklichen und alle möglichen Gegenstände der Erfahrung umgreift; er ist eben der Begriff allgemeinster Gegenständlichkeit selbst. Damit aber ist schon die Möglichkeit ungegenständlicher Erfahrung ausgeschlossen, denn was kein ›Sein‹ hat, kann auch nicht erfahren werden.

Dagegen ist in der platonischen Metaphysik die Konzeption außertheoretischer Seinsgegebenheit zumindest vorbereitet. Der Gedanke der seinsgewährenden Methexis [›Teilhabe‹], die im menschlichen Erkennen gewissermaßen ihre Artikulation gewinnt, enthält ein vor aller theoretischen Erfahrung liegendes und deren Möglichkeit fundierendes ontisches Moment. Die Bezogenheit der Methexis auf ideale Wesenheit verhindert allerdings von vornherein einen Begriff der Seinsteilhabe, in dem ›Sein‹ in einem anderen Sinne als dem idealer Gegenständlichkeit genommen werden könnte. Entscheidend für die Vorbereitung der weiteren Problementfaltung in der platonisch-augustinischen Tradition ist jedoch, daß das theoretisch-gegenständliche Erkennen nicht aus einer rein potentialen Leere ansetzt und diese – wie die aristotelische *tabula rasa* – allererst mit Zeichen und Bildern anfüllt, sondern daß das Erkannte zu einer ursprünglichen Vertrautheit aufgenommen und gerade im ›Zurückkommen‹ auf diese Vertrautheit zu ›Wahrheit‹ wird. Einem genuinen Verständnis dieser Vertrautheit ist günstig, daß im platonischen Denken metaphysische und ethische Fragestellung noch innig ineinandergreifen und daher in der Seinsteilhabe nicht nur ein Fundament der Erkenntniswahrheit gesucht und gesehen wird, sondern der Boden jener im Begriff der φρόνησις [phrónēsis, ›Verstand, Gesinnung‹] befaßten, noch undifferenzierten Einheit von Seinsverständnis und Richtungnahme der ethischen Haltung.

Die Möglichkeit eines solchen totalen Seinsbezuges wird im christlichen Glaubensanspruch mit neuem und absolutem Pathos aufgenommen.

Der dem Glaubenden gewissen Wirklichkeit ist ein am ›empirisch‹ Vorfindbaren orientierter Wahrheitsbegriff inadäquat. Diese Wirklichkeit ergibt sich keinem intellektualen Zugriff. Vielmehr ist die im Glauben geschehende Gewißheit | S. 82 | einer personalen Gesamthaltung zuzuschreiben, die als Einheit von hörendem Vernehmen und Tätigsein, von Hingabe und Entschlossenheit dargestellt werden kann. Worauf es hier ankommt, ist der verschließende Charakter des nur im Hinsehen und Anschauen verbleibenden Begreifenwollens, des primären Hinzielens auf theoretische Offenbarkeit und einsichtiges Erfassen. Was die christliche Glaubenssituation kennzeichnet, ist das Bewußtsein einer ontischen Ergriffenheit, auf die alle theoretische Explikation – sei es nun das schlichte verdeutlichende Begreifenwollen oder die theologisch-begriffliche Objektivierung – zurückgehen muß.

Das klassische Zeugnis der christlichen Situation des Glaubenden, die »Confessiones« Augustins, beschreibt jene ursprüngliche Ergriffenheit als den *amor Dei* [die ›Liebe zu Gott‹]. Es ist die fundamentale Gegebenheit der inneren Erfahrung des Glaubenden. Auf diesem Grund kann erst alles Fragen und Verdeutlichungsstreben ansetzen. Die Frage *Quid autem amo, cum te amo?* [»Was liebe ich aber, wenn ich dich liebe?«][22] nimmt eine letzte und unrückführbare Erfahrung auf; sie thematisiert das in der ursprünglichen Ergriffenheit Begegnende hinsichtlich seines ›Was‹ und sucht diese Grunderfahrung ins Gegenständlich-Intelligible zu rücken. Das *Quid* sucht aus der unmittelbaren Ergriffenheit heraus theoretische Distanz zu gewinnen. An dieser Stelle bestätigt sich die tragende Einsicht des Heideggerschen Neuansatzes der Ontologie, daß *alle Philosophie nur die Funktion hat, die schon immer im Dasein geschehende Metaphysik ausdrücklich werden zu lassen.*[23] Diese ursprüngliche Erfahrung des *amor Dei* ist bei Augustinus – wenn man diesen Terminus übertragen darf – die ›Grundbefindlichkeit‹. In ihr erschließt sich der göttliche Seinsgrund als die Möglichkeit aller erfragbaren Gegenständlichkeit. Die Illuminationslehre erweist sich als Auslegung dieser fundamentalen ontischen Ergriffenheit.

22 Conf. X, 6, 8 [ed. Migne PL 32, Sp. 782; CCSL 27, 159, Z. 7].
23 Ludwig Landgrebe, [Husserls Phänomenologie,] a. a. O., 308.

Die blinde Betroffenheit von der ›Welt‹ in ihrer unvergegenständlichten Gestaltlosigkeit findet für Heidegger in der Angst ihre Anzeige. Angst ist eine Möglichkeit des Bewußtseins, das ›alles‹ zu gewärtigen vermag, weil es die sinn-lose Faktizität seiner selbst als sich vordrängende Erfahrung hat. Eine derartige Lage des Bewußtseins ist innerhalb des christlichen Horizontes nicht denkbar; sie verweist auf das Welterlebnis des modernen Menschen. Das christliche Bewußtsein kann die vortheoretische Ergriffenheit niemals aus der Situation des allgewärtigen Ängstigens heraus verstehen. Der Seinsgrund, auf den das christliche Wirklichkeitsbewußtsein ursprünglich bezogen ist, ist die schöpferische göttliche ›Liebe‹. Sie erweist sich in der augustinischen ›Grundbefindlichkeit‹ als der tragende Boden des Seinsverständnisses.
Die auf dieses Fundament gegründete Sinnbestimmung des menschlichen Daseins ist bei Augustinus die *beatitudo* [›Glückseligkeit‹]. Sie gibt die wesenhafte Gerichtetheit in allem erkennenden und willentlichen Verhalten des Menschen an; ›wesenhaft‹ gerade deshalb, weil sie auf die ›Grundbefindlichkeit‹ des *amor Dei* verweist. Denn in dieser Primärerfahrung erschließt sich das Sein als in der *beatitudo* selig zu genießendes. Dieser Seinsgenuß, die *fruitio*, gibt allen Weisen der Begegnung mit gegenständlichem Seienden ihre Bestimmtheit, insofern auch die Sphäre der Gebrauchsdinge – des *uti* [›Benutzens‹] – ihren Sinn von dieser Richtungnahme auf die *fruitio* empfängt. Wie Gott in der ursprünglichen Liebesergriffenheit des *amor Dei* gewahrt wird, so ist er auch die Erfüllung der Sinnbestimmung des Seinsgenusses, der Inbegriff der *beatitudo*. Das gegenständliche Seiende rückt in die Funktion eines ›Zwischenreiches‹ der zu gebrauchenden, nicht zu genießenden Dinge.[24] | S. 83 |
Es darf nicht übersehen werden, daß in dem augustinischen Wirklichkeitshorizont Ontologie letzten Endes nur als Theologie entfaltet werden kann. Das weltliche – das heißt hier: das außergöttliche – Seiende ist als unbedeutsamer ›Übergangs‹bezirk für die von der fundamentalen Liebesbetroffenheit zum erfüllten Genuß des Seinsbesitzes sich erhebende Seele verstanden. In der augustinischen Überordnung der

24 De doctrina christiana I, 3, 3 [ed. Migne PL 34, Sp. 20; CSEL 80, 9f.]; I, 22, 20 [ed. Migne PL 34, Sp. 26; CSEL 80, 18].

sapientia [›Weisheit‹] über die *scientia* [›Wissenschaft‹] findet dieses Wirklichkeitsverständnis seinen Ausdruck. Vom Sein ›im Ganzen‹ kann hier sicherlich nur in der Weise der *sapientia* Aufschluß gewonnen werden. In der *sapientia* ist die Entfaltung der fundamentalen inneren Erfahrung der Seinsbetroffenheit als *amor Dei* zu sehen, die sich im unverwandten Hinblick auf die *beatitudo* als Sinnbestimmung des menschlichen Daseins hält. Hier deuten sich die Umrisse einer ›Existenzialanalyse‹ im augustinischen Horizont an. Der ›Welt‹-begriff des christlichen Bewußtseins, verstanden als der Horizont der Seinserschlossenheit ›im Ganzen‹, kann keinesfalls an den Strukturen der nächsten ›Zeug‹- und Umwelt vorbereitend gewonnen werden; denn der gebrauchende Umgang ist völlig durchstimmt von der aus dem *amor Dei* angetriebenen Zuwendung auf den genießenden Besitz der *beatitudo*. Dieser durchstimmende Hinblick ist die ›nächste‹ Gegebenheit des christlichen Weltverhältnisses; er ›regelt‹ die Bewandtnis, die es mit allem in Umgang kommenden Seienden immer schon hat. Es gibt auch für Augustinus ›uneigentliche‹ und die Grundbefindlichkeit verdeckende Verhaltungen; sie lassen sich dahingehend charakterisieren, daß die unerfüllte und auf die noch ausstehende Sinnbestimmung der *beatitudo* ausgespannte Wesensunruhe des Menschen sich am Seienden der Umwelt beruhigt und dieses als zu Genießendes nimmt. Diese Umdeutung der Bedeutsamkeit des vorfindlichen Seienden der Umwelt ermöglicht zugleich seine wissenschaftliche Vergegenständlichung, seine von den fundamentalen und teletischen Bezügen abgelöste theoretische Gegebenheitsweise. Das volle Sich-zuwenden an und das theoretische Verweilen bei Gegenständen in der Welt macht die Kennzeichnung der *scientia* aus; während die *sapientia* die Grundbefindlichkeit des *amor Dei* in aller Seinsbegegnung aufnimmt und alle ›Dinge‹ auf die Unruhe und Gespanntheit der noch ausstehenden *beatitudo* bezieht. Darin, daß die ›Seele‹ in dieser Unruhe stets um ihre letzte Möglichkeit, den erfüllten Seinsgenuß der *beatitudo*, weiß, ist ihr irgendwie das Sein ›im Ganzen‹ schon vorerschlossen und vertraut. Diese affektive Vertrautheit durchstimmt alles Erkennen und Verhalten und gibt dem darin Begegnenden seine Bedeutsamkeit.

(c) Grundbefindlichkeit und Illumination

Für die Konzeption einer Totalität des Seinsbezuges ist es bei Augustinus entscheidend, daß in seiner Lehre von der Seele die Unterscheidung einzelner ›Vermögen‹ nur die Bedeutung von ›Aspekten‹, nicht aber von ontisch differenten ›Organen‹ oder ›Schichten‹ hat, daß ferner diese Vermögen nicht als ›Akzidentien‹ aufzufassen sind, die der Geistsubstanz inhärieren.[25] Was Augustinus vor allem zur Festhaltung der seelischen Ungeschiedenheit bestimmt, ist eine Grundidee von der Seele als dem Abbild der göttlichen Trinität; die Lehre von den ›Kräften‹ der Seele dient der Herausstellung dieser Analogie,[26] deren Geltung aber in allen Einteilungen das Durchhalten der unteilbaren Einheit erfordert. Diese Konzeption erlaubt es auch nicht, die Seele als ursprüngliche ›Leere‹ zu begreifen, die erst in den Akten der einzelnen ›Vermögen‹ sich erfüllt und anschauend und schlußfolgernd Bezüge zum Seienden gewinnt.

In der bezeichnenden augustinischen Lehre von der *memoria* als dem tragenden Grund aller seelischen Aktualität bietet sich uns eine Interpretation der Gegenwärtigkeit der Grundbefindlichkeit | S. 84 | in den intellektualen und willentlichen Akten. Die *memoria* vertritt alle Erschlossenheit, die in den seelischen Akten als nicht vom Gegenständlichen herkommend sich bezeugt, vor allem ist sie der ›Ort‹ der illuminativen göttlichen Gegenwart.[27] Die *memoria* ist also kein psychologisches Phänomen im Sinne unseres ›Gedächtnisses‹; sie ist gewissermaßen die ›Tiefe‹ des menschlichen Geistes, in der er schon immer seinsberührt und seinsumgriffen ist.

Bei Bonaventura findet sich mit dem Illuminationsgedanken auch dessen Grundlage aufgenommen und weiter durchdacht. Bonaventura lehrt die Konsubstanzialität der Seelenvermögen,[28] so daß, wie die Seele

25 De Trinitate IX, 4, 4 [ed. Migne PL 42, Sp. 963; CCSL 50A, 297, Z. 1-26].

26 Vgl. Michael Schmaus, Die psychologische Trinitätslehre des hl. Augustinus. Münster 1927.

27 De Trinitate XIV, 6, 8-7, 10 [ed. Migne PL 42, Sp. 1041-1044; CCSL 50A, 300, Z. 1-302, Z. 31]; auch Conf. X, 20, 29-X, 21, 30 [ed. Migne PL 32, Sp. 791-793; CCSL 27, 170, Z. 1-172, Z. 24].

28 I. Sent. d.3 p.2 a.1 q.3 concl. [ed. Quar. I, 85b-86b].

nicht als *compositio* ihrer Vermögen verstanden werden kann, auch ihre Seinsvertrautheit nicht das ›Ergebnis‹ ihrer Akte, gleichsam deren abstrakteste Auswertung, sein kann. Die Seinsvertrautheit ist vielmehr genau das, was Augustinus in dem *Quid autem amo …?* befragt hatte; *amor* und *notitia* lassen sich nicht voneinander und von der Seele als Einheit trennen: *Amor et notitia animae connaturales sunt* [»Die Liebe und die Erkenntnis der Seele sind konnatural«].[29] Die Seelenvermögen sind nur der ›Ausgriff‹ dieser seelischen Einheit im aktualen Verhalten, wobei jeder Akt eben nicht nur von seinem spezifischen Vermögen, etwa dem intellektiven oder volitiven, sondern von dem Totalgrund der seelischen Wirklichkeit selbst getragen ist. So kann in allen Haltungen und Akten die originäre illuminative Seinsvertrautheit ins Spiel kommen.

Bonaventura behandelt die erkenntnistheoretische Frage *utrum omnis cognitio sit a sensu* [»ob alle Erkenntnis von der Sinneswahrnehmung herkommt«] und geht dabei auf die nächsten und unvermittelten Gegebenheiten des Bewußtseins ein, die *per sui essentiam, non per speciem* [»durch ihr eigenes Wesen, nicht durch ein Erkenntnisbild«] erschlossen sind.[30]

29 I. Sent. d.3. p.2 a.2 q.2 concl. [ed. Quar. I, 92a].

30 II. Sent. d.39 a.1 q.2 concl. [ed. Quar. II, 904a-b]: *Si qua autem sunt cognoscibilia, quae* | S. 107 | *quidem cognoscantur per sui essentiam, non per speciem, respectu talium poterit dici conscientia esse habitus simpliciter innatus, utpote respectu eius quod est Deum amare et Deum timere. Deus enim non cognoscitur per similitudinem a sensu acceptam … Quid autem sit amor et timor, non cognoscit homo per similitudinem exterius acceptam, sed per essentiam; huiusmodi enim affectus essentialiter sunt in anima. – Ex his patet responsio ad illam quaestionem, qua quaeritur, utrum omnis cognitio sit a sensu. Dicendum est, quod non. Necessario enim oportet ponere, quod anima novit Deum et se ipsam et quae sunt in se ipsa, sine adminiculo sensuum exteriorum. Unde si aliquando dicat Philosophus, quod »nihil est in intellectu quod prius non fuerit in sensu«, et quod »omnis cognitio habet ortum a sensu«, intelligendum est de illis quae quidem habent esse in anima per similitudinem abstractam; et illa dicuntur esse in anima ad modum scripturae* [»Wenn es aber erkennbare Gegenstände gibt, die zwar durch ihre Wesenheit erkannt werden, nicht durch eine Spezies, so läßt sich von solchen sagen, daß das Gewissen ein einfach angeborener Habitus sei, so etwa dafür, Gott zu lieben und zu fürchten. Gott wird nämlich nicht durch ein vom Sinn empfangenes Abbild erkannt (…). Was aber Liebe und Furcht ist, erkennt der Mensch nicht durch ein von außen empfangenes Abbild, sondern durch deren Wesenheit; derartige Strebungen sind nämlich wesentlich in der Seele. – Hieraus erklärt sich die Ant-

So ist ihm das Gewissen ein *habitus simpliciter innatus* [»ein schlechthin angeborener Habitus«]; wenn es gebietet, Gott zu lieben und zu fürchten, dann müssen diese Affekte der Seele schon unmittelbar vertraut sein: *Quid autem sit amor et timor, non cognoscit homo per similitudinem exterius acceptam, sed per essentiam; huiusmodi enim affectus essentialiter sunt in anima* [»Was aber Liebe und Furcht ist, erkennt der Mensch nicht durch ein von außen empfangenes Abbild, sondern durch ihre Wesenheit; derartige Empfindungen sind nämlich wesentlich in der Seele«].[31] Von der Sicht solcher originären Gegebenheiten der Seele her wird das aristotelistische Schema *omnis cognitio a sensu* [›alle Erkenntnis (stammt) aus der Sinneserfahrung‹] unannehmbar für Bonaventura;[32] für ihn gibt es eine nächste Seinsvertrautheit, die aller vermittelten Erfassung von Seiendem erst die Möglichkeit vorgibt: *necessario enim oportet ponere, quod anima novit Deum et se ipsam et quae sunt in se ipsa, sine adminicula sensuum exteriorum* [»Notwendig muß man nämlich behaupten, daß die Seele Gott und sich selbst und das, was in ihr ist, ohne Hilfe der äußeren Sinne kennt«].[33]

Der Zusammenhang des Illuminationsgedankens mit der Aufweisung einer originären affektiven Seinsbetroffenheit ist auch im neuplatonischen »Liber de intelligentiis« aufzuweisen. In der fundamentalen Seinserschlossenheit erfährt die Seele um die Möglichkeit ihrer Sinnerfüllung, bei Augustinus um ihre *beatitudo*; diese Sinnerfüllung ist eine *coniunctio convenientis cum convenienti*, Zusammenkunft des einander Zukommenden, und solche sinnerfüllende Einung zeigt sich an in einem lusthaften Affekt, in der *delectatio* [›Genußfreude‹].[34] Will man

wort auf jene Frage, ob nämlich unsere Erkenntnis vom Sinne stamme. Es ist mit nein zu antworten. Notwendig muß man nämlich behaupten, daß die Seele Gott und sich selbst und das, was in ihr ist, ohne Hilfe äußerer Sinne kennt. Wenn also manchmal der Philosoph sagt, daß ›nichts im Verstande ist, was vorher nicht im Sinne ist‹, und daß ›alle Erkenntnis beim Sinnesvermögen beginnt‹, so ist das von jenen Dingen zu verstehen, die ein Sein in der Seele nur als abstrahiertes Abbild haben; von jenen sagt man, sie seien in der Seele nach Art einer Schrift«].

31 A. a. O.

32 Vgl. oben, 73 f. [in dieser Edition: 163-165].

33 Vgl. oben Anm. 30 [zu diesem Abschnitt].

34 ([Ps.-]Witelo), [Liber de intelligentis,] prop. XVIII [ed. Baeumker], 24[, Z. 14 f.]: *Delectatio enim est ex coniunctione convenientis cum convenienti* [»Die Genuß-

der neuplatonischen Lichtmetaphysik ein Verständnis der Weltlichkeit der Welt, das heißt: des Seins im Ganzen und als Einheit, nicht absprechen, dann muß es im Begriff der *coniunctio* ausgeprägt gefunden werden. Überall sieht der Geist des Neuplatonikers das Seiende auf Einung mit dem ihm Zukommenden hingeordnet, die Weltprozesse sind ihm nur dynamisch entfalteter Ausdruck dieses Weltsinnes, nicht anders als die Begegnisse des Bewußtseins; ja, die Seinsvertrautheit der Seele ist die höchste Form dieser *coniunctio*.[35] Die *delectatio* als der die *coniunctio* anzeigende Affekt ist eben darin erschließende Teilnahme am Seinssinn. Diese Methexis, die in *amor* und *delectatio* geschieht, gibt allem Erkennen erst seinen Boden.[36] Das Erkennen ist die entfaltende *perfectio* des originären Begegnungsmodus.[37] | S. 85 |

---

freude kommt aus der Verbindung eines Zukommenden mit einem Zukommenden«].

35 A. a. O., 24[, Z. 16-18]: *quae coniunctio vel unio fit per appetitum naturalem in substantia non cognoscenti, per desiderium et amorem in substantia sensibili, per voluntatem in rationali* [»Diese Verbundenheit oder Einheit geschieht durch ein natürliches Begehren bei einer Substanz, die nicht erkennt, durch Verlangen und Liebe bei einer sinnenbegabten Substanz, durch den Willen bei einer vernunftbegabten (Substanz)«].

36 A. a. O., 23[, Z. 19-23]: *amor vel delectatio naturaliter in eodem antecedit cognitionem. nisi enim esset aliquis appetitus substantiae cognoscentis ad ipsum cognoscibile, nunquam esset ordinatio huius ad hoc, neque perficeretur unum ab alio* [»Die Liebe bzw. die Freude gehen ihrer Natur nach beim selben der Erkenntnis voraus. Gäbe es nämlich nicht irgendein Begehren der erkennenden Substanz eben zum Erkennbaren, gäbe es niemals eine Hinordnung dieses zu diesem, noch würde das eine vom anderen vervollkommnet«].

37 A. a. O., 23[, Z. 25-29]: *nec tamen omnino amor completus est, nisi participetur; et ideo per cognitionen et deliberationem perficitur, non quia cognitio sit complementum amoris, sed quia ex cognitione multiplicatur et viget in se ipso, cognitio enim ordinat appetitum cum suo appetibili, in qua unione perficitur amor et delectatio* [»Doch ist auch nicht die Liebe ganz erfüllt, wenn sie nicht Teilhabe hätte; und daher wird sie durch Erkenntnis und Überlegung vervollkommnet, nicht weil die Erkenntnis eine Erfüllung der Liebe ist, sondern weil sie (die Liebe) aus der Erkenntnis sich vervielfacht und in sich selbst aufblüht, denn die Erkenntnis ordnet das Begehren mit seinem eigenen Begehrbaren, in dessen Vereinigung die Liebe und die Freude vervollkommnet werden«].

III. Letzte metaphysische Positionen

§ 8. Die Frage nach dem Sinn von Sein

(a) Sinn und Sinnverstehen

Die Grundfrage seines radikalen Neuansatzes der Ontologie formuliert Heidegger als die Frage nach dem ›Sinn von Sein‹. Was kann das näherhin heißen? Die Frage nach dem Sinn von Sein ist nicht eine nur einleitende oder vorbereitende, die etwa auf eine Begriffsbedeutung oder Definition zur genaueren Abgrenzung des thematischen Bereiches abzielte; diese Frage ist vielmehr das Thema der Ontologie schlechthin. In ihr kommt der Anspruch auf Ursprünglichkeit der Ontologie in seiner Totalität zur Geltung.

›Sinn von Sein‹ kann nicht heißen: die Wesenheit oder der Wasgehalt von etwas; darin würden die Weisen der Seinsinterpretation, in deren Überwindung wir ein ursprüngliches Seinsverständnis sich durchsetzen sahen, in die Themastellung der Ontologie aufgenommen. ›Sein‹ kann hier nicht als ›Begriff‹ im üblichen Sinne stehen, der Gegenständliches hinsichtlich seiner Bestimmungen und Eigenschaften ›begreift‹. Die Erschlossenheit von ›Sein‹ ist doch der Grund und Horizont alles Begreifens, alles Bestimmungen und Eigenschaften Habens.

Sinn ist immer ›Sinn für‹, und zwar Sinn für ein Sinnverstehen. Als Ansich und ohne Bezug auf Verstehen läßt sich ›Sinn‹ nicht fassen. Die Frage nach dem Sinn von Sein impliziert daher ein Zu-Befragendes, das in der Weise des Verstehens Sein sich erschlossen hat; nach diesem Verstehen selbst ist zu fragen hinsichtlich seiner Strukturen und seiner Modalität. *Was im verstehenden Erschließen artikulierbar ist, nennen wir Sinn. Der Begriff des Sinnes umfaßt das formale Gerüst dessen, was notwendig zu dem gehört, was verstehende Auslegung artikuliert.*[1] Verstehen nun ist die Weise, in der das ›Dasein‹ sich zu Sein verhält und Sein dem ›Dasein‹ erschlossen ist; deshalb ist auch Sinn *ein Existenzial des*

---

1 SuZ, 151.

Daseins, nicht eine Eigenschaft, die am Seienden haftet.[2] Sinn ist also nicht das, was das ›Dasein‹ in einem ausgreifenden Erfassen am Seienden vorfindet und ihm entnimmt, sondern was die fundamentale Bezogenheit von ›Dasein‹ und Sein, die unauflösbare Struktureinheit des In-der-Welt-seins überhaupt ausmacht. Der Anspruch der Ursprünglichkeit des ontologischen Fragens wird darin erfüllt, diese Struktur des In-der-Welt-seins rein herauszuarbeiten und das darin beschlossene Seinsverständnis zutage treten zu lassen. Das in der Existenz des Daseins vollzogene Verstehen erweist sich als konstitutiv für den Sinn von Sein; nur an diesem Seinsverstehen kann die ontologische Grundfrage also ansetzen. Das, was wir je selbst sind, das ›Dasein‹, ist das Zu-Befragende der ontologischen Untersuchung, nicht irgendein Außen, das immer nur den ›Sinn‹ haben könnte, den das ›Dasein‹ ihm in seiner Welt und aus der Einheit seines Verstehens anweist. *Ein Sinn an sich wäre Widersinn.*[3]

Aber, wenn schon so der legitime Verlauf der mit der Frage nach dem ›Sinn von Sein‹ thematisierten ontologischen Untersuchung festgelegt werden muß – ist denn diese Frageformulierung selbst keiner Rechtfertigung bedürftig, ist sie die pure Selbstverständlichkeit? Ist ›Sinn von Sein‹ wirklich das radikale Thema der Ontolo- | S. 86 | gie oder ließe sich nicht radikaler nach dem Sein selbst fragen? Ist doch das traditionelle Thema der Ontologie das ›Seiende als Seiendes‹ und ohne Bezugnahme auf das, was es ›für‹ ein Verstehen ist. Dieser Einwand läßt die Ergebnisse der Kritik des traditionellen Seinsverständnisses, die in den vorausgehenden Untersuchungen vorgelegt wurden, außer acht. Das ›Seiende als Seiendes‹ ist der Begriff allgemeinster Gegenständlichkeit; er nimmt das Seiende als das, was es unter Absehen von seiner konkreten Bestimmtheit und Eigenschaftlichkeit gerade noch ist, nämlich als Gegenstand überhaupt, als unbestimmtesten Wasgehalt. Das Fragen nach dem ›Sein selbst‹ zielt auf Vergegenständlichung des Seins, das in seiner primären Vertrautheit und seiner fundamentalen horizontgebenden Funktion für alles gegenstandsbezogene Verhalten ungegenständlich erfahren ist. Die ursprüngliche Herausstellung der Seinserfah-

2 A.a.O.

3 Nicolai Hartmann, a.a.O., 46.

rung läßt die auf Gegenständlichkeit gerichtete Fragehaltung, die sich in der Formulierung des Themas der Ontologie als das ›Seiende als Seiendes‹ bekundet, unzureichend erscheinen.
Wonach kann denn hier überhaupt gefragt werden? Doch immer nur nach etwas, wie und als was es verstanden ist; das gilt auch für das Feld der gegenständlichen Gegebenheit. Es mag zutreffen, daß *das Sein des Seienden indifferent zu allem* steht, *was das Seiende ›für jemand‹ sein könnte*;[4] aber in dieser Indifferenz ist es eben nicht befragbar, muß es letztlich gleichgültig für alles Fragen bleiben, kann es also auch nicht zum ontologischen Thema werden. Die ontologische Seinsfrage kann sich nur auf den Sinn richten, den ›Sein‹ im Verständnis des ›Daseins‹ hat, und dieser Sinn darf nicht verwechselt werden mit einem auf sein ›Was‹ befragbaren Wesensgehalt von Gegenständen.
Von hier aus kann Heidegger einen letzten Schritt tun: Sind ›Sein‹ und ›Sinn‹ im Vollzug des Verstehens des ›Daseins‹ identisch, dann kann Sinn nicht mehr als eine Relation zwischen Dasein und Sein aufgefaßt werden. Es gibt hier keine Gegenüberstellung mehr; ›Sinn‹ kann außer in einer ›Für‹-Bezogenheit auch in einer Identität fundiert sein. Die Einheitsstruktur des In-der-Welt-seins ist der einzig mögliche Horizont der Seinsfrage überhaupt. Dabei läßt auch Heidegger einen zur Sinnfrage und zur Einheit des In-der-Welt-seins indifferenten Bereich zu; aber dieser kann schlechthin nicht thematisiert werden und gibt der Ontologie keine Möglichkeit. Gerade an diesem Problem setzt die über »Sein und Zeit« hinausgehende spätere Denkentwicklung Heideggers an; dabei macht sich ein Umschlag der Sichtweise bemerkbar, der schon in gewissen Widersprüchen in der Durchhaltung der thematischen Vorgabe in »Sein und Zeit« seinen Ursprung haben mag.[5]

(b) Seinsverständnis als illuminative Methexis

Wir werden nicht erwarten können, die aus einer radikalen methodischen Reflektiertheit hervorgehende Formulierung der Seinsfrage

4 A. a. O. [mit kleiner Auslassung von H. B. gegenüber dem Original].
5 Vgl. de Waelhens, a. a. O., 309f.

als Frage nach dem ›Sinn von Sein‹ irgendwo in der mittelalterlichen Philosophie wieder anzutreffen. Aber, wenn wirklich ›Sinn von Sein‹ die letzte und grundlegende ontologische Fragemöglichkeit überhaupt ist, nachdem das Seinsverständnis die Einschränkung einer rein gegenständlichen Orientierung durchbrochen hat, dann muß auch in der metaphysischen Grundposition der mittelalterlich-scholastischen Philosophie diese Problemsicht, ganz unreflektiert zwar, aber nichtsdestoweniger als Denkantrieb wirksam, angenommen sein.

Für Plato war der Bereich des sinnhaften ›Seins‹ als des im Verstehen Erschließbaren in idealer Transzendenz dem des sinnlich | S. 87 | Vorfindlichen enthoben. Für Aristoteles war die in der Materie verwirklichte Wesensform das allein Verstehbare und damit Sinnhafte. Sowohl Plato als auch Aristoteles unterscheiden das sinnträchtige ›Sein‹ von einer hyletischen Sphäre bzw. einem hyletischen Wirklichkeits›anteil‹, die von vornherein ontologisch unbefragbar und indifferent zum Verstehen sind. Auch Heidegger nimmt diese Urscheidung des Sinnhaften und Sinnlosen auf; ja, er greift schließlich – sichtbar in seiner Terminologie – auf den mythischen Ursprung dieser Konzeption zurück.[6] Der Ansatz dieser mythischen Wendung späterer Schriften ist freilich schon in »Sein und Zeit« erkennbar, wo er ›Seiendes‹ und ›Sein‹ auseinanderhält. *Seiendes ist unabhängig von Erfahrung, Kenntnis und Erfassen, wodurch es erschlossen, entdeckt und bestimmt wird. Sein aber ›ist‹ nur im Verstehen des Seienden, zu dessen Sein so etwas wie Seinsverständnis gehört.*[7] ›Seiendes‹ bleibt im Sinne dieser Unterscheidung ontologisch unbedeutsam und unvertraut, es ist ohne ›Sinn‹; ›Sein‹ dagegen hat von vornherein eine gleichsam personale ›Struktur‹, in der es immer schon vertraut ist. Solche Vertrautheit ist der ›Sinn von Sein‹, die Möglichkeit der Ontologie, die nichts anderes zu leisten hat, als diese Vertrautheit zu interpretieren.

Dieser Ansatz der Frage nach dem ›Sinn von Sein‹ geht aber keineswegs – wie es den Anschein haben könnte – von Plato und Aristoteles

---

6 Z. B. der Begriff der *Erde* in dem Vortrag Heideggers »Vom Ursprung des Kunstwerkes«. Frankfurt [a. M.] 1936 (nicht gedruckt) [GA 5, 1-74, z. B. 19f., 32-36, 42f., 50-52].

7 SuZ, 183 [Hervorhebung im Original].

bis zu Heidegger durch die Geschichte der Ontologie ›hindurch‹. Vielmehr kommt gerade in diesem Zusammenhang die christliche Metaphysik des Mittelalters in ihrer ursprünglichen *Eigenleistung* entscheidend zur Geltung. Es ist ihre Grundposition des *personalen* Seinsgrundes als des Ursprungs der *Totalität* des dem Nichts Enthobenen, die die Kontinuität des antiken Ansatzes radikal abbricht. Die Heraussetzung eines hyletischen, zum Seinsverstehen indifferenten Bereiches, der gleichsam nur ›Substrat‹ des Seins in seiner Sinnhaftigkeit wäre, ist im christlichen Horizont undenkbar. Denn insofern das All des Überhaupt-Seienden auf einen personalen Seinsgrund zurückgeht, der als omnipotenter setzender Wille, als Entscheidung von Weisheit und Liebe verstanden wird, kann es kein sinnfreies oder sinnindifferentes *Außen* geben, das sich der Vertrautheit und Erschlossenheit für diesen entwerfenden Persongrund entzöge. Das heißt letzten Endes: *Gott* ist der *absolute* Sinnträger alles dessen, was nicht ›nichts‹ ist.
Was aber ist damit gewonnen für den Ansatz einer Ontologie, die doch *unsere* Ontologie zu sein hat, menschliche und nicht göttliche? Würde nicht unserer Seinsfrage jeder Rechtsgrund entzogen, wenn zwar ein gläubiges ›Vertrauen‹ in diesen in Gott zentrierten und ihm erschlossenen Sinn des Seins statthätte, aber dieser Sinn *indifferent* bliebe zu unserem Verstehen? Nun bedarf es freilich am Schluß unserer Untersuchungen keines Nachweises mehr, daß das mittelalterliche philosophische Bewußtsein von der Möglichkeit und *Legitimität* eines menschlichen Ansatzes der Seinsfrage durchdrungen war. Dann aber muß diese Legitimität auch ihren Ausweis erfahren in einer tragenden Konzeption des Problems, wie Sein *für* den Menschen *Sinn* haben kann, der doch nicht entwerfender Seinsgrund selbst ist. Erst die Herausarbeitung dieser letzten metaphysischen Position der mittelalterlichen Ontologie kann die Frage ihrer *Ursprünglichkeit* vollends zur Klärung bringen.

Der eigentliche und *einzige* ›Sinn von Sein‹, den es haben kann, ist der in seinem ›Entwurf‹ gegründete und im entwerfenden Grund-sein verstandene. So ist im mittelalterlichen Horizont der | S. 88 | Seinssinn im schöpferischen göttlichen Seinsgrund zentriert. Versteht auch der Mensch das Sein in seinem Sinn und wird er im Befragen dieses Seinsverständnisses der Ontologie fähig, dann kann das nur darin legitim geschehen, daß er an diesem ›Für‹ des Sinnes von Sein teilhat. Und dies ist in der Tat die letzte metaphysische Position des christlich-mittelalterlichen Denkens, ihr ursprünglichstes Fundament. Der zu einer ausgezeichneten Stellung in der göttlichen Schöpfung berufene Mensch ist nach dem ›Bilde und Gleichnisse‹ Gottes erschaffen [Genesis 1,26] und eben darin in einzigartiger Weise zur Teilnahme am Seinsgrund-sein Gottes bestimmt. Der Sinn von Sein ist Sinn für den Menschen, aber kraft dessen, daß er teilhat an dem absoluten Sinnbezug des Seins auf seinen göttlichen Grund. Und eben deshalb kann das menschliche ursprüngliche Seinsverständnis legitim zum Boden der Ontologie werden; in dieser, den Ansatz der Seinsfrage – wenn auch unreflektiert und unausdrücklich – vorbeherrschenden Sicht ihrer legitimen Möglichkeit und ihres tragfähigen metaphysischen Fundamentes liegt die weder irgendwo antezipierte noch in anderem Wirklichkeitshorizont wiederholbare ursprüngliche ›Leistung‹ des mittelalterlich-scholastischen Denkens.

Die von uns versuchte Herausarbeitung von Elementen eines außertheoretischen und vorgegenständlichen Seinsverstehens gewinnt von dem nun erreichten Standort aus neue Bedeutsamkeit. Wenn die Möglichkeit einer die Erschlossenheit des Sinnes von Sein für den Menschen fundierenden ›Teilhabe‹ in den Grenzen der mittelalterlichen Problem- und Aussagefähigkeit zu einer Form von Explizität gelangen konnte, dann muß diese in der Interpretation der fundamentalen, alles Verhalten und Erkennen gewährleistenden Seinsvertrautheit vollzogen worden sein. Die Lehre von der Illumination scheint – trotz all ihrer metaphorischen Belastung und Gefährdung – die prägnanteste und geschlossenste Formulierung der umrissenen metaphysischen Position zu sein. In ihr ist die Einheit und Weltlichkeit des Seins, sein Entwurfcharakter und die Zentrierung seines Sinnbezuges, aber auch die Möglichkeit einer methektischen Erleuchtung zu unvergleichlicher Darstellung gebracht. Aber auch im thomistischen Begriff der *veritas ontologica* [›ontologische Wahrheit‹] behauptet sich diese letzte metaphysische Position; jedoch die ausschließliche Zurückführung aller Seinserschlossenheit auf das, eine ursprüngliche Leere anfüllende, erkennende Erfassen von Gegenständen drängte das Fragen ab auf die erkenntnistheoretische Problematik einer vermittelten und übersetzten Repräsentation des physischen Seienden im Intellekt. Mit dieser Verschiebung des Schwergewichtes der Problematik auf den Erkenntnis›vorgang‹ wurde eine Entwicklung eingeleitet, in deren Ergebnis es zur Aufhebung der Möglichkeit von Metaphysik überhaupt durch die Erkenntniskritik kam. Wenn nicht zuvor in den Blick gekommen ist, wie überhaupt Sein für das menschliche Verstehen Sinn haben kann, dann ist die Ontologie schon in ihrem Ansatz dem erkenntniskritischen Zugriff ausgeliefert. Die Sinnindifferenz eines radikal fremden und unvertrauten, allererst durch sinnliche Rezeption zu ergreifenden Außen ist durch keinen ›Kunstgriff‹ eines auf ›Distanz‹vermittlung angelegten Schemas zu beheben.

Ist die methektische Fundierung des Seinsverständnisses in gewandeltem geschichtlichen Horizont einmal infrage gestellt und nicht mehr die letztgültige metaphysische Position, dann muß die Entwicklung über die kritischen und skeptischen Zwischenstadien auf einen neuen absoluten Ansatz zulaufen, in dem der Mensch selbst das ›Für‹ des Seinssinnes und der Grund von Sein ist. Hier wird die volle Identität von Sein, Sinn und Verstehen erreicht. Das menschliche Seinsverständnis wird der absolute | S. 89 | ›Gegenstand‹ der Ontologie. Dann freilich wird es auch sinnlos, noch von einem Außen, einer Art ›hyletischen Seienden‹ zu reden; demgegenüber muß es als echte Konsequenz gewertet werden, die Totalität des Möglichen in der Projektion der Subjektivität entspringen zu lassen.

So ergeben sich zwei extreme metaphysische Grundpositionen, die als illuminativ-methektisches und als projektiv-absolutes Seinsverständnis charakterisiert werden können. Beide sind ohne Bruch auf ihre Fundamente hin befragbar. Sie entstammen radikal verschiedenen Wirklichkeitshorizonten und sind die radikalen Auslegungen der darin waltenden Welterfahrung.

(c) Die ontologische Exemplarität des Menschen

Heideggers Existenzialanalyse – der eigentlich wirksame Part seiner Philosophie – ist die auf der ganzen Breite der Phänomenbasis ansetzende Verwirklichung der Einsicht, daß das im Menschen gegebene

Seinsverstehen der genaue ›Gegenstand‹ der Ontologie sein muß. Allen Einwänden mußten wir die Frage entgegenhalten: Was denn sonst sollte oder könnte befragt werden? Der Mangel an methodischer Reflexion hat das mittelalterliche Denken nicht ausdrücklich vor die Frage der exemplarischen Befragbarkeit der Ontologie geführt. Aber auch die mittelalterlich-scholastische Ontologie kann nichts anderes zu sein beanspruchen als Explikation des menschlichen Seinsverständnisses; gerade die gegen die ganze Last der antiken Tradition vollzogene Wendung zur inneren Erfahrung bringt das prägnant zum Ausdruck. Jedoch ist diese Explikation des menschlichen Seinsverständnisses immer geleitet von der Grundeinsicht, daß darin der Sinn von Sein nicht absolut zentriert sein kann, daß das Sein nicht in seinem Grunde selbst erschlossen ist, sondern nur in methektischer Relativität, in der Weise der Illumination. Hier eröffnet sich der Hiatus, der mittelalterlich-christliches und modernes Denken scheidet: die Transzendenz als Sein in Totalität gründender Entwurf in der Leistung des ›Daseins‹ konzipieren zu können, Seinsgrund und Verstehensgrund in die Subjektivität zu verlegen – das sind erst die durch ein um- und ungebrochenes Wirklichkeitsbewußtsein der seit der Spätscholastik vergangenen Jahrhunderte eröffneten Möglichkeiten.

Die Einsicht, daß menschliches Seinsverstehen und entwerfender Seinsgrund nicht identisch sind, hindert die mittelalterliche Philosophie nicht daran, die ganze Breite des menschlichen Seinsverstehens als Boden der ontologischen Interpretation aufzunehmen. Der Ausschluß der ontischen Exemplarität des Menschen bedeutet nicht die Abweisung seiner ontologischen Exemplarität; diese hat in der Konzeption einer ursprünglichen Einung, der *coniunctio* oder *illuminatio*, ihr metaphysisches Recht.

Der einzigartige ›Vorrang‹ des Menschen innerhalb des Seienden und die darin begründete exemplarische Befragbarkeit für das mittelalterlich-christliche Denken führen aus einer philosophischen Haltung heraus, deren unbefangen und unverwandt ›nach außen‹ gerichtete Sicht auch immer nur ein ›Außen‹ befragen läßt. Es wird die Entwicklung einer reflektierten Haltung inauguriert, die schließlich zu der Entdeckung führt, daß der Mensch in allem Fragen stets nur sich selbst in seinem Verstehen befragen kann. Davon ist die Scholastik noch weit entfernt; aber sie hat, mit den von der Antike überkommenen Kategorien, doch eine ganz neue Aussage über die Stellung des Menschen zu machen. Für Aristoteles waren noch die Gestirne göttlicher als der Mensch, der nach seinem kosmologischen | S. 90 | ›Ort‹ eingestuft und darin ›von außen‹ gesehen ist.[8] Die Rezeption des Aristotelismus führt dazu, daß die im christlichen Horizont einzigartige Seinsstellung des Menschen auch hier k o s m o l o g i s c h interpretiert wird. Indem alle kosmischen ›Seinsstufen‹ als an der Konstitution des Menschen beteiligt gesehen werden, bekommt der Mensch den Rang eines kosmologischen Paradigmas. Er ist in dieser Sicht eine äußerste Aufgipfelung der kosmischen Phänomene. Wieder ist hier der Mensch von außen gesehen; der ›Geist‹ als die ihn auszeichnende Seinsstufe ist eine Art kosmischen Bestandstückes. Erst wo demgegenüber die innere Erfahrung zur Geltung kommt, wo die Erschlossenheit des Seinssinnes als die unfaßbare Auszeichnung des Menschen sich aufdrängt, wendet sich die Sicht der Innerlichkeit zu und befreit sich von ihrer kosmologischen Gebanntheit. Die exemplarische Befragbarkeit des Menschen ist eine entscheidende Neuorientierung der Ontologie: vom Menschen aus die Welt und nicht von der Welt aus den Menschen in den Blick zu nehmen.

Zuerst und machtvoll durchbrechend bei Augustinus ist der Mensch in seiner inneren Erfahrung das *primum cognitum* [›das Ersterkannte‹].[9] Was ihm in seiner Selbsterfahrung entgegentritt, vor allem das Phänomen der Wahrheitsevidenz, stößt ihn sogleich auf die Frage, wie innerhalb der sich aufdrängenden eigenen Nichtigkeit Sein als Wahrheit erschlossen sein kann; das heißt doch: wie der Sinn von Sein überhaupt dem nicht seinsgründigen Seienden zugänglich und als Boden allen Verhaltens und Erkennens erst gewiß werden kann. Wir haben auf die Ansätze zur Lösung dieses Problems hingewiesen; hier ist es in den umfassenden Zusammenhang der letzten metaphysischen Positionen zu stellen. Wenn Thomas von Aquino sagt, der Mensch sei *quodammodo totum ens* [»in gewisser Weise das ganze Seiende«],[10] dann ist auch hier

8 Aristoteles, Metaph. 1041 a 35 ff.
9 Gilson, Augustinus, 434 f.
10 In Arist. De anima III, 8, lect. 13 [nr. 790; ed. Leon. XLV/1, 236, Z. 55].

ein Versuch zur Lösung des Problems der Seinserschlossenheit gemacht; aber die Auslegung, die das *quodammodo totum ens* im Sinne einer potentiellen Abbildlichkeit aller Wesensformen auffaßt, macht die menschliche Innerlichkeit zu einem Kosmos *in potentia* [›*der Potenz nach*‹], der je und je in gegenständlichen Einzelerkenntnissen aktuiert wird. Die hier gemeinte Seinstotalität ist die der möglichen Gegenstandserkenntnisse. Die aristotelische Konzeption des Menschen als des ›Lebewesens, das Logos hat‹,[11] wobei dieser Logos eine Auszeichnung im Sinne eines ›Mehr‹ bedeutet, ist der wirkliche, aber unerkannte Gegenpart des im christlichen Horizont möglichen ursprünglichen Selbstverständnisses des Menschen.

Die ontologische Exemplarität des Menschen wird ausdrücklich in der scholastischen Transzendentalienlehre.[12] Thomas von Aquino stellt in seiner Ableitung und Explikation der Transzendentalien die transzendentale Seinsbestimmung als *modus generaliter consequens omne ens* [»eine jedem Seienden allgemein zukommende Weise«], das heißt: als abstrakteste Bestimmung von Gegenständlichkeit überhaupt, dem *specialis modus entis* [›besondere Weise eines Seienden‹] als der washaltigen Gegenstandsbestimmung entgegen.[13] Die Verfolgung der sachlichen Probleme, die sich hier ergeben, führt ihn über diesen Ansatz hinaus. Nach dem gegenstandslogischen Etwas- und Eines-sein, sowie dem Dieses-nicht-jenes-sein[14] folgt die Explikation des *verum* [›Wahren‹] und *bonum* [›Guten‹]. Hier ist recht genau das aufgenommen, was wir bei Heidegger als den ›Sinn von Sein‹ bezeichnet fanden – wobei wir diesen Ausdruck dem ›Wahrheits‹- wie dem ›Wert‹begriff, deren traditioneller Überlastung wegen, vorziehen möchten. Thomas setzt bei der Entfaltung dieser Begriffe sogleich voraus, daß es hier kein An-sich geben kann, daß Wahrheit und Wert nur zu verstehen sind aus einem ›Für‹-Bezug. Damit drängt sich aber die Frage auf nach dem ausgezeichneten Bezugs›punkt‹ dieses ›Für‹, einem *aliquid natum convenire cum omni ente* [»etwas, dazu geschaffen, mit jedem Seienden zusam-

11 Metaph. 1098 a 3ff.

12 Vgl. Günther Schulemann, Die Lehre von den Transcendentalien in der scholastischen Philosophie. Leipzig 1929.

13 Quaest. disp. de verit. q.1 a.1 c. [ed. Leon. XXII/1,2, 5, Z. 125, 115f.].

14 *Res, unum, aliquid* [»Ding, Eines, Etwas«].

menzukommen«]. Das *convenire* ist der ganz allgemeine Ausdruck dieses Für-Bezuges. Über- | S. 91 | raschend ist nun, daß als Bezugsmitte nicht der Intellekt im abstrakten Sinne – das würde heißen: primär als göttlicher Intellekt – erscheint, sondern die menschliche *anima, quae quodammodo est omnia* [›die Seele, die in gewisser Weise alles ist‹]. Auf die *vis cognitiva et appetitiva* [›Erkenntnis- und Begehrenskraft‹] der menschlichen Seele sind *verum* und *bonum*, ist der ›Sinn von Sein‹ bezogen.[15] Die *convenientia* [›Zusammenpassen‹] des Seienden nun mit der intellektiven Kraft jeder Seele – das also, was ›Wahrheit‹ genannt wird – läßt sich in einer mehrfachen *comparatio* [›Vergleich‹] erfassen, wobei das Problem des fundamentalen Bezuges sich von selbst aufdrängt. Dieser grundlegende Bezug ist im Begriff der *correspondentia* [›Entsprechung‹] angesprochen, die als Fundierung jeder Möglichkeit von *convenientia* aufzufassen ist. Verstehen und Seiendes müssen immer schon in einer vorgängigen Entsprechung stehen,[16] ehe in den Weisen des Erkennens und Erfassens ›Wahrheit‹ ausdrücklich werden kann. Die Seele ist in dieser primären *correspondentia* immer schon mit dem Sein vertraut; das Erkennen ›folgt‹ erst dieser Vertrautheit, dieser *conformitas* [›Gleichförmigkeit‹]. Derart ist das Erkennen nicht der eigentliche ›Ort‹ von Wahrheit, sondern es ist in prägnantem Ausdruck *veritatis effectus* [›Wirkung der Wahrheit‹].[17] So meint die vielberufene

15 A. a. O. [ed. Leon. XXII/1,2, 5, Z. 156-161]: *Convenientiam ergo entis ad appetitum exprimit hoc nomen bonum ... Convenientiam vero entis ad intellectum exprimit hoc nomen verum* [»Folglich drückt die Übereinstimmung eines Seienden mit dem Streben das Wort ›Gutes‹ aus. (...) Die Übereinstimmung jedoch eines Seienden mit dem Verstand drückt das Wort ›Wahres‹ aus«].

16 A. a. O. [ed. Leon. XXII/1,2, 5, Z. 166-6, Z. 170]: *Prima ergo comparatio entis ad intellectum est ut ens intellectui correspondeat: quae quidem correspondentia adaequatio rei et intellectus dicitur et in hoc formaliter ratio veri perficitur* [»Folglich besteht das erste Verhältnis des Seienden zum Verstand darin, daß Seiendes dem Verstand entspricht, welche Entsprechung Angleichung des Verstandes und des Dinges genannt wird, und darin sich formal die Wesensbestimmung des ›Wahren‹ vollendet«].

17 A. a. O. [ed. Leon. XXII/1,2, 6, Z. 170-176]: *Hoc est ergo quod addit verum supra ens, scilicet conformitatem sive adaequationem rei et intellectus, ad quam conformitatem ... sequitur cognitio rei ... cognitio est quidem veritatis effectus* [»Folglich ist dies also es, was ›Wahres‹ zu ›Seiendem‹ hinzufügt: die Gleichförmigkeit oder Angleichung eines Dinges und des Verstandes; dieser Gleichförmigkeit

adaequatio rei et intellectus [›Angleichung des Wirklichen und des Verstandes‹] nicht die kategoriale Angemessenheit des Erkenntnisaktes an den Erkenntnisgegenstand, sondern deren fundamentale Ermöglichung in einem ›wahren‹ ursprünglichen Seinsbezug – wir möchten sagen: in einer primären Vertrautheit und Erschlossenheit des ›Sinnes von Sein‹.

Hier ist der Boden für eine Existenzialanalyse im scholastischen Horizont gegeben. Diese hätte bei jedem ihrer Schritte im Blick zu halten, daß der Mensch als *imago et similitudo Dei* [›Bild und Gleichnis Gottes‹; vgl. Genesis 1,26 Vulgata] sein originäres Seinsverständnis ›zu Lehen‹ hat.

(d) Grenzen der Ursprünglichkeit

Die Zuspitzung des von der Idee der Ursprünglichkeit geleiteten Fragens hatte auf zwei extreme metaphysische Positionen geführt, die als illuminativ-methektisches und projektiv-absolutes Seinsverständnis bezeichnet wurden. Hier erschöpft sich offenbar der Antrieb, den das Ursprünglichkeitsproblem der Untersuchung zu geben vermag. Beide Positionen ermöglichen eine angemessene Grundlegung des im geschichtlichen Horizont sich vollziehenden Seinsverständnisses. Der illuminativ-methektischen Grundkonzeption des christlichen Mittelalters entspricht ein existenzielles Selbstverständnis, das sich als ›erleuchtete Existenz‹ charakterisieren läßt. Der christliche Mensch weiß sich im schöpferischen Entwurf Gottes in seine Nichtigkeit geworfen und ihr überantwortet. Diese nichtige Existenz ist ihrer letzten Möglichkeiten nicht mächtig. In das Bewußtsein dieser Grundverfassung stößt die einzigartige Erfahrung, daß in der menschlichen Nichtigkeit ›Wahrheit‹ möglich ist, daß Sein erschlossen und vertraut sein kann. Diese Erfahrung findet im Illuminationsgedanken ihre Interpretation; in der Illumination erfährt der Mensch in seiner Ohnmacht die Ermächtigung, Sein zu verstehen und darin seiner Existenz einen Grund zu

folgt (…) die Erkenntnis des Dinges. (…) Die Erkenntnis aber ist eine Wirkung der Wahrheit«].

geben. Dieser Grund ist die Sinnerfüllung der menschlichen Existenz in der *beatitudo*, im Seinsgenuß. Ohnmacht der Nichtigkeit, Ermächtigung der Illumination und Erschließung des beglückenden Seinsgenusses als letzter eigener Möglichkeit sind die Verfassungsmomente der christlichen Selbsterfahrung als ›erleuchteter Existenz‹.

Das moderne Bewußtsein ist durch geschichtliche Erfahrungen von Selbstmächtigkeit zur Konzeption einer absoluten Subjektivität gelangt, die Seinssinn und Seinsverstehen identifiziert. So kann ›Wahrheit‹ für Heidegger die ›Eigentlichkeit‹ der menschlichen | S. 92 | Existenz selbst werden: *la constitution du vrai résulte de la vérité de notre existence même.*[18] Das moderne Bewußtsein ist nicht bei der Erfahrung seiner Selbstmächtigkeit stehengeblieben; im Gegenteil, es wurde zurückgeworfen in zuvor unbekannte Tiefen von Entmächtigung und Verzweiflung. Nichtigkeit, Geworfenheit und Faktizität wurden die beherrschenden Momente der existenziellen Selbsterfahrung. Dem um einen neuen Grund seiner Existenz verzweifelt ringenden Menschen blieb eine Erfahrung, ähnlich jener augustinischen von ›Wahrheit‹ in uns selbst, versagt. In seiner Geworfenheit wurde er immer nur auf sich selbst zurückgeworfen. In der verzweifelt angestrengten und atemlosen Bejahung der eigenen Faktizität suchte der Mensch Grund zu fassen, neue Selbstmächtigkeit zu erringen. Es blieb ihm nichts, als sich der Mündung entgegenzustürzen, in der endlich die Faktizität des Daseins versinkt: Es blieb ihm die ›Entschlossenheit zum Tode‹. Es ist so die in der Selbsterfahrung des modernen Menschen erschlossene Verfassung der ›auf sich selbst geworfenen Existenz‹, die in Heideggers Existenzialanalyse ihre Auslegung fand – und in der sich zweifellos ein Zeitalter wiedererkennt.

Erleuchtete Existenz – auf sich selbst geworfene Existenz. Ist hier ein letzter Dualismus metaphysischer Möglichkeiten erreicht? Und ist es menschliche Entscheidung, die zu einer dieser Positionen führt, oder die Faktizität der geschichtlichen Horizonte, die nur je eine der beiden Möglichkeiten freigibt?

Es bleibt noch ein weiterer Standpunkt möglich: daß nämlich das metaphysische Fragen in diesen Positionen noch nicht zur Ruhe gekommen

---

18 de Waelhens, a.a.O., 105.

und in seinen radikalen Möglichkeiten noch nicht erschöpft ist. Wäre das richtig, dann hätte der Ansatz eines weiteren Fragens auszugehen von einer ›Entdeckung‹ der menschlichen Selbsterfahrung, die man ohne Übertreibung wohl als eine ›endgültige‹ ansehen darf: von der Erfahrung der ihrer selbst nicht mächtigen Existenz. Diese Erfahrung ist letztlich den beiden gekennzeichneten metaphysischen Positionen gemeinsam, freilich liegt zwischen dem christlichen Mittelalter und der Gegenwart das große Intermezzo des menschlichen Selbstbewußtseins, das mit dem Namen ›Aufklärung‹ charakterisiert wird. Aber wenn die Gegenwart treffend als der endgültige und rückstandlose ›Zusammenbruch der Aufklärung‹ gekennzeichnet werden kann, dann betrifft das zuerst und vor allem das Bewußtsein der Selbstmächtigkeit der menschlichen Existenz. Die Aufklärung und ihre geschichtliche Auswirkung waren die entscheidende und – so glauben wir sagen zu dürfen – unwiederholbare ›Probe‹ dieses Existenzbewußtseins. Seine radikale Niederlage war die Wiedereinsetzung der ›ihrer selbst nicht mächtigen Existenz‹. An dieser ›letzten‹ Erfahrung muß alles metaphysische Fragen weiterhin ansetzen; es ist die entscheidende Aufgabe, die eine am Ursprünglichkeitsproblem orientierte Untersuchung, selbst an ihre Grenzen gelangt, dem metaphysischen Denken überlassen muß.

Anhang

| unpaginiert; nach S. 107 |

Lebenslauf

Geboren am 13. Juli 1920 zu Lübeck als Sohn des Kaufmanns J. Blumenberg, deutscher Staatsangehörigkeit, habe ich nach der Grundschule das Gymnasium des Lübecker Katharineums besucht und dort 1939 das Reifezeugnis erhalten. Sodann studierte ich scholastische und neuthomistische Philosophie, und zwar 1 Semester an der Philosophisch-theologischen Akademie in Paderborn und 2 Semester an der Philosophisch-theologischen Hochschule St. Georgen bei Frankfurt am Main, hier vor allem bei Caspar Nink. Nachdem ich 1941 mein Studium abbrechen musste, setzte ich meine Arbeiten, insbesondere auf dem Gebiete der mittelalterlichen Philosophie, bis 1943 privat fort. Dann nahm ich eine Tätigkeit in der Industrie auf. Nach Kriegsende brachte ich mein philosophisches Studium an der Universität Hamburg, vor allem bei Ludwig Landgrebe, zum Abschluss. Als Nebenfächer wählte ich Griechisch und Deutsche Literatur.

Verzeichnis der Referenzliteratur

Reihenkürzel

BGPh(Th)MA	Beiträge zur Geschichte der Philosophie (seit 1926: und der Theologie) des Mittelalters. Münster 1891 ff.
BT	Bibliotheca Teubneriana. Leipzig u.a. 1849 ff.
CCSL	Corpus Christianorum. Series Latina. Turnhout 1953 ff.
CSEL	Corpus Scriptorum Ecclesiasticorum Latinorum, Wien 1866 ff.
Migne PL	[Patrologia Latina] Patrologiae cursus completus sive bibliotheca universalis, integra, uniformis, commoda, oeconomica, omnium ss. patrum, doctorum scriptorumque ecclesiasticorum qui ab aevo apostolico ad usque Innocentii III tempora floruerunt (...) accurante J.-P. Migne, Paris 1841-1855 (217 Bde.).
PhB	Philosophische Bibliothek. Leipzig 1868-1951, Hamburg 1951 ff.

Adam, Karl, Glaube und Glaubenswissenschaft im Katholizismus. Rottenburg 1923.

Albertus Magnus, De causis et processu universitatis, teilweise ediert bei Baeumker, Witelo 1908, 407-413; ed. W. Fauser, Op. omn. Colon. 17/2 (1993).

Aristoteles, Metaphysica, ed. W. Jaeger. Oxford 1957.

–, Physica, ed. W. D. Ross, Aristotele's Physics. A revised text with introduction and commentary. Oxford 1936.

Augustinus, Aurelius, Confessionum libri XIII, ed. Migne PL 32, Sp. 659-868; ed. P. Knöll, CSEL 33/1 (1896); ed. L. Verheijen, CCSL 27 (1981).

–, Contra adversarium legis et prophetarum libri duo, ed. Migne PL 42, Sp. 603-666; ed. K.-D. Dauer, CCSL 49 (1985), 35-131.
–, Contra secundam Iuliani responsionem opus imperfectum [Contra Iulianum opus imperfectum], ed. Migne PL 45, Sp. 1049-1608; ed. M. Zelzer, CSEL 85/1-2 (1985/2004).
–, De actis cum Felico Manichaeo [Contra Felicem Manicheum libri duo], ed. Migne PL 42, Sp. 519-552; ed. J. Zycha, CSEL 25/2 (1892), 801-852.
–, De doctrina christiana, ed. Migne PL 34, Sp. 15-122; ed. W. M. Green, CSEL 80 (1963).
–, De Genesi ad litteram liber imperfectus, ed. Migne PL 34, Sp. 219-246; ed. J. Zycha, CSEL 28/1 (1894), 459-503.
–, De Genesi ad litteram libri duodecim, ed. Migne PL 34, Sp. 245-486; ed. J. Zycha, CSEL 28/1 (1894), 1-456.
–, De Genesi contra Manichaeos [De Genesi adversus Manicheos] libri duo, ed. Migne PL 34, Sp. 173-220; ed. D. Weber, CSEL 91 (1998), 67-172.
–, De moribus [ecclesiae catholicae et de moribus] Manichaeorum, ed. Migne PL 32, Sp. 1309-1378; ed. J. B. Baur, CSEL 90 (1992).
–, De natura boni liber unus, ed. Migne PL 42, Sp. 551-572; ed. J. Zycha, CSEL 25/2 (1892), 855-889.
–, De octo Dulcitii quaestionibus liber unus, ed. Migne PL 40, Sp. 147-170; ed. A. Mutzenbecher, CCSL 44A (1975), 253-297.
–, De trinitate, ed. Migne PL 42, Sp. 819-1098; ed. A. Mountain, CCSL 50/50A (1968).
–, De vera religione liber unus, ed. Migne PL 34, Sp. 121-172; ed. W. M. Green, CSEL 77 (1961), 1-81; ed. K.-D. Daur, CCSL 32 (1962), 187-260.
–, Epistulae, ed. Migne PL 33; ed. A. Goldbacher, CSEL 34/1-2; 44; 57; 58 (1895-1923); ed. J. Divjak, CSEL 88 (1981); ed. K.-D. Dauer, CCSL 31, 31A, 31B (2004-2009).
–, Enarrationes in Psalmos, ed. Migne PL 36-37; edd. D. E. Dekkers et I. Fraipont, CCSL 38-40 (1956).
–, Sermones, ed. Migne PL 38; serm. 1-183ff., edd. C. Lambot et al., CCSL 41, 41Aa, 41Ba, 41Bbff. (1961ff.).

–, Soliloquia, ed. Migne PL 32, Sp. 869-904; ed. W. Hörmann, CSEL 89 (1986), 1-99.

Avencebrol: siehe Ibn Gabirol.

Baeumker, Clemens, Die Impossibilia des Siger von Brabant (BGPhMA 2/6). Münster 1898.

–, Witelo. Ein Philosoph und Naturforscher des XIII. Jahrhunderts (BGPhMA 3/2). Münster 1908.

–, Zur Frage nach Abfassungszeit und Verfasser des irrtümlich Witelo zugeschriebenen Liber de intelligentiis. In: Scritti di storia e paleografia. Miscellanea Francesco Ehrle (6 Bde.). Rom 1924, Bd. 1, 87-102.

Barth, Timotheus, Die Stellung der »univocatio« im Verlauf der Gotteserkenntnis nach der Lehre des Duns Skotus. In: Wissenschaft und Weisheit 5, 1938, 235-254.

–, Zum Problem der Eindeutigkeit. Ein Beitrag zum Verständnis ihrer Entwicklung von Aristoteles über Porphyrius, Boethius, Thomas von Aquin nach Duns Skotus. In: Philosophisches Jahrbuch 55, 1942, 300-321.

–, Erbsünde und Gotteserkenntnis. Eine philosophisch-theologische Grenzbetrachtung im Anschluß an Johannes Duns Skotus. In: Philosophisches Jahrbuch 57, 1947, 70-103.

Baur, Ludwig, Die philosophischen Werke des Robert Grosseteste (BGPhMA 9). Münster 1912.

–, Die Philosophie des Robert Grosseteste, Bischofs von Lincoln († 1257) (BGPhMA 18,4-6). Münster 1917.

Biblia Sacra iuxta vulgatam versionem, edd. R. Weber et R. Gryson. Stuttgart [4]1994.

–, Das Alte Testament, aus dem Grundtext übersetzt und erläutert von E. Henne (2 Bde.). Paderborn [4]1938.

Boethius, Philosophiae consolationis libri quinque. Opuscula Theologica. Ed. R. Peiper (BT). Leipzig 1871.

–, De consolatione Philosophiae. Opuscula theologica, ed. C. Moreschini (BT). München, Leipzig 2000.

–, In Isagogen Porphyrii commenta. Editio secunda, ed. Migne PL 64, Sp. 71-158; ed. S. Brandt, CSEL 48 (1906), 135-348.

–, Quomodo substantiae in eo quod sint, bonae sint (De hebdomadibus), ed. Migne PL 64, Sp. 1311-1314; ed. Moreschini (2000), 186-194; dt. Übers.: Die Theologischen Traktate. Lateinisch-deutsch, übers., eingel. u. mit Anm. vers. von M. Elsässer (PhB 397). Hamburg 1988, 34-45.

–, De trinitate. In: Opuscula theologica, ed. R. Peiper (BT), Leipzig 1871, 149-163; ed. C. Moreschini (BT). München, Leipzig 2000, 165-181. Dt. Übers.: Die Theologischen Traktate. Lateinisch-deutsch, übers., eingel. u. mit Anm. vers. von M. Elsässer (PhB 397). Hamburg 1988, 2-27.

Bonaventura, Opera omnia, edd. Patres Collegii S. Bonaventurae (10 Bde.). Quaracchi 1882-1902 (abk.: ed. Quar.).

–, Breviloquium (ed. Quar. V, 199-291).

–, Collationes in Hexaëmeron (ed. Quar. V, 327-454).

–, In I-IV Sententiarum (ed. Quar. I-IV).

–, Itinerarium mentis in Deum (ed. Quar. V, 293-316).

–, Quaestiones disputatae de scientia Christi, de mysterio Trinititatis, de perfectione evangelica (ed. Quar. V, 1-198).

Borgmann, Pacificus, Analogia entis. In: Wissenschaft und Weisheit IV, 1937, 270-273.

Bröcker, Walter, Aristoteles (Philosophische Abhandlungen 1). Frankfurt a. M. 1935.

de Waelhens, Alphonse, La philosophie de Martin Heidegger. Louvain 1942.

Duns Scotus, Johannes, Opera omnia, ed. L. Wadding (12 Bde. in 16 Teilbden). Lyon 1639 (Nachdr. Hildesheim 1968) (abk.: ed. Wadd.)

–, Opera omnia. Editio nova juxta editionem Waddingi XII tomos continentem a Patribus Franciscanis de observantia accurate recognita (26 Bde.). Paris 1891-1895 (Nachdr. New York 1963) (abk.: ed. Viv.).

–, Opera Omnia. Studio et cura Commissionis scotisticae ad fidem codicum edita. Rom 1950ff. (abk.: ed. Vat.)

–, Opera philosophica, edd. R. Andrews et al. St. Bonaventure, NY 1999ff. (= OPh).

–, De Primo Principio (ed. Wadd. III, 209-259), ed. Marianus Müller. Freiburg/Br. 1941; Lateinisch-deutsch. Hrsg. und übers. von

W. Kluxen. Mit einem Vorwort und einer aktualisierten Bibliographie von L. Honnefelder und H. Möhle (Texte zur Forschung 20). Darmstadt [4]2009, 1-131.

–, Opus Oxoniense (ed. Wadd. V-X) [= Ordinatio (Op. omn. I-XIV; ed. Vat.) 1950ff.; dt. Übers. von Ord. II d.3 p.1 q.1-6 in: Johannes Duns Scotus, Über das Individuationsprinzip. Ordinatio II, distinctio 3, pars 1. Aus dem Lateinischen übers. und mit einer Einl. hrsg. von Th. R. Leidi (PhB 668). Hamburg 2015].

–, Prima Lectura. Siehe T. Barth 1934; 1942; 1947 [= Lectura (Op. omn. XVI-XXI, ed. Vat.) 1950ff.; dt. Übers. von Lect. I d.3 q.1-3; d.8 q.3 in: Johannes Duns Scotus, Die Univozität des Seienden. Texte zur Metaphysik. Hrsg. von T. Hoffmann (Sammlung Philosophie 1). Göttingen 2002].

–, Quaestiones in anima (ed. Wadd. II, 485-582) [= Quaestiones super secundum et tertium De anima, edd. C. Bazán et al. (Opera philosophica 5). Washington, DC / St. Bonaventure 2006].

–, Quaestiones in libros Metaphysicorum (ed. Wadd. IV, 505-848) [= Quaestiones super libros Metaphysicorum Aristotelis, Libri I-V / Libri VI-IX (2 Bde.), edd. G. Etzkorn et al. (Opera Philosophica 4). St. Bonaventure 1997].

–, Quaestiones in libros Praedicamenorum (ed. Wadd. I, 124-185) [= Quaestiones in librum Porphyrii Isagoge; Quaestiones super Praedicamenta Aristotelis, edd. R. Andrews et al. (Opera Philosophica 1). St. Bonaventure 1999, 249-566].

–, Quodlibeta (ed. Wadd. XII).

–, Reportatio Magna, siehe T. Barth 1942; 1947.

–, Reportatio Parisiensis (ed. Wadd. XI).

–, Super libros Analyticorum Posteriorum (ed. Wadd. I) [nicht authentisch].

Foerster, Werner, Art. κτίζω. In: Theologisches Wörterbuch zum Neuen Testament. Hrsg. v. G. Kittel. Bd. III. Stuttgart 1938, 999-1034.

Gigon, Olof, Das Problem der Wissenschaft in der Antike. In: Universitas[. Zeitschrift für Wissenschaft, Kunst und Literatur] I, 1946, 1073-1084.

–, Der Ursprung der griechischen Philosophie: Von Hesiod bis Parmenides. Basel 1945.

Gilson, Étienne, Der heilige Bonaventura. Dt. Ausg. Hellerau 1929 [Orig.: La philosophie de S. Bonaventure. Paris 1924].

–, Avicenne et le point de départ de Duns Scot. In: Archives d'histoire doctrinale et littéraire du Moyen-Âge II, 1927, 89-149.

–, Der heilige Augustin. Eine Einführung in seine Lehre. Dt. Ausg. Hellerau 1930 [Orig.: Introduction à l'étude de St. Augustine. Paris 1929].

–, Platonisme, Aristotelisme et Christianisme. Paris 1945 [bibliographisch nicht verifizierbar; vgl. unten, 220, Anm. 7].

Grabmann, Martin, Forschungsziele und Forschungswege zur mittelalterlichen Scholastik und Mystik. In: [ders.,] Mittelalterliches Geistesleben. Abhandlungen zur Geschichte der Scholastik und Mystik, Bd. 1. München 1926, 1-49.

–, Die Entwicklung der mittelalterlichen Sprachlogik (Tractatus de modis significandi). In: [ders.,] Mittelalterliches Geistesleben, Bd. 1. München 1926, 104-146.

–, Magister Petrus von Hibernia[, der Jugendlehrer des hl. Thomas von Aquin. Seine Disputation vor König Manfred und seine Aristoteleskommentare]. In: [ders.,] Mittelalterliches Geistesleben, Bd. 1. München 1926, 249-265.

–, Die Aristoteleskommentare des hl. Thomas von Aquin. In: [ders.,] Mittelalterliches Geistesleben, Bd. 1. München 1926, 266-313.

–, Die italienische Thomistenschule des 13. und beginnenden 14. Jahrhunderts. In: [ders.,] Mittelalterliches Geistesleben, Bd. 1. München 1926, 332-391.

Hartmann, Nicolai, Zur Grundlegung der Ontologie (Ontologie 1). Berlin [1935] ²1941.

Hegel, Georg Wilhelm Friedrich, Enzyklopädie der philosophischen Wissenschaften. In: ders., Sämtliche Werke, Bd. 5, hrsg. von G. Lasson (PhB 33). Leipzig ²1920; Gesammelte Werke, Bd. 20, hrsg. von W. Bonsiepen und H.-Ch. Lucas. Hamburg 1992.

Heidegger, Martin, Die Kategorien- und Bedeutungslehre des Duns Scotus. Tübingen 1916 [nachgedr. in: Gesamtausgabe (= GA), Bd. 1. Hrsg. v. F.-W. von Herrmann. Frankfurt a. M. ²2018, 189-411].

–, Sein und Zeit (Jahrbuch für Philosophie und phänomenologische Forschung, Bd. 8). Halle/S. (1927) [5]1941 [= GA, Bd. 2. Hrsg. v. F.-W. von Herrmann. Frankfurt a. M. [2]2018].

–, Vom Wesen des Grundes. In: Festschrift für Edmund Husserl zum 70. Geburtstag (Jahrbuch für Philosophie und phänomenologische Forschung, Ergänzungsband). Halle/S. 1929, 71-110 [= GA, Bd. 9. Hrsg. v. F.-W. von Herrmann. Frankfurt a. M. [3]2004, 123-175].

–, Vom Ursprung des Kunstwerkes. Vortrag Frankfurt a. M. 1936 (nicht gedruckt) [= GA, Bd. 5. Hrsg. v. Friedrich-Wilhelm von Herrmann. Frankfurt a. M. [2]2003, 1-74].

–, Hölderlin und das Wesen der Dichtung. München 1937 [= GA, Bd. 4. Hrsg. v. F.-W. von Herrmann. Frankfurt a. M. [3]2012, 31-45].

–, [Lettre], in: Jean Wahl, Transcendence et subjectivité. In: Bulletin de la société française de philosophie, 37:5, 1937, 161-211, dort 193 [nachgedr. in: ders., Existence humaine et transcendance (Être et penser, cahiers de philosophie 6). Neuchâtel 1944, 39-52; 113-159, dort 112f.].

Holl, Karl, Augustins innere Entwicklung. In: [ders.,] Gesammelte Aufsätze zur Kirchengeschichte, Bd. 3. Tübingen 1928, 54-116.

Horten, Max: siehe Friedrich Ueberweg/Bernhard Geyer.

Husserl, Edmund, Méditations Cartésiennes. Paris 1931 [dt. Urtext: Pariser Vorträge (Mskr.-Abschluß: 16. Mai 1929). In: Cartesianische Meditationen und Pariser Vorträge, hrsg. von S. Strasser (Husserliana I). Den Haag 1950, S. 1-39].

–, Handnotiz »Das ist gegen Heidegger«. Mskr. 1931, zur Einsicht überlassen von L. Landgrebe [veröffentlicht unter dem Titel: »Wissenschaftliche Beschreibung setzt eine theoretische Einstellung auf das allen praktischen Interessen Identische voraus« (Mai 1931). In: [ders.,] Zur phänomenologischen Reduktion. Texte aus dem Nachlass (1926-1935), hrsg. von S. Luft (Husserliana XXXIV). Dordrecht 2002, Nr. 16, Beilage XV, 259-261].

–, »Was sinnvoll besagen kann: Frage nach dem Sein des Seienden«. Mskr. 1931, zur Einsicht überlassen von L. Landgrebe [veröffentlicht unter dem Titel: »Betrachtungen im Ausgang von der angeblichen Frage nach dem Sein des Seienden. Dann Überlegung im Ausgang von der ontologischen Frage und Reflexion aus das Bewusstseinsleben – des Menschen,– dann die Schwierigkeiten. Endlich transzendentale Reduktion« (Mai 1931). In: [ders.,] Zur phänomenologischen Reduktion. Texte aus dem Nachlass (1926-1935), hrsg. von S. Luft (Husserliana XXXIV). Dordrecht 2002, Nr. 17, 264-278].

Ibn Gabirol [= Avencebrol], Fons vitae. Ex arabico in latinum translatus ab Joanne Hispano et Dominico Gundissalino, ed. C. Baeumker, 3 Bde. (BGPhMA 1, 2-4). Münster 1892-1895.

Jaeger, Werner, Aristoteles. Grundlegung einer Geschichte seiner Entwicklung. Berlin 1923.

Jünger, Ernst, Der Arbeiter. Herrschaft und Gestalt. Hamburg (1932) ^{3}1942 [= Sämtliche Werke 8: Essays II. Stuttgart ^{2}2000, 1-317].

Kors, Jean Baptiste, La justice primitive et le péché originel d'après S. Thomas. Les Sources – La Doctrine (Bibliothèque Thomiste 2). Le Saulchoir 1922.

Krüger, Gerhard, Die Herkunft des philosophischen Selbstbewußtseins. In: Logos 22, 1933, 225-272 [nachgedr. in: ders., Freiheit und Weltverantwortung. Aufsätze zur Philosophie der Geschichte. Freiburg, München 1958, 11-69].

Landgrebe, Ludwig, Husserls Phänomenologie und die Motive zu ihrer Umbildung. In: Revue Internationale de Philosophie 1, 1939, 277-316 [nachgedr. in: (ders.,) Phänomenologie und Metaphysik. Hamburg 1949, 56-100; nachgedr. in: (ders.,) Der Weg der Phänomenologie. Das Problem einer ursprünglichen Erfahrung. Gütersloh 1963, 9-39].

Longpré, Ephrem, Stand der Skotus-Forschung 1933. In: Wissenschaft und Weisheit I, 1934, 63-71, 147-153.

Messner, Reinhold, Schauendes und begriffliches Erkennen nach Duns Skotus mit kritischer Gegenüberstellung zur Erkenntnislehre von Kant und Aristoteles (Bücher Augustinischer und Franziskanischer Geistigkeit, 2. Reihe, Bd. 3). Freiburg/Br. 1942.

Müller, Marianus, Die theologische Gesamtsynthese des Duns Skotus. In: Wissenschaft und Weisheit I, 1934, 110-140.

Nestle, Wilhelm, Die Haupteinwände des antiken Denkens gegen das Christentum. In: Archiv für Religionswissenschaft 37, 1941/42, 51-100 [nachgedr. in: (ders.,) Griechische Studien. Stuttgart 1948 (Nachdr. Aalen 1968), 597-660; wieder abgedr. in: J. Martin und B. Quint (Hrsg.), Christentum und antike Gesellschaft (Wege der Forschung 649). Darmstadt 1990, 17-80].

Philo von Alexandria, De somniis, ed. P. Wendland. In: Philonis Alexandrini Opera quae supersunt. Editio maior. Edd. L. Cohn et al. (7 Bde.). Berlin 1896-1930 (unv. Nachdr.: Berlin 1962-1963), Bd. 3 (1898), 204-306; dt.: Philon von Alexandrien, Die Werke in dt. Übersetzung. Hrsg. von L. Cohn u. a., Bd. 6 (Breslau 1938, unv. Nachdr. Berlin ^{2}1962), 173-277.

Platon, Parmenides, ed. J. Burnet, Platonis Opera I. Oxford 1900, 216a-268d.

–, Sophistes, ed. J. Burnet, Platonis Opera II. Oxford 1901, 126a-166c.

Plotin, Enneaden [Plotin, Ennéades. Texte, traduction française, notices, ed. E. Bréhier (Bde. I-VI/2). Paris 1924-1938; Plotini opera. Editio minor, edd. P. Henry et H.-R. Schwyzer. Oxford 1964-1982 (3 Bde.); dt. in: Plotins Schriften. Hrsg. von R. Harder (PhB 211a-215a). Leipzig 1930-1937 (5 Bde.); Neubearbeitung mit griech. Lesetext u. Anmerkungen. Hrsg. von R. Harder, R. Beutler und W. Theiler (PhB 211a.b-215a.b). Hamburg 1956-1971].

Ritter, Joachim, Mundus intelligibilis. Eine Untersuchung zur Aufnahme und Umwandlung der neuplatonischen Ontologie bei Augustinus (Philosophische Abhandlungen 6). Frankfurt a. M. 1937.

Robert Grosseteste, De Luce, ed. L. Baur, Die philosophischen Werke des Robert Grosseteste (BGPhMA 9). Münster 1912, 51-59.

Scharbau, Carl Anders, Die Idee der Schöpfung in der vedischen Literatur. Eine religionsgeschichtliche Untersuchung über den frühindischen Theismus (Veröffentlichungen des Orientalischen Seminars der Universität Tübingen. Abhandlungen zur orientalischen Philologie und zur allgemeinen Religionsgeschichte 5). Stuttgart 1932.

Schmaus, Michael, Die psychologische Trinitätslehre des hl. Augustinus (Münsterische Beiträge zur Theologie 11). Münster 1927.

Schneider, Rudolf, Das wandelbare Sein. Die Hauptthemen der Ontologie Augustins (Philosophische Abhandlungen 8). Frankfurt a.M. 1938.

Schulemann, Günther, Die Lehre von den Transcendentalien in der scholastischen Philosophie (Forschungen zur Geschichte der Philosophie und Pädagogik 4/2). Leipzig 1929.

Sesemann, Wassilij, Das Rationale und das Irrationale im System der Philosophie. In: Logos II, 1911, 208-241.

Snell, Bruno, Die Entdeckung des Geistes, Studien zur Entstehung des europäischen Denkens bei den Griechen. Hamburg 1946.

Thomas von Aquino, Opera omnia (Editio Leonina I ff.). Rom[/Paris] 1882 ff.

–, In libros I-IV Sententiarum commentarium. In: Doctoris angelici divi Thomae Aquinatis Opera omnia, edd. St. E. Fretté et P. Maré (36 Bde.), Bd. 7-9. Paris 1873-1874.

–, Scriptum super libros Sententiarum magistri Petri Lombardi episcopi Parisiensis [Buch I-IV, dist. 22]. Editio nova. Ed. P. Mandonnet et M.F. Moos (4 Bde.). Paris 1929-1956.

–, Summa contra Gentiles (Editio Leonina XIII-XV). Rom 1918-1930 [dt.: Summa contra Gentiles. Lateinisch/deutsch. Hrsg., übers. und mit Anm. vers. von K. Albert u.a. Darmstadt [4]2013].

–, Liber de veritate catholicae fidei contra errores infidelium seu Summa contra Gentiles. Textus Leoninus diligenter recognitus (Editio Leonina manualis), edd. C. Pera, P. Marc et P. Caramello (3 Bde.). Turin, Rom 1961-1967.

–, Summa theologiae (Editio Leonina IV-XII). Rom 1880-1930; dt.: Summa theologica. Deutsche Thomas-Ausgabe. Graz, Heidelberg 1933 ff.

–, Quaestiones disputatae de potentia, ed. P.M. Pesson. In: Quaestiones disputatae II, edd. P. Bazzi et al. Turin [9]1948, 7-276; dt.: Über Gottes Vermögen. De potentia Dei I ff. Hrsg. und übers. von S. Grotz. Hamburg 2009 ff.

–, Quaestiones disputatae de veritate (Editio Leonina XXII/1, 1-3, 2).

Rom, Paris 1970-1976; dt.: Von der Wahrheit. De veritate (Quaestio I). Lat.-dt. Ausgew., übers. und hrsg. von A. Zimmermann (PhB 384). Hamburg 1986; Über die Wahrheit. De veritate I ff. Hrsg. und übers. von R. Schönberger u. a. Hamburg 2013 ff.].

–, In Aristotelis librum De anima commentarium, ed. A. M. Pirotta. Turin (1925) [6]1959; Sentencia libri De anima (Editio Leonina 45/1). Rom, Paris 1984; dt.: Thomas von Aquin, Die Seele. Erklärungen zu den drei Büchern des Aristoteles »Über die Seele«. Übertragen und eingel. von A. Mager. Wien 1937.

–, Commentaria in octo libros Physicorum Aristotelis (Editio Leonina II). Rom 1884; In octo libros Physicorum Aristotelis expositio, ed. P. M. Maggiòlo. Turin, Rom 1954.

[Max Horten, Die syrische und die arabische Philosophie. In:] Friedrich Ueberweg, Bernhard Geyer, Die patristische und scholastische Philosophie. Berlin [11]1928, 287-325.

Volkmann-Schluck, Karl-Heinz, Plotin als Interpret der Ontologie Platos (Philosophische Abhandlungen 10). Frankfurt a. M. 1941.

Wahl, Jean, Realism, Dialectic and the Transcendent. In: Philosophy and Phenomenological Research IV, 1944, 496-506; dt.: Realismus, Dialektik und Transzendenz. In: Wort und Tat. Internationale Monatsschrift I, 1946, 15-27.

Windelband, Wilhelm, Geschichte der Philosophie. Tübingen [5]1910.

[Ps.-Witelo,] Liber de intelligentiis. In: C. Baeumker, Witelo. Ein Philosoph und Naturforscher des XIII. Jahrhunderts (BGPhMA 3/2). Münster 1908, 1-71.

Wust, Peter, Das augustinisch-franziskanische Denken in seiner Bedeutung für die Philosophie in unserer Zeit. In: Wissenschaft und Weisheit I, 1934, 3-7.

Nachwort der Herausgeber

Im Jahr 1947 legte Hans Blumenberg der Christian-Albrechts-Universität zu Kiel seine Dissertation *Beiträge zum Problem der Ursprünglichkeit der mittelalterlich-scholastischen Ontologie* vor. Bisher war sie nur als maschinenschriftliches Durchschlag-Typoskript vorhanden, von dem sich außerdem bloß wenige Exemplare erhalten haben. Durch die vorliegende Edition ist die Dissertation jetzt umstandslos zugänglich. Sie werkgeschichtlich und biographisch weiter einzubetten und inhaltlich umfassend auszuwerten, bleibt künftiger Forschung überlassen.[1] Dieses Nachwort verfolgt zwei Absichten: Zum einen soll in knapper Form der Entstehungskontext der *Beiträge zum Problem der Ursprünglichkeit der mittelalterlich-scholastischen Ontologie* skizziert werden, ohne dabei leserlenkend Interpretationen vorgeben zu wollen. Zum anderen gilt es, die Grundsätze zu erläutern, die bei der Edition leitend waren.

(1) Zum Entstehungskontext

Wie Blumenberg in dem der Dissertation unpaginiert beigegebenen Lebenslauf angibt, studierte er nach bestandenem Abitur im Jahr 1939 zunächst ein Semester an der Philosophisch-theologischen Akademie in Paderborn, dann zwei Semester an der Philosophisch-theologischen Hochschule Sankt Georgen in Frankfurt am Main. In Sankt Georgen wurden sowohl junge Jesuiten als auch Priesteramtskandidaten verschiedener Bistümer ausgebildet. Zu den Professoren zählte der mit

1 Weitere (Literatur-)Hinweise finden sich bei Benjamin Dahlke, Matthias Laarmann, Beiträge zum Problem der Ursprünglichkeit der mittelalterlich-scholastischen Ontologie, in: Oliver Müller, Rüdiger Zill (Hrsg.), Blumenberg-Handbuch. Stuttgart, Weimar 2020 [im Druck].

der Scholastik in ihren unterschiedlichen Spielarten wohlvertraute, zugleich für moderne Ansätze offene Caspar Nink (1885-1975). Der Jesuit, dessen Forschungsschwerpunkt die Ontologie war, scheint Blumenberg nachhaltig beeindruckt zu haben, wird er doch wiederholt von ihm in verschiedenen Lebensläufen genannt.[2] Da Blumenbergs Mutter jüdischer Herkunft war, mußte er sein Studium indes recht bald abbrechen – aber nicht 1941, wie er selbst angibt, sondern bereits im Vorjahr.[3] Es folgte eine Zeit persönlicher Unsicherheit und lebensbedrohlicher Gefahr, während der er weiterhin ebenso intensiv wie extensiv las. Aus der Ferne, offenbar brieflich, betreute ihn Georg Wunderle (1881-1950), Professor für Apologetik und Vergleichende Religionswissenschaft an der Theologischen Fakultät der Universität Würzburg. Wunderle beschäftigte sich intensiv mit Augustinus (354-430). Nach Kriegsende schrieb sich Blumenberg, der damals im holsteinischen Bargteheide lebte, an der noch im Wiederaufbau befindlichen Universität Hamburg ein. Hier traf er auf den Privatdozenten Ludwig Landgrebe (1902-1991), der nicht nur Edmund Husserls (1859-1938) letzter Assistent gewesen war und sich um dessen nach Löwen gebrachten Nachlaß gekümmert hatte, sondern auch mit Martin Heidegger (1889-1976) vertraut war. Als Landgrebe einen Lehrstuhl an der Philosophischen Fakultät der Universität Kiel übernahm, folgte Blumenberg ihm, um sein Studium abzuschließen, blieb aber in Bargteheide wohnen.

Sein Dissertationsthema gewann immer deutlichere Konturen, wie überwiegend hand-, teils aber auch maschinenschriftliche Konzeptpapiere und Vorfassungen dokumentieren, die mit vielen Ergänzungen

---

2 Siehe den der Dissertation beigegebenen Lebenslauf, der hier zu Beginn des Anhangs abgedruckt wird. Ähnlich dann in zwei undatierten Lebensläufen, zu finden in: Landesarchiv Schleswig-Holstein, Schleswig, Promotionsverfahren Hans Blumenberg – Acc. 75/2009 Nr. 273 (einseitiges maschinenschriftliches Dokument, Beigabe zum Promotionsgesuch bzw. einseitiges handschriftliches Dokument).

3 Vgl. Rüdiger Zill, Der absolute Leser. Hans Blumenberg. Eine intellektuelle Biographie. Berlin 2020. Wie Zill darlegt, bemühte sich Blumenberg, auf eine ausreichende Anzahl an Studiensemestern zu kommen, um ohne Komplikationen promovieren zu können.

und Streichungen versehen sind.[4] Folgende Titel waren geplant: »Die Kritik der Scholastik an der Destruktion der traditionellen Ontologie bei Martin Heidegger« (August 1946); »Die ontologische Leistung der Scholastik, in Hinblick auf Heideggers Destruktion der traditionellen Ontologie« (November 1946); »Die ontologische Leistung der mittelalterlichen Scholastik, im Hinblick auf Heideggers Destruktion der traditionellen Ontologie« (Dezember 1946); »Die Leistung der scholastischen Metaphysik im Hinblick auf den ontologischen Ansatz bei Martin Heidegger« (Januar 1947); »Beiträge zum Problem der Ursprünglichkeit der mittelalterlich-scholastischen Ontologie« (undatiert). Um seine bisherigen Überlegungen zu bündeln, verfaßte Blumenberg maschinenschriftlich ein zwölfseitiges Konzept, das auf den 4. Februar 1947 datiert ist.

Es war kein gradliniger und unkomplizierter Prozeß, bis die Dissertation abgeschlossen vorlag. Vielmehr sah sich Blumenberg zu einer Neukonzeption genötigt, nachdem er sich vertieft mit Johannes Duns Scotus (um 1266-1308) beschäftigt hatte. Der aus Schottland stammende Franziskaner vertrat in der Ontologie einen eigenen Ansatz, der – zumindest einer bestimmten Deutung nach – über das Mittelalter hinaus in Richtung Moderne weist, weil er das Einzelne des Einzelnen anstatt des Allgemeinen betonte und wirkliche Kontingenz annahm.[5] Sein Denken war für Vertreter der Phänomenologie von großem Interesse. So befaßte sich Heidegger in seiner Habilitationsschrift mit einem Werk, das damals – fälschlicherweise – Scotus zugeschrieben wurde. Zugleich gab es in der theologischen Mediävistik eine verstärkte Beschäftigung mit dem *Doctor subtilis*, von der Blumenberg profitieren konnte. Er stand im brieflichen Austausch mit dem Franziskaner Timotheus Barth (1909-1967), der ihm nicht nur wichtige Hinweise zur scotischen Ontologie gab, sondern in seinen Publikationen auch Scotus-

4 Zum folgenden siehe Deutsches Literaturarchiv Marbach, Nachlaß Hans Blumenberg, Beiträge zum Problem der Ursprünglichkeit der mittelalterlich-scholastischen Ontologie, Vorarbeiten und Materialien. Für die Publikationsgenehmigung der zitierten Nachlaßdokumente danken wir dem Deutschen Literaturarchiv sowie Bettina Blumenberg, der Rechteinhaberin.

5 Hierzu und zum folgenden siehe Mechthild Dreyer u.a. (Hrsg.), La réception de Duns Scot (Archa Verbi, Subsidia 6). Münster, St. Bonaventure (NY) 2013.

Texte aus Handschriften edierte, die erst im 20. Jahrhundert aufgefunden werden konnten.[6] Im Frühjahr und im Sommer 1947 arbeitete Blumenberg an der Dissertation bei intensivster Auswertung der ihm direkt zugänglichen Sekundärliteratur, insbesondere was Zitatübernahmen betrifft.[7] In bezug auf die Heidegger-Deutung fällt auf, daß Blumenberg bei aller Eigenständigkeit ebenso häufig wie zustimmend Alphonse de Waelhens (1911-1981) zitiert, näherhin dessen im Jahr 1942 erschienene Studie *La philosophie de Martin Heidegger*. Der belgische Philosoph, der zeitlebens an der Katholischen Universität Löwen wirk-

---

6 Vgl. Deutsches Literaturarchiv Marbach, Nachlaß Hans Blumenberg. In Barths Nachlaß, der im Archiv der Deutschen Franziskanerprovinz in Paderborn verwahrt wird, haben sich keine Briefe erhalten. So die Auskunft des Archivars Hans-Ulrich Kordwittenborg (E-Mail an Benjamin Dahlke vom 13.6.2019). Der editionsgeschichtliche Werdegang der Einzelwerke des Scotus ist seit ihren Inkunabeldrucken überaus vertrackt sowie von zahlreichen Problemen der Textauthentizität begleitet. Dazu und zu den damit verbundenen Personen und Institutionen informiert detailreich Antonie Vos, The Philosophy of John Duns Scotus. Edinburgh 2006, 103-147.

7 Vgl. z.B. oben, 52 und die dazugehörigen Anm. 19-21 mit Walter Bröcker, Aristoteles (Philosophische Abhandlungen 1). Frankfurt a.M. 1935, 80f.; oben, 53 und dazugehörige Anm. 24 mit Werner Foerster, Art. κτίζω. In: Theologisches Wörterbuch zum Neuen Testament. Hrsg. v. Gerhard Kittel. Bd. 3. Stuttgart 1938, 999-1034, dort 1001, Anm. 3; oben, 58 und die dazugehörigen Anm. 39-41 mit Rudolf Schneider, Das wandelbare Sein. Die Hauptthemen der Ontologie Augustins (Philosophische Abhandlungen 8). Frankfurt a.M. 1938, 130f., 135; oben, 79 und die dazugehörigen Anm. 102-104 mit Reinhold Messner, Schauendes und begriffliches Erkennen nach Duns Skotus mit kritischer Gegenüberstellung zur Erkenntnislehre von Kant und Aristoteles (Bücher Augustinischer und Franziskanischer Geistigkeit, 2. Reihe, Bd. 3). Freiburg/Br. 1942, 119, Anm. 200-202. Oben, 31f., verweist Blumenberg sogar auf eine Studie, die bibliographisch nicht verifizierbar ist, nämlich Étienne Gilson, Platonisme, Aristotélisme et Christianisme. Paris 1945. Vermutlich stützte er sich auf eine ganzseitige Inhaltsangabe, die in der Zeitschrift Universitas I (1946), 1130, erschienen war. Sie mag wie eine Rezension wirken, doch handelt es sich um Angaben, die entweder der Verlag *Presses universitaires de France* oder das Institut Français geliefert hatte (vgl. ebd., 1183). Im übrigen war Blumenberg nicht der einzige, der sich auf Gilsons angekündigte Studie bezog – noch mehrere Jahre später tat dies Karl Prümm, Die Fortschritte des Jahrzehnts 1941-1951 in der Erarbeitung der weltanschaulichen Gehalte der antiken Philosophie. In: Gregorianum 35 (1954), 118-143, 299-323, dort 320.

te, hat durch seine Übersetzungen und Interpretationen erheblich zur Bekanntheit der Phänomenologie im frankophonen Raum beigetragen.[8] Jedenfalls lag Blumenbergs Dissertation Anfang September abgabefertig vor. Somit konnte das Promotionsverfahren am 9. Oktober 1947 offiziell eröffnet werden.

Die Universität Kiel hatte in den Jahren der NS-Diktatur zu einer nationalsozialistischen Mustereinrichtung werden sollen. Auch die »Promotionsordnung der Philosophischen Fakultät der Christian-Albrechts-Universität Kiel«, vom Reichserziehungsminister im Jahr 1938 genehmigt, war erkennbar der damals herrschenden Ideologie verpflichtet. Sie ließ nämlich nur »deutsche Staatsangehörige arischer Abstammung« zu (§ 1), forderte den »Nachweis der deutschblütigen Abstammung des Doktoranden« ein (§ 2.4) und sah das Fach »Rassenkunde« vor (§ 4). Die Promotionsordnung galt nach dem Zweiten Weltkrieg unverändert fort.[9] Wer an der Philosophischen Fakultät den Doktorgrad erwerben wollte, mußte ein zumindest sechssemestriges Fachstudium an einer deutschen Universität oder an einer vergleichbaren Hochschule absolviert haben – davon wenigstens zwei Semester in Kiel. Da dies bei Blumenberg nicht der Fall war, stellte er einen Antrag auf Befreiung, in welchem er auf seine Schwierigkeiten in der Zeit des Nationalsozialismus hinwies:

Auf Grund meiner halbjüdischen Abstammung war es mir im Jahre 1939 nur unter allergrößten Schwierigkeiten möglich, überhaupt ein Studium an einer deutschen Hochschule zu beginnen; auf Grund neuer Bestimmungen, die den endgültigen Ausschluß aller sog. ›Nichtarier‹ von den Hochschulen forderten, mußte ich 1941 mein Studium endgültig aufgeben. Ich habe bis zum Jahre 1943 meine Studien auf dem Gebiete der mittelalter-

---

8 Vgl. Bernhard Waldenfels, Phänomenologie in Frankreich. Frankfurt a. M. 1983, bes. 56f., 306f., 432-434, 439-441, 472f.; Edward Baring, Converts to the Real. Catholicism and the Making of Continental Philosophy. Cambridge (MA), London 2019.

9 Zum Hintergrund siehe Hans-Werner Prahl, Last der Vergangenheit. Schwieriger Neubeginn und manche Kontinuität. In: Ders. u. a. (Hrsg.), Uni-Formierung des Geistes. Universität Kiel und der Nationalsozialismus, Bd. 2. Kiel 2007, 201-217; Christoph Cornelißen, Carsten Mish (Hrsg.), Wissenschaft an der Grenze. Die Universität Kiel im Nationalsozialismus (Mitteilungen der Gesellschaft für Kieler Stadtgeschichte 86). Essen 2009.

lichen Philosophie privat fortsetzen können und mich dabei bemüht, diese Arbeit mit Hilfe mir bekannter Professoren unter eine akademische Anleitung und Aufsicht zu stellen. Hierüber lege ich ein Zeugnis von Herrn Univ. Prof. Dr. Georg Wunderle, Würzburg bei. 1943 wurde ich gezwungen, eine Tätigkeit in der Industrie aufzunehmen, und konnte das Studium erst nach Kriegsende fortsetzen.[10]

Dem Antrag wurde umstandslos stattgegeben. Dekan Hans Diller (1905-1977), der seine Karriere in den dreißiger Jahren begonnen hatte und sogar NSDAP-Mitglied geworden war, teilte Blumenberg das mit.[11]
Über den Umfang der einzureichenden Abhandlung enthält die Promotionsordnung keine Bestimmungen. Sofern das Dissertationsthema es erforderte, konnte der Dekan einen zweiten Gutachter aus einer anderen Fakultät bestimmen (§ 8). In Blumenbergs Fall war dies Rudolf Schneider (1910-1956), außerordentlicher Professor an der Evange-

---

10 Landesarchiv Schleswig-Holstein, Schleswig, Promotionsverfahren Hans Blumenberg – Acc. 75/2009 Nr. 273 (Gesuch um Zulassung zur Doktorprüfung, maschinenschriftlicher Brief vom 10.9.1947). Beigefügt war ein bestätigendes Schreiben von Georg Wunderle (doppelseitiger handschriftlicher Brief vom 6.9.1947): »Herr *Hans Blumenberg* in Bargteheide hat im Jahre 1941 seine philosophischen Studien aus rein politischen Gründen unterbrechen müssen. Ich versuchte damals, die Fortsetzung derselben in Würzburg zu ermöglichen. Die nationalsozialistischen Gesetze verhinderten dies zu meinem großen Bedauern. Es gelang ihm trotzdem, privatim philosophisch weiterzuarbeiten. In den Jahren 1941/1943 und später ist er immer mit mir in Fühlung geblieben und ich konnte ihn durch meine Anregungen und Hinweise zu einem methodisch wissenschaftlichen Studium mitverhelfen. Aus seinen Berichten an mich ging klar hervor, daß er diese Wegweisung förmlich als eine akademische Regelung seiner wissenschaftlichen Arbeit auffaßte und ausnützte. Seine Begabung und sein Fleiß waren mir schon seit Jahren bekannt. Darum freute ich mich seiner Fortschritte unter den schwierigen Verhältnissen doppelt. Die Anrechnung dieser Zeit als förmlich akademisches Studium kann ich mit voller Überzeugung empfehlen.« In Wunderles Nachlaß, der im Provinzarchiv der deutschen Augustiner in Würzburg verwahrt wird, findet sich keine Korrespondenz mit Blumenberg. So die Auskunft des Archivars Raimund Michael Klinke (E-Mail an Benjamin Dahlke vom 11.3.2019).

11 Vgl. Landesarchiv Schleswig-Holstein, Schleswig, Promotionsverfahren Hans Blumenberg – Acc. 75/2009 Nr. 273 (einseitiger maschinenschriftlicher Brief vom 10.10.1947, Abschrift).

lisch-theologischen Fakultät Kiel und gleichzeitig Leiter des Pastoralkollegs im Predigerseminar, das sich im nahen Preetz befand. Angestoßen durch *Sein und Zeit* hatte er sich in seinen Qualifikationsschriften mit Aristoteles (384-322) und Augustinus, insbesondere mit ihrer Ontologie auseinandergesetzt. Der Ertrag war eine Monographie, auf die Blumenberg in seiner Dissertation häufig zurückgriff.[12] Das Erstgutachten erstellte Landgrebe, der Blumenbergs Beschäftigung mit dem Thema von Anfang an begleitet hatte. Landgrebe würdigte die Dissertation wie folgt:

Die Arbeit muss als der erste, durch eine umfassende Kenntnis der scholastischen Philosophie ermöglichte Durchbruch zur Klärung einer bisher völlig undurchsichtigen Problematik gewertet werden. Bei aller Fülle des beigebrachten Materials und der aufgeworfenen und angedeuteten Einzelprobleme, die ein jedes für sich schon Thema eines Buches bilden könnte[n], ist der einheitliche Gedankenzug nirgends aus dem Auge verloren. Die Darstellung ist trotz der manchmal allzu weit gehenden stilistischen Kompremiertheit [sic!] klar und übersichtlich. In Anbetracht der wissenschaftlichen Bedeutung der Arbeit, mit der der Vf. sich nicht als begabter Anfänger, sondern als denkerische Persönlichkeit eigener Prägung legitimiert, die erhaltene Anregungen in durchaus selbständiger Weise verarbeitet hat, kann m. E. kein anderes Prädikat als ausgezeichnet in Frage kommen.[13]

Obwohl sich Schneider als Zweitgutachter letztlich dieser Auffassung anschloß, weil er Blumenbergs Dissertation eine ganze Reihe von Vorzügen bescheinigte, wies er auf ihre Grenzen hin:

Nun hat der Verfasser ein Problem ausser Acht gelassen, das bei Augustin die christliche Wurzel des Philosophierens bildet und auch in der Scholastik seine grosse Bedeutung hat, das die Berechtigung abgibt, in einem ganz neuen Horizont Sein als Hergestelltsein, Vorhandenheit, Wesenheit und Gegenständlichkeit zu verstehen, nämlich das laudare Deum. Im existen-

12 R. Schneider, Das wandelbare Sein, oben, Anm. 7. Siehe dazu Ders., Seele und Sein. Ontologie bei Augustin und Aristoteles (Forschungen zur Kirchen- und Geistesgeschichte NF 6). Stuttgart 1957, V.

13 Landesarchiv Schleswig-Holstein, Schleswig, Promotionsverfahren Hans Blumenberg – Acc. 75/2009 Nr. 273 (Referat von Ludwig Landgrebe, einseitiges maschinenschriftliches Dokument ohne Datum; orthographische Eigentümlichkeiten der Akte sind beibehalten).

tiellen Danken und dankbaren schauenden Loben liegt ein ganz bestimmtes Seinsverständnis und die Möglichkeit von Ontologie beschlossen. Das aristotelische Thema der »Seinsrettung« wird hier von neuen existenziellen Fundamenten aus aufgerollt und die Bedeutung des obigen Phänomens in der Scholastik zeigt, dass der traditionellen Ontologie und Seinsinterpretation ein ganz bestimmtes Recht zugesprochen werden muss gegenüber Heidegger und der vorliegenden Arbeit. Weggelassen ist ferner eine radikale Erörterung des Geistproblems in der Scholastik, das seine ganz bestimmten Möglichkeiten des Seinsverständnisses besitzt, die ontologisch von grösster Bedeutung sind. Von diesen Problemen aus wäre eine radikale Kritik des Heidegger'schen Fragens möglich und die Ursprünglichkeitsfrage würde eine ganz neue Wendung erhalten.[14]

Ungeachtet der damit umschriebenen Grenzen vergab Schneider ebenso wie Landgrebe die Höchstnote, also das *summa cum laude* entsprechende Prädikat »ausgezeichnet«. Beide Gutachter bescheinigten der Dissertation außerdem die Druckreife.

Gemäß der Kieler Promotionsordnung mußten noch mehrere mündliche Prüfungen abgelegt werden (§§ 8-9). Neben dem obligaten Hauptfach, der Philosophie, wählte Blumenberg als Nebenfächer Deutsche Literatur und Griechische Philologie. Das Examen fand am Vormittag des 17. Dezember 1947 statt. Prüfer in Philosophie war Landgrebe, während der Germanist Werner Kohlschmidt (1904-1983) das Protokoll führte. Im Griechischen prüfte der bereits erwähnte Dekan Diller mit dem Altphilologen Erich Burck (1901-1994) als Protokollanten; danach prüfte Kohlschmidt Deutsche Literatur, wobei nun Landgrebe protokollierte. Blumenberg bestand alles mit dem Prädikat »ausgezeichnet« und wurde sogleich, also noch am 17. Dezember 1947, zum Dr. phil. promoviert.

Bald darauf nahm Blumenberg Kontakt zum Hamburger Verlag *Marion von Schröder* auf, der neben Belletristik wissenschaftliche Mono-

---

14 Landesarchiv Schleswig-Holstein, Schleswig, Promotionsverfahren Hans Blumenberg – Acc. 75/2009 Nr. 273 (Korreferat von Rudolf Schneider, doppelseitiges maschinenschriftliches Dokument ohne Datum). Auf den Aspekt des *laudare Deum* hatte Schneider selbst aufmerksam gemacht, nämlich in Schneider, Das wandelbare Sein, oben Anm. 7, 18.

graphien – etwa seines Doktorvaters Landgrebe – veröffentlichte.[15] Dessen Geschäftsführer Siegfried Buchenau (1892-1964) signalisierte zwar grundsätzliches Interesse, sah aber von Anfang an die Schwierigkeit, ein Buch zu einem derart speziellen Thema auf dem Markt zu platzieren. Das hing nicht zuletzt mit der angespannten wirtschaftlichen Lage in der Nachkriegszeit zusammen. Trotz mehrerer bis in das Jahr 1950 unternommener Anläufe kam es zu keiner Drucklegung. Immer höhere Forderungen des Verlags nach einem Kostenzuschuß spielten dabei eine Rolle. Ob Blumenberg später nochmals oder bei anderen Verlagen versuchte, seine Dissertation zu veröffentlichen, bleibt zu klären. Für eine akademische Laufbahn war es sicherlich förderlich, Monographien vorweisen zu können, aber keineswegs zwingend. Längst nicht alle Qualifikationsschriften wurden damals als Verlagsdruck publiziert. Das sollte im übrigen auch für Blumenbergs im Jahr 1950 ebenfalls der Universität Kiel vorgelegte Habilitationsschrift gelten.[16]

Wohl konnte Blumenberg fortan auf all das zurückgreifen, was er sich mit seiner Dissertation erarbeitet hatte. Ein Beispiel ist ein Manuskriptpart aus dem Nachlaß Husserls, den sein Doktorvater Landgrebe ihm zugänglich gemacht hatte – dieser wird in *Beschreibung des Menschen* intensiv ausgewertet.[17] Weitere thematische Verbindungslinien zwischen den *Beiträgen zum Problem der Ursprünglichkeit der mittelalterlich-scholastischen Ontologie* und späteren Publikationen lassen sich unschwer finden. Gleiches gilt für einige wiederholt angeführte Quellenzitate, weil Blumenberg im Zuge seines Promotionsstudiums jenes Karteikartensystem anzulegen begann, von dem er zeitlebens profitieren sollte.

---

15 Zum folgenden siehe Deutsches Literaturarchiv Marbach, Nachlaß Hans Blumenberg. Ein Archiv des Verlags, der bis zum Jahr 2016 als Imprint des Ullstein Verlags bestand, existiert nicht. So die Auskunft von Katharina Schulze Dieckhoff, Ullstein Buchverlage (E-Mail an Benjamin Dahlke vom 14.6.2019).

16 Hans Blumenberg, Die ontologische Distanz. Eine Untersuchung über die Krisis der Phänomenologie Husserls. Masch. Habil.-Schrift, Kiel 1950. Obwohl es auch hier um Ontologie geht und das Mittelalter berührt wird (ebd., 70-78), findet sich kein direkter Verweis auf die Dissertation.

17 Vgl. oben, 176-178 mit Anm. 21 bzw. Hans Blumenberg, Beschreibung des Menschen, hrsg. von Manfred Sommer. Frankfurt a.M. 2006, 224-230.

(2) *Editorische Bemerkungen*

Hans Blumenberg hat seine *Beiträge zum Problem der Ursprünglichkeit der mittelalterlich-scholastischen Ontologie* maschinenschriftlich erstellt; handschriftlich fügte er ein hebräisches Wort und mehrere griechische Wörter ein. Insgesamt zählt das Typoskript 107 Seiten, von denen 14 auf die Endnoten entfallen (S. 93-107). Beigegeben ist – wie bereits erwähnt – ein Lebenslauf, in dem Blumenberg seine bisherigen akademischen Stationen und Prägungen benennt. Auf das (in vorliegender Edition reproduzierte) Titelblatt (S. 1) folgt ein Inhaltsverzeichnis (S. 2: Inhaltsübersicht). Der Text der Dissertation ist dreigeteilt: I. Einleitung (S. 3-19 mit den §§ 1-2), II. Die Durchbrechung der traditionellen ontologischen Interpretationsweisen (S. 20-84 mit den §§ 3-7), III. Letzte metaphysische Positionen (S. 85-92 mit dem § 8). Das Typoskript ist mit bis zu 64 Zeilen je Seite bei einfachem Zeilenabstand eng beschrieben.

Blumenberg reichte seine Dissertation gemäß der damals geltenden Promotionsordnung in sieben Exemplaren ein. Dafür wurde das Typoskript mittels schwarzen Kohlepapiers als Durchschlag vervielfältigt. Aktuell können sechs bibliothekarisch aufbewahrte Original-Durchschläge nachgewiesen werden; zwei xerographisch erstellte Kopien kommen hinzu.[18] Direkte Vorlage für vorliegende Edition ist das Exemplar

---

18 Standorte originaler Durchschlagexemplare: Christian-Albrechts-Universität zu Kiel, Universitätsbibliothek (Signatur: TU45 7700); Christian-Albrechts-Universität zu Kiel, Universitätsbibliothek – Dissertationsarchiv (Signatur: TU45 7700 Archivexpl); Christian-Albrechts-Universität zu Kiel, Universitätsbibliothek [Geschenk 2019 von Manfred Sommer an das Philosophische Seminar, z.Z. noch ohne Signatur]; Deutsche Nationalbibliothek, Standort Leipzig (Signatur: Di 1948 B 1207); Georg-August-Universität Göttingen, Staats- und Universitätsbibliothek (Signatur: DISS 99 B 1085 [Austauschexemplar der Christian-Albrechts-Universität zu Kiel]); Westfälische Wilhelms-Universität Münster, Philosophisches Seminar, Bibliothek (Signatur: L VIII 7000/145 [Handexemplar von Ludwig Landgrebe]). Standorte xerographischer Kopien: Rheinische Friedrich-Wilhelms-Universität Bonn, Philosophisches Seminar, Bibliothek (Signatur: 1920/Blu./112); Deutsches Literaturarchiv Marbach, Bibliothek/Archiv (Signatur: R:Quart). Im Katalog der Universitätsbibliothek Kiel ist zwar ein zweites Exemplar (Signatur: TU 45 7700 2. Expl.) verzeichnet, das aktuell jedoch nicht auffindbar ist. Entsprechend kann nicht nachgeprüft werden, ob es sich um

der Universitätsbibliothek der Christian-Albrechts-Universität zu Kiel. Die Exemplare der Deutschen Nationalbibliothek Leipzig und der Staats- und Universitätsbibliothek Göttingen sowie das ehemalige Handexemplar des Erstgutachters Ludwig Landgrebe, das in der Bibliothek des Philosophischen Seminars der Westfälischen Wilhelms-Universität Münster vorhanden ist, wurden ebenfalls in Autopsie geprüft.

Die Editionswissenschaft hat für den Umgang mit neuzeitlichen Drucktexten ein geschärftes Methodenbewußtsein bewirkt sowie detaillierte Konzepte entwickelt. Folgt man diesen Konzepten, dann wird hier eine leserorientierte *working edition* vorgelegt, mögen durch Hinweise auf die Textentstehung auch Elemente einer historisch-kritischen Edition vorhanden sein.[19] So sind Blumenbergs Orthographie und Interpunktion beibehalten, sofern es sich nicht um offensichtliche Tippfehler oder evidente Versehen handelt. Diese wurden stillschweigend entlang der von Blumenberg gepflegten Konvention korrigiert. Beim Typoskript hatte Blumenberg ein hebräisches Wort und mehrere griechische Wörter handschriftlich eingefügt, die hier orthographisch normiert wiedergegeben werden und auch in Transkription erscheinen. Von Blumenberg g e s p e r r t getippte Wörter oder Wendungen erscheinen ebenfalls in Sperrung. Hingegen sind die im Original durch Anführungszeichen („…“) gekennzeichneten Direktzitate in *Kursive* gesetzt. Doppel-Chevrons (»…«) erhalten die von Blumenberg im Haupttext zitierten Werktitel sowie die von Matthias Laarmann erstellten Über-

---

ein Original oder eine Kopie handelt. Besonderer Dank geht an Dr. Klára Erdei, Leiterin der Historischen Bestände, Universitätsbibliothek Kiel.

19 Vgl. die Definition einer *working edition* bei Luc Deitz, in: Glenn Warren Most (Hrsg.), Editing Texts. Texte edieren (Aporemata 2). Göttingen 1998, 141-164, dort 144: »by gently modernizing spelling, punctuation, division into paragraphs, etc.; by expanding abbreviations and correcting ›obvious‹ literals of one chosen mastercopy«; in Abgrenzung zur Faksimile-Edition, diplomatischen Transkription und kritischen Edition (ebd., 141f.). Die elementaren Bestandteile einer historisch-kritischen Edition sind aufgelistet bei Bodo Plachta, Editionswissenschaft. Eine Einführung in Methode und Praxis der Edition neuerer Texte. Stuttgart ³2013, 14f. Siehe zudem Rüdiger Nutt-Kofoth, Editionsphilologie. In: Thomas Anz (Hrsg.), Handbuch Literaturwissenschaft, Bd. 2. Stuttgart, Weimar 2007, 1-40.

setzungen altsprachlicher Texte in den Anmerkungen. Zwischen einfachen Chevrons (›…‹) erscheinen Wörter, Wendungen oder Wortbestandteile, die Blumenberg in Anführungszeichen („…“) gesetzt hat. Da sie von ihm in einem emphatischen oder potenzierten Sinne gemeint sind, werden diese Anführungszeichen wiedergegeben. Einfache Chevrons (›…‹) im Haupttext innerhalb eckiger Klammern signalisieren übersetzte Einzelwörter oder Wendungen im Haupttext, die nicht Direktzitate sind. Anders als heute üblich, verzichtet Blumenberg bei bloßen Titel- und Textverweisen im Anmerkungsapparat zumeist auf Anmerkungsformeln wie etwa ›vgl.‹. Diese Edition behält Blumenbergs Gewohnheit bei. Hingegen wurde die nicht mehr gängige lateinische Abkürzung ›e. g.‹ für *exempli gratia* durch ›z. B.‹ ersetzt. Fußnotenziffern wurden gemäß Suhrkamp-Verlagsusancen fast immer auch dann hinter einem satzschließenden Punkt gesetzt, wenn sie sich nur auf vorhergehende Satzteile oder das letzte Wort des Satzes beziehen.

Typographische Segmentierungssignale wie Überschriften – unabhängig davon, ob gesperrt und unterstrichen gedruckt oder nur unterstrichen gedruckt –, eingezogene Absatzmarken, doppelte Leerzeilen, gestrichelte Linien, absatztrennende Linien und dergleichen sind in Anlehnung an Editionsverfahren bisheriger Blumenberg-Nachlaßausgaben für die Absatzgestaltung berücksichtigt. Den Seitenumbruch im Typoskript signalisiert eine zwischen zwei senkrechten Strichen eingeschobene Seitenziffer (z. B.: … | S. 5 | …), was das Verfolgen von Vor- und Rückverweisen des Autors innerhalb der Arbeit, aber auch die Verifikation von Zitaten der Dissertation Blumenbergs in der bisher vorliegenden, in diesem Nachwort nicht eigens aufgelisteten Sekundärliteratur erleichtern soll. Entsprechend wird im Anmerkungsapparat für die im Original als Endnoten plazierten Anmerkungen auch deren originale Paginierung mit angezeigt. Die Numerierung der Fußnoten entspricht exakt derjenigen der Endnoten der Vorlage.

Blumenberg benutzte für seine Anmerkungen beziehungsweise Endnoten ein individuelles, um straffe Darbietung der bibliographischen Hauptangaben bemühtes Notationssystem, das an einigen wenigen Stellen im Einklang mit den Gepflogenheiten der Nachlaßeditionen formal vereinheitlicht oder ergänzt wurde. Sämtliche diesbezüglichen Eingriffe der Herausgeber sind durch eckige Klammern kenntlich gemacht. Zitatnachweise Blumenbergs fallen für heutige Benutzer, insbesondere für Leserinnen und Leser, die mit der Mediävistik wenig oder gar nicht vertraut sind, überaus knapp aus. Um das Auffinden dieser Stellen zu erleichtern, wurden Hinweise auf Standardeditionen, die zur Abfassungszeit der Dissertation verfügbar waren oder inzwischen verfügbar sind, in eckigen Klammern hinzugefügt. Von Landgrebe zugänglich gemachte Nachlaßdokumente Husserls, die Blumenberg (siehe oben, 176-178 mit Anm. 21) zitiert und auswertet, erhielten in dem 2002 erschienenen Husserliana-Band XXXIV eine andere archivalische Zuordnung und typographische Darstellung, aber keine Änderungen im Textbestand. Für Werke Heideggers wurden zusätzliche Verweise auf die entsprechenden Bände der Heidegger-Gesamtausgabe beigefügt. Ausgenommen ist dabei das im M. Niemeyer Verlag erschienene Werk *Sein und Zeit*, das Blumenberg nach der (noch in Fraktur gesetzten) 5. Auflage von 1941 zitiert; seine Seitenangaben sind in Nachdrucken dieser außerordentlich verbreiteten Verlagsausgabe sofort auffindbar, weil die Seitenzählung nach Umstellung auf Antiqua (ab der 7. Auflage 1953) nur unmaßgebliche Abweichungen aufweist.

Zum leichteren Verständnis lateinischer Zitate wird in vorliegender Edition in eckigen Klammern ein deutscher Übersetzungsvorschlag geboten. Sämtliche hebräischen, griechischen und lateinischen Wörter und Zitate sind von Matthias Laarmann übersetzt. Diese Übersetzungen streben nach einem verständniseröffnenden Ausgleich zwischen Wörtlichkeit und Gegenwartsdeutsch, wobei teils die allgemeine fachsprachliche Verständlichkeit, teils die scholastische Technizität und begriffsgeschichtliche Tradition stärkere Berücksichtigung erhalten.

Für eine akademische Qualifikationsschrift überraschend, fehlt im Original ein Verzeichnis der zitierten Primär- und Sekundärliteratur. Als Ersatz haben die Herausgeber ein »Verzeichnis der Referenzliteratur« beigegeben, dessen bibliographische Detailangaben benutzerorientiert ausführlicher gestaltet sind.

Bei dem für diese Edition erstellten Namenregister wurden hinsichtlich der zitierten Autoren deren für Blumenberg typische Hierarchisierung durch Namensgestaltung (nur Name, mit oder ohne, gekürzten oder ungekürzten Vornamen) übernommen, wie Blumenberg sie in späteren Indices ausgebildet hat.

Namenregister